Harry Zohn

Karl Kraus

Harry Zohn

Karl Kraus

Aus dem Amerikanischen von Ilse Goesmann

Anton Hain

Die deutsche Übersetzung wurde vom Autor durchgesehen
und ergänzt.

CIP-Titelaufnahme der Deutschen Bibliothek

Zohn, Harry:
Karl Kraus / Harry Zohn. Aus d. Amerikan. von
Ilse Goesmann. – Frankfurt am Main : Hain, 1990
Einheitssacht.: Karl Kraus ⟨dt.⟩
ISBN 3-445-08556-0

Umschlaggestaltung: Rambow, Rambow, van de Sand
Gesamtherstellung: Poeschel & Schulz-Schomburgk, Eschwege
Printed in West Germany
ISBN 3-445-08556-0

Inhalt

Dem Andenken Frank Gerhard Zwillingers

ERSTES KAPITEL

Ein Leben zwischen Liebe und Haß

Karl Kraus wurde am 28. April 1874 nordöstlich von Prag in dem kleinen böhmischen Städtchen Jičin (Jitschin oder Gitschin, wie es auf deutsch genannt wurde) geboren. Der Ort ist nicht ohne historische Bedeutung: Albrecht Wenzel von Wallenstein, der berühmte General des Dreißigjährigen Krieges, hatte hier gerne residiert, und auch Bismarck ist dort gewesen und hat im Jahre 1866 in dem späteren Geburtshaus von Karl Kraus gewohnt. Als Fünfzigjähriger gab Kraus einem Mann, der sich herablassend über sein Heimatstädtchen geäußert hatte, folgende Antwort: »Es ist ein sauberer Ort, der seine landschaftlichen und kulturellen Reize hat, ehrwürdig als Stätte blutiger Ereignisse und durch die Fülle bedeutender historischer Bauten; in der Umgebung befindet sich die bei Schiller vorkommende ›Karthause zu Gitschin‹, die früher die Grabstätte Wallensteins war ...«[1]

Karl Kraus war das neunte und zweitjüngste Kind von Jacob Kraus und seiner Frau Ernestine, geborene Kantor. Sein Vater, der aus kleinbürgerlichen Verhältnissen stammte, war ein wohlhabender Kaufmann, der Papiersäcke herstellte und später seine eigene Papierfabrik besaß. Das Familienunternehmen gründete auf so solidem Boden, daß es die Wirtschaftskrise von 1873 überstand und seinen Besitzer um Jahrzehnte überdauerte. Die Konstellation der Familie Kraus ist typisch für die Zeit um die Jahrhundertwende: die Söhne mitteleuropäischer jüdischer Geschäftsleute wandten sich der Literatur zu statt dem Geschäft, wie beispielsweise Franz Kafka, Stefan Zweig, Siegfried Trebitsch, Felix Salten, Franz Werfel. Karl Kraus hatte das Glück, daß sein Vater die schauspielerischen und schriftstellerischen Versuche seines Sohnes nicht mißbilligte und ihm keine Steine in den Weg legte. Das Kind Karl war zart und scheu, kränkelte oft; schon früh zeigten sich die ersten Anzeichen einer Rückgratverkrümmung und von Kurzsichtigkeit. Sein Vater scheint ein sehr verantwortungsbewußter Mensch gewesen zu sein, dessen Strenge durch einen ausgeprägten Sinn für Humor gemildert wurde. Seine Mutter war die Tochter des Arztes Ignaz Kantor; sie starb bereits im Jahre 1891. Karl Kraus behielt sie zeit seines Lebens in liebevoller Erinnerung.[2]

Im Jahre 1877 zog die Familie nach Wien, wo Karl Kraus, trotz seines Widerwillens gegen den Lärm und den Straßenverkehr einer Großstadt und seiner Angst vorm Überqueren verkehrsreicher Straßen, den Rest seines Lebens verbrachte. Die einzige andere Stadt, die er je als möglichen Wohnort in Erwägung zog, war Berlin. Seine Kindheit war im großen und ganzen glücklich, so daß er später in mehreren Gedichten sich ihrer gerne erinnerte.[3] Bei seinen Spaziergängen durch den Stadtpark, den wohl schönsten öffentlichen Park in Wien, trug der Junge Karl oft seinen kostbarsten Besitz mit sich, ein Puppentheater, was ihm Mut und Sicherheit zu geben schien. Er ging gern zur Schule und mochte die Ausflüge in den Wienerwald und die Sommerferien in Weidlingau. Ab 1884 besuchte er das Franz-Joseph-Gymnasium, wo die späteren Schriftsteller Karl Rosner und Hugo Bettauer zu seinen Klassenkameraden zählten. Von seinen Geschwistern mochte er seinen ältesten Bruder Richard – dessen Tochter später seine Lieblingsnichte war – besonders gern. Richard Kraus starb im Jahre 1909. Auch zu seiner jüngeren Schwester Marie hatte Karl Kraus ein gutes Verhältnis.[4]

Von seinen Lehrern schätzte Karl Kraus am meisten Heinrich Sedlmayer, dem er Jahre später mit dem Gedicht »An einen alten Lehrer« (Henricus Stephanus Sedlmayer) seine Dankbarkeit bezeigte.[5] Sedlmayer lehrte Deutsch und Latein; Kraus sah später in dessen Lateinunterricht die Grundlage für sein Stilgefühl. Sein jüdischer Religionslehrer hingegen war ein pedantischer, gefühlloser und orthodoxer Mensch, der die religiöse Unbefangenheit und Unsicherheit seiner Schüler mit schlechten Noten bedachte. Schon in der Schule war Kraus dank seines ausgezeichneten Gedächtnisses – das bis in sein drittes Lebensjahr zurückgereicht haben soll – ein guter Rezitator. Sein parodistisches und mimisches Talent zeigte sich früh, geweckt von den Eindrücken, die Kraus durch das alte Burgtheater erhielt, das im Jahr 1888 abgerissen und danach an der jetzigen Stelle wieder aufgebaut worden war. Oft hat er seiner Bewunderung für Schauspieler und Schauspielerinnen wie Adolf von Sonnenthal, Charlotte Wolter, Ludwig und Zerline Gabillon, Bernhard Baumeister, Ernst und

Helene Hartmann und Friedrich Mitterwurzer Ausdruck gegeben. In dem Schauspieler Alexander Girardi sah er die Verkörperung eines vergangenen Wiens, der Stadt der Leichtlebigkeit, der Gemütswärme, der Einfachheit und des geistreichen Wortes. Bereits 1891 schrieb und inszenierte der junge Kraus kleine Theaterstücke, in denen er selbst auftrat. Zentren seines Lebens in diesen Jahren waren, wie bei so vielen angehenden Literaten, das Theater und das Kaffeehaus, wie zum Beispiel das Café Griensteidl, wo er mit Karl Rosner und anderen Freunden zusammentraf. Wie viele seiner Zeitgenossen, so bewunderte auch Karl Kraus damals Schriftsteller wie Detlev von Liliencron und Gerhart Hauptmann, die gegen die gesellschaftliche Heuchelei und die Verfälschung der Natur kämpften.

Im Jahre 1892 bestand Kraus sein Abitur mit durchschnittlichen Noten und schrieb sich auf Wunsch des Vaters im Dezember des gleichen Jahres als Jurastudent an der Universität Wien ein, hörte aber nur wenige Vorlesungen. 1894 wechselte er das Fach und studierte Philosophie und deutsche Literatur bis zum Jahr 1898, ohne einen Abschluß anzustreben. Die Geistlosigkeit in den Kaffeehäusern war ihm bald zuwider. Die Bühne wurde ihm zum Ort geistiger Erfüllung. Im Januar 1893 spielte er den niederträchtigen Franz Moor in Schillers *Räuber.* Sein Mißerfolg als Schauspieler bewirkte, daß er sich entschieden und unwiderruflich dem Journalismus und der Literatur zuwandte, doch in seinen zahllosen dramatischen Lesungen im Rahmen seines »Theaters der Dichtung« kam sein schauspielerisches Talent immer wieder zum Ausdruck.

Noch während seiner Schulzeit hatte Kraus der neu erschienenen Illustrierten *Das Rendezvous* einen »Brief aus Ischl« zugesandt. 1892 begann er damit, dem angesehenen Leipziger Journal und Organ des literarischen Naturalismus, *Die Gesellschaft*, Buchbesprechungen und Theaterkritiken zuzusenden. Nachdem er dem Gründer des *Neuen Wiener Journal*, Jakob Lippowitz, seine Dienste ohne Erfolg angetragen hatte, schrieb er für die *Breslauer Zeitung*, die *Wiener Literatur-Zeitung*, die *Wiener Rundschau*, die *Neuen literarischen Blätter* in Bremen, *Die Zeit* (Wien) und andere Zeitungen und Zeitschriften. In *Die Gesellschaft* und dem Wiener Journal *Liebelei* veröffentlichte er Besprechungen und satirische Skizzen unter dem Pseudonym »Crêpe de Chine«.

Auf einen frühen Erfolg und ein gewisses Maß an Ansehen weist die Tatsache hin, daß sein Name in dem Buch *Das geistige Wien*, einem bio-bibliographischen Verzeichnis von Schriftstellern und Künstlern, aufgeführt ist, in dem er 1893 als »auf dem Gebiete des Dramas, der Kritik und der Satyre« tätig charakterisiert wurde.[6] Dies ist deshalb bemerkenswert, weil es zu jener Zeit nicht üblich war, daß jungen Intellektuellen eine derartige Anerkennung zuteil wurde. In Ludwig Eisenbergs Buch ist Kraus als Mitherausgeber einer Satirenanthologie verzeichnet. Kraus hatte in der Tat eine auf jährliche Erscheinungsweise angelegte Anthologie in Zusammenarbeit mit Anton Lindner geplant, doch ist keine Ausgabe erschienen – vermutlich aus Mangel an geeignetem Material. Kraus schrieb später, daß seine Sturm-und-Drang-Jahre damit ausgefüllt gewesen seien, literarische und journalistische »Verbindungen« herzustellen und zu pflegen, mit deren Hilfe er seinen Lebensunterhalt verdienen, zugleich aber seine journalistische Freiheit behalten konnte. Sein Traum in jenen Jahren war, Nachfolger von Daniel Spitzer zu werden, dessen geistreiche Kolumne »Wiener Spaziergänge« regelmäßig in der angesehenen Tageszeitung *Neue Freie Presse* bis zum Jahr 1893, als Spitzer starb, erschien. Für dieses Blatt schrieb Kraus in den Jahren 1894 bis 1896.

Seine erste größere Arbeit, die Satire *Die demolirte Literatur*, erschien Ende 1896 in der *Wiener Rundschau* und war ein solcher Erfolg, daß einer der von ihm darin verspotteten Schriftsteller, sein einstiger Kaffeehausgefährte Felix Salten, ihn auf offener Straße tätlich angriff. 1898 wurde Kraus Mitherausgeber der Wochenzeitschrift *Die Waage*, was ihm die Möglichkeit gab, die Welt des Journalismus auch von innen kennenzulernen. Die Presse und ihre Mitarbeiter hat er bis ans Ende seines Lebens angegriffen. Kraus vermochte sich dem Eindruck nicht zu entziehen, er lebe in einem für einen Satiriker besonders schwierigen Zeitalter, seien doch seine Zeitgenossen lächerliche Figuren, die nicht einmal merkten, wie lächerlich sie seien, ja, bis zu deren Ohr kein Lachen je vordringe. Er wollte sein Zeitalter in Anführungszeichen setzen. Das Zitat ist das Merkmal seiner Satire, deren Gebrauch von seiner Überzeugung bestimmt wurde, daß das Unaussprechliche dieses Zeitalters von diesem selbst ausgesprochen werden müßte.

Da ihm die Arbeit innerhalb des Establishments als durch zu viele Tabus und Rücksichtnahmen persönlicher und geschäftlicher Art eingeengt schien, entschied er sich, seine eigene Zeitschrift zu gründen. Als Moriz Benedikt, der Mitbesitzer und Chefredakteur der *Neuen Freien Presse*, im Januar 1899 von diesem Plan erfuhr, bot er Kraus den freigewordenen Posten von Daniel Spitzer an. Es handelte sich vermutlich um das Ressort Satire, wenngleich es einigen Quellen zufolge die Stelle des Feuilletonredakteurs gewesen sein soll, die allerdings von Theodor Herzl, dem Vater des politischen Zionismus, bis zu dessen Tod im Jahre 1904 eingenommen wurde. Obwohl Herzl zu dieser Zeit bereits stark durch seine weitreichenden politischen Aktivitäten beansprucht war, so daß er in der Tat wegen Vernachlässigung seines Postens um die Anstellung bangen mußte, war Kraus anscheinend nie als Nachfolger in Erwägung gezogen worden. Jedenfalls wird er in den doch umfangreichen und außerordentlich ehrlichen Tagebüchern Herzls nicht erwähnt.

Zu diesem Zeitpunkt hatte Kraus bereits den Zionisten wie auch den Journalisten Herzl in seinem zweiten Pamphlet *Eine Krone für Zion* (1898) angegriffen. Seine Entscheidung, das schmeichelhafte Angebot dieser Zeitung auszuschlagen, erklärte er mit folgenden Worten: »Es gibt zwei schöne Dinge auf der Welt: Der *Neuen Freien Presse* anzugehören oder sie zu verachten. Ich habe nicht einen Augenblick geschwankt, wie ich zu wählen hätte.«[7] Nicht nur die Tatsache, daß er damals bereits die Verbindung von Geschäft und Kunst verabscheute, die seiner Ansicht nach besonders kraß von der *Neuen Freien Presse* repräsentiert wurde, machte ihm die Entscheidung leicht, sondern sicherlich auch der Gedanke, daß er ein Außenseiter und Einzelgänger bleiben müsse, um ohne Rücksicht die Presse attackieren zu können.

Kraus veröffentlichte die erste Ausgabe seiner Zeitschrift *Die Fackel* am 1. April 1899. Wie sich herausstellen sollte, stand die lange Lebensdauer der Zeitschrift in direktem Verhältnis zu ihrer Aggressivität. Das Ziel der Zeitschrift war die »Trockenlegung des weiten Phrasensumpfes«[8]. Dazu zog Kraus zunächst eine Reihe von Schriftstellern heran, wenngleich er schon von der ersten

Ausgabe an ungefähr zwei Drittel selbst schrieb. Von 1911 an bis zu ihrem Ende im Jahre 1936 war die *Fackel* ausschließlich sein Werk.

Nachdem die Dreyfus-Affäre das Fehlschlagen von Assimilierungsversuchen deutlich gemacht hatte, gab Kraus im Oktober 1899 seine jüdische Glaubenszugehörigkeit auf und blieb für mehrere Jahre konfessionslos. Er hat weder diese Entscheidung noch seinen Übertritt zum Katholizismus im April 1911 öffentlich bekanntgegeben (»Ich mische mich nicht gerne in meine Privatangelegenheiten«[9]). Seine Leser erfuhren erst 1922 davon, als er aus der Kirche wieder austrat.

Obwohl die *Fackel* von der liberalen Presse, die hauptsächlich von Juden getragen wurde, ignoriert und von den weniger bedeutsamen und einflußreichen Blätter der antisemitischen Parteien (wie die christlichsozialen oder die deutschnationalen) angegriffen wurde, gewann Kraus an Einfluß. Nach dem Tode seines Vaters im Jahre 1900 zog er von seiner Familie fort und nahm sich eine eigene Wohnung. Da er von zu Hause Geld erhielt, war er finanziell unabhängig genug, um keine Zugeständnisse an den Geschmack seiner Zeit machen zu müssen. Lediglich in den ersten Jahren hatte er Werbespalten in der *Fackel* gegen Geld vergeben.

Waren die frühen satirischen Schriften von Karl Kraus hauptsächlich gegen die gängigen Spielarten der Korruption gerichtet, so kann in dem 1902 veröffentlichten Essay *Sittlichkeit und Kriminalität* der Beginn der nächsten Periode seines Schaffens gesehen werden. (Er wurde der Titelessay des im Jahre 1908 herausgebrachten Sammelbandes seiner Schriften.) Darin zeigt sich sein Interesse an einem neuen Thema: an der Trennung von öffentlichem und privatem Lebensbereich. Besonders gefährlich für den Einzelnen schien Kraus die Einmischung des Staates in die Entfaltung des privaten sexuellen Lebens. Zweifellos war hier sein Fühlen und Denken durch das Verhältnis zu der jungen Schauspielerin Annie Kalmar geprägt, die er im Sommer 1900 kennengelernt hatte und die ein Jahr später im Alter von dreiundzwanzig Jahren in Hamburg an Tuberkulose starb. Die Zuneigung, die Kraus für diese talentierte junge Frau – die erste in der Reihe außergewöhnlich schöner und geistreicher Frauen in seinem Leben – gezeigt hatte, erregte damals das Mißfallen einiger Leute. So hatte der Journalist Bernhard Buchbinder öffentlich Annie Kalmars Andenken in den Schmutz gezogen, was zur Folge hatte, daß ihre Mutter ihn – mit Erfolg – verklagte.

Dem Buch *Sittlichkeit und Kriminalität* folgten die Pamphlete *Heine und die Folgen* (1910) und *Nestroy und die Nachwelt* (1912) sowie die Bücher *Sprüche und Widersprüche* (1909), *Die chinesische Mauer* (1910) und *Pro domo et mundo* (1912). Der Erfolg dieser Werke, zusammen mit der von 1910 an geübten Praxis, seine eigenen satirischen Arbeiten und die anderer Schriftsteller öffentlich vorzutragen, machte ihn trotz der Versuche der österreichischen Presse, ihn totzuschweigen, in der Öffentlichkeit bekannt. Kraus litt aber unter diesem Zustand, reagierte empfindlich auf geläufige Verballhornungen, wie etwa »Fackelkraus«, und auf jeden Eingriff in seine Privatsphäre. Auch war es ihm zuwider, wenn er im Café, auf der Straße oder im Zug von fremden Menschen angesprochen wurde.[10] Er zog es daher vor, im Auto oder mit dem Flugzeug zu reisen, was damals ungewöhnlich war.

Getreu einer Maxime von George Bernhard Shaw, die besten Reformer dieser Welt seien immer die gewesen, die bei sich selbst begonnen haben, versuchte Kraus ein vorbildliches Leben zu führen, eine Art ›öffentliches Leben‹, untadelig, absolut konsequent und asketisch, ein Leben, das nur seiner Arbeit dienen und mit ihr in Einklang stehen sollte. Dies gelingt selten, besonders im Bereich der Literatur. Doch bei Karl Kraus fallen Leben und Arbeit zusammen, sind seine Schriften seine Biographie. Im Gegensatz zu den Dichtern, die im Elfenbeinturm der ›Zeitlosigkeit‹ sitzen, machte Karl Kraus sich auf mutige und konsequente Weise zum Maßstab seines Zeitalters. Er wollte ein Hüter der Gerechtigkeit, der Wahrheit und der Authentizität in einer verlogenen Zeit sein.

Sein Arbeitsstil war weder zufällig noch exzentrisch, sondern Ausdruck seiner Opposition gegen seine Zeit, die dem Satiriker keine andere Wahl ließ.[11] Abends ging er in ein Café[12], unterhielt sich mit einigen Bekannten und las die Zeitungen, in denen er das Material fand, das er, der seine Aufgabe darin sah, sein Zeitalter in Anführungszeichen zu setzen und es beim Wort zu nehmen, für seine Arbeit brauchte. (Walter Benjamin spricht in diesem Zusammenhang von der »feuerfressenden, degenschluckenden Philologie der Journale«.[13]) Er arbeitete die ganze Nacht durch – siebte die Welt durch den Filter des Wortes, wie er selbst es einmal beschrieb.[14] Zum Schreiben benutzte Kraus einen einfachen Federhalter mit Stahlfeder; mit seiner winzigen Schrift, die nur wenige Drucker entziffern konnten, füllte er einen Bogen Papier nach dem anderen.[15]

Der Drucker holte am Morgen die Manuskripte ab, fertigte die Fahnenabzüge und brachte sie am selben Tag zurück, so daß Kraus sich abends an die Fahnendurchsicht und -korrektur setzen konnte. Oft wurden seine Schriften zehn- oder zwölfmal von ihm korrigiert, ehe er sie zum Druck freigab. (»Kein Mensch, der eine meiner gedruckten Arbeiten absucht, wird eine Naht erkennen. Und doch war alles hundertmal aufgerissen.«[16]) Wie Franz Kafka brauchte auch Karl Kraus das Schreiben als notwendige Therapie. In einem seiner Gedichte spielt er nicht nur auf seine Arbeitsweise an, die später einmal als »klaustrophobische Intensität seines Werkes«[17] bezeichnet wurde, sondern auch auf das widerspenstige Material, mit dem er zu arbeiten hatte.

Nächtliche Stunde

Nächtliche Stunde, die mir vergeht,
da ich's ersinne, bedenke und wende,
und diese Nacht geht schon zu Ende.
Draußen ein Vogel sagt: es ist Tag.

Nächtliche Stunde, die mir vergeht,
da ich's ersinne, bedenke und wende
und dieser Winter geht schon zu Ende.
Draußen ein Vogel sagt: es ist Frühling.

Nächtliche Stunde, die mir vergeht,
da ich's ersinne, bedenke und wende,
und dieses Leben geht schon zu Ende.
Draußen ein Vogel sagt: es ist Tod.[18]

In seinem privaten Leben war Kraus nach allgemeinen Aussagen ein freundlicher, unkompliziert und natürlich wirkender Mensch, eher charmant als egozentrisch, kleinlich oder gar jähzornig. Obwohl er keinen Mangel an Freunden hatte, war er zwangsläufig ein einsamer Mensch. Er hat auch nie geheiratet. 1913 lernte er Sidonie Nádherný von Borutin kennen, eine sensible, künstlerisch begabte und naturliebende junge Frau von großer Schönheit, auf deren Familienlandsitz, Schloß Janovice in Vrchotovy Janovice (oder Janowitz), südlich von Prag, er oft zu Gast war. Trotz seiner Abneigung gegenüber Familien- und Ehebindungen (»Da das Halten wilder Tiere gesetzlich verboten ist, und die Haustiere mir kein Vergnügen machen, so bleibe ich lieber unverheiratet«[19]) hat Kraus in den Jahren 1913 bis 1915 ›Sidie‹ Nádherný mehrere Heiratsanträge gemacht. Der Klassenunterschied und vermutlich auch seine jüdische Abstammung scheinen einer Heirat im Wege gestanden zu haben.[20]

Im Jahre 1920 heiratete Sidonie Nádherný den Arzt Max Graf von Thun und Hohenstein, doch wurde diese Ehe sehr bald geschieden; Sidonie kehrte auf ihr Schloß zurück, wo sie fortan mit ihrem Zwillingsbruder Karl lebte. Außer einer zeitweiligen Entfremdung in den Jahren 1918 bis 1921 blieb das herzliche Verhältnis zwischen Kraus und Sidonie Nádherný bis an sein Lebensende bestehen. Immer wieder fand Kraus Entspannung und Inspiration in der friedlichen Atmosphäre des Nádherný-Schlosses oder auf den Reisen, die er mit Sidonie Nádherný unternahm. Für ihn war sie die Verkörperung der Schönheit; sie gab ihm die Kraft, das, wie er sagte, Schändliche seiner Zeit zu ertragen. In seinem dichterischen Werk finden sich zahlreiche Widmungen und Hinweise auf sie.[21] Von 1913 bis 1936 hat Kraus ihr ungefähr tausend Briefe, Postkarten und Telegramme geschickt, die bis 1969 als verloren galten.[22]

Der Ausbruch des Ersten Weltkrieges markiert auch in Leben und Werk von Karl Kraus einen Wendepunkt; in der Zeit des Krieges entstanden seine charakteristischsten Werke. Doch zunächst fiel er ab Juni 1914 in Schweigen, während viele andere Schriftsteller mit rasender Geschwindigkeit zu reden und schreiben begannen. Erst am 19. November meldete er sich mit der öffentlichen Vorlesung *In dieser großen Zeit...* wieder zu Wort. Weitere Vorlesungen folgten im Dezember 1914 und im Februar 1915. Im Oktober gab er eine 168-seitige Ausgabe der *Fackel* heraus. Leopold Liegler schrieb später:

Karl Kraus war in diesem Chaos einer der wenigen Menschen, die unerschrocken und klar aussprachen, was alle diese Greuel, diese zur Pflicht gewordene Bestialität zu bedeuten habe; er hat diejenigen ernüchtert, die sich von der Begeisterung der ersten Kriegsmonate hatten verblenden lassen, und er hat die Verzweifelnden alle getröstet und aufgerichtet und einander wissen lassen, daß diese Einzelnen wenigstens das Band des Geistes und des Glaubens verbindet.[23]

Aus körperlichen Gründen war Karl Kraus vom Wehrdienst befreit. Ihm gelang es auch, sich weitgehend der Pressezensur zu entziehen, indem er Zitate aus offiziellen Stellungnahmen und Presseberichten nebeneinandersetzte und sie durch sich selbst denunzieren ließ. Für Kraus war der Krieg die Hölle auf Erden, eine Entweihung der Schöpfung und die größte Entfernung vom »Ursprung«. Paul Schick schreibt in seinem Buch über Karl Kraus:

Da er an die Unbedingtheit der Unterscheidung zwischen Gut und Böse glaubte, war er auch überzeugt, daß die Befreiung vom Bösen nur aus der Erkenntnis, aus tiefer Sühne kommen könne, aus der endgültigen Abkehr von allem Halben, Halbverlogenen, von allen Kompromissen mit dem Bösen. Nur aus diesem aus Hoffnung und Verzweiflung geborenen Glauben kann man sein Werk im Kriege verstehen. Es ist nicht nur entlarvende Satire, es ist vor allem ein Glaubensbekenntnis.[24]

Während der Kriegsjahre entstand neben den unzähligen Beiträgen für rund hundert Ausgaben der *Fackel* sein größtes Werk, das Drama *Die letzten Tage der Menschheit*, in dem Kraus mit bissiger Schärfe die Sünden seiner Zeit darlegt. Kraus wußte, daß ein Einzelner nicht die Macht besaß, einen Weltbrand nur mit der Schreibfeder aufzuhalten. »Dennoch«, so schrieb er im Vorwort zum Drama, »muß ein so restloses Schuldbekenntnis, dieser Menschheit anzugehören, irgendwo willkommen und irgendeinmal von Nutzen sein ...«[25]

Sein Schmerz über die irregeleitete Menschheit wurde noch durch einige bittere persönliche Verluste vergrößert. Im Jahre 1917 nahm sich Elisabeth Reitler – wie ihre Schwester Helene Kann mit Karl Kraus befreundet – das Leben (die Aphorismen-Sammlung *Nachts* ist ihrem Andenken gewidmet). Im Juli desselben Jahres fiel sein Freund, der Kunsthistoriker Franz Grüner, und im November der hoffnungsvolle, aus der Tschechoslowakei stammende Lyriker Franz Janowitz, den Karl Kraus als

Freund wie als Dichter geschätzt hatte. Kurze Zeit später wurde sein liebster Neffe, Stefan Fridezko, Opfer des Krieges.[26]

Als die Gefahr sich abzeichnete, daß Italien in den Krieg eintreten könnte, fuhr Kraus im März 1915 nach Rom, um mit Hilfe persönlicher Kontakte ein Ausweiten des Krieges zu verhindern. Als er erkannte, daß seine Bemühungen umsonst waren, reiste er nach Janovice, wo er den Sommer über blieb. Er machte mit Sidonie Nádherný später noch einige Reisen in die Schweiz; in Thierfehd schrieb er den Epilog für *Die letzten Tage der Menschheit*. In vielen seiner Gedichte, die in dieser idyllischen Atmosphäre entstanden, spiegelt sich der Kontrast zwischen der in göttlicher Stille versunkenen Natur und dem Kriegstoben wider.

Nach dem Krieg sah Kraus in der Politik der Sozialdemokratischen Partei einen Hoffnungsschimmer und schrieb: »Der Kopfsturz des konservativen Gedankens in ein Chaos, in dem er nur als der grausige Büttel einer ihm todfeindlichen Weltansicht walten konnte, ist mein beispielloses Erlebnis in dieser Zeit.«[27] Karl Seitz, der Vorsitzende der Nationalversammlung, schrieb anläßlich des zwanzigsten Geburtstages der *Fackel* im Jahre 1919: »Jeder Republikaner wird dankbar anerkennen, was Sie mit Ihrem Wort zur Verjagung der alten Gespenster beigetragen haben.«[28] Kraus war allerdings nicht sicher, ob die alten Geister tatsächlich ausgetrieben waren, da die Journalisten der alten Schule weiterhin schrieben, die seiner Meinung nach die Wurzel allen Übels waren. Im Jahre 1922 trat Kraus aus der katholischen Kirche aus, enttäuscht von ihrer Haltung im Krieg und von Papst Benedikt XV., in dem er die Verkörperung des wahren christlichen Denkens sah, der aber die Kirche nicht zu ihrer religiösen und humanistischen Mission zurückzuführen vermochte. Statt dessen mußte er mitansehen, wie sie eine, nach seinen Worten, unheilige Dreieinigkeit einging: politische Macht – Journalismus – Geschäft. Anlaß seines Austritts aus der Kirche war die Tatsache, daß der Salzburger Domplatz Max Reinhardt für die Aufführung von Hugo von Hofmannsthals *Jedermann* als einer jährlich stattfindenden Touristenattraktion zur Verfügung gestellt wurde.[29] (Der Kirchenaustritt ist für den 7. März 1923 offiziell verzeichnet.)

Als sich der Ausbruch des Ersten Weltkrieges zum zehnten Male jährte, schrieb Kraus analog zu seiner berühmten Rede von 1914 den Aufsatz »In dieser kleinen Zeit«, in dem er voraussagte, daß die Zeiten wieder »groß« werden würden.

Wäre es anders, so wäre der Versuch des Teufels, ihnen das Hakenkreuz einzubrennen, am ersten Tage gescheitert. Und so werden immer diese Romantiker obenauf sein, die zum Schwert greifen, das eine Handgranate ist, und zu den Fahnen rufen, welche Flammen sind, um an den Opfern eines Gasangriffs die vernachläßigte Montur zu beanstanden.[30]

Kraus' Kassandrarufe trafen in jener politisch und wirtschaftlich stabiler werdenden Zeit jedoch nur auf taube Ohren.

Einige Jahre später unternahm Kraus fast im Alleingang einen Kreuzzug gegen die Machenschaften des korrupten Journalisten Imre Békessy, der einige Monatszeitschriften mit der Absicht gegründet hatte, Einfluß auf das politische, wirtschaftliche und kulturelle Leben Österreichs auszuüben. Dieser Streit sowie Kraus' Angriffe auf Johann Schober, den Chef der Wiener Polizei, und dessen Rolle im Massaker von 1927 in Wien fanden ihren literarischen Ausdruck in dem Stück *Die Unüberwindlichen* (1928). Auch hier appellierte Karl Kraus an das Gewissen der moralisch noch nicht korrumpierten Menschen, im Glauben, daß seine Haltung für viele ein Beispiel sein könnte, und daß der Kampf, aller Widrigkeiten ungeachtet, noch nicht verloren sei, solange er kämpfen könne. Doch die Wirklichkeit übertraf seine Satiren bei weitem. In diesen Jahren verließ ihn die Ahnung einer drohenden Apokalypse nicht; seine Isolation wurde immer stärker. Diese Stimmung prägt die 1930 geschriebene *Grabschrift*:

Wie leer ist es hier
an meiner Stelle.
Vertan alles Streben.
Nichts bleibt von mir
als die Quelle,
die sie nicht angegeben.[31]

(Mit »Quelle« meint er anscheinend den Geist, von dem dieses »vertane Streben« stammt; auch kann man in der Zeile eine Anspielung auf den Gebrauch und Mißbrauch seines Werkes durch andere sehen).

Die unterwürfige Haltung der Sozialdemokraten ihren wirklichen Feinden gegenüber (wie etwa gegenüber dem zum österreichischen Ministerpräsidenten avancierten Schober) veranlaßte Kraus zu der Bemerkung, »daß es, seitdem sich Menschheit von Politik betrügen läßt, nie ein größeres Mißlingen gegeben hat als das Tun dieser Partei«.[32] 1932 nahm Kraus an einem internationalen Pazifistenkongreß in Amsterdam teil, zusammen mit Romain Rolland, Henri Barbusse, Frans Masereel, Albert Einstein, Heinrich Mann, John Dos Passos, Upton Sinclair und Maxim Gorki; er war der einzige österreichische Vertreter im Komitee.

Das Aufkommen des Nationalsozialismus komplizierte für Kraus die Beurteilung der politischen Lage. Angesichts der Gefahr, daß der Nationalsozialismus sich über die Grenzen Deutschlands ausbreiten würde, pries Kraus den kleinwüchsigen österreichischen Kanzler Engelbert Dollfuß als »den kleinen Erretter von der großen Gefahr, den David, der Goliath schlagen würde«.[32] Wie sich zeigen sollte, war dies eine ebenso naive wie vergebliche Hoffnung; doch gab Kraus seinen Glauben an den Einfluß und die Macht einer großen Persönlichkeit nicht auf. Kraus fand sich in diesen Jahren mehr und mehr isoliert und verleumdet, da seine Widersacher wie auch seine Anhänger der Meinung waren, daß die Intellektuellen in dieser Zeit eindeutig Stellung beziehen müßten. Kraus änderte jedoch seine Angriffsziele nicht; nach Ansicht mancher Beobachter verdeckte er dadurch die eigentlichen Probleme.

Eines seiner Ziele war die Presse. In der denkwürdigen *Fackel*-Ausgabe Nr. 890-905 schrieb er: »Denn der Nationalsozialismus hat die Presse nicht vernichtet, sondern die Presse hat den Nationalsozialismus erschaffen. Scheinbar nur als Reaktion, in Wahrheit als Erfüllung.«[34] Ein paar Tage nach Erscheinen dieser *Fackel*-Ausgabe wurde Dollfuß ermordet, was Kraus tief erschütterte. Hinzu kam, daß Kraus seit Februar 1933 unter Herzbeschwerden litt; ein Jahr später wurde eine Venenentzündung bei ihm festgestellt. In seiner Verzweiflung wandte er sich der »Sprachlehre« zu und dem Versuch, ein Sprachseminar zu errichten, »das dem Zweck diente, durch Vorführung von Greueln der Satzbildung den Möglichkeiten und damit den Geheimnissen der abgründigsten und tiefsten

Sprache näher zu kommen, deren unzüchtiger Gebrauch zu den Greueln des Blutes geführt hat.«[35]

Die letzte Ausgabe der *Fackel* erschien im Februar 1936. Im selben Monat wurde er bei Dunkelheit von einem Fahrrad erfaßt und zu Boden geschleudert. Die leichte Gehirnerschütterung führte zu Kopfschmerzen, Erinnerungsverlust und schließlich zu einer massiven Herzattacke. Im Juni war er zehn Tage lang schwer krank. Zwei Tage vor seinem Ende, vom Tode schon gezeichnet, gab er dem Arzt die Schuld an seinem Zustand, worauf Helene Kann ihm vorwarf: »Oh, Karl, du tust auch ihm Unrecht!« Darauf richtete Kraus sich resolut auf und fragte mit kraftvoller Stimme: »Wem habe ich denn jemals Unrecht getan?!«[36] Dann lag er noch zwei Tage lang bewußtlos da, bis eine Embolie am 12. Juni 1936 sein geschwächtes Herz zum Stillstand brachte. In seinem am 27. und 28. Juni 1935 geschriebenen Testament ersuchte er seine Verwandten, von einer Beisetzungsfeier abzusehen, vermutlich, weil er zu Lebzeiten seiner Arbeit mehr Zeit und Hingabe entgegengebracht hatte als seiner Familie. Helene Kann erinnerte sich, Kraus hätte öfters gesagt, er wolle ewig leben und der Geist müßte stark genug sein, den Tod zu verhindern.[37]

Der Verleger Kurt Wolff, der Kraus sehr gut kannte, bemerkte einmal, daß Kraus immer eine Spannung aufgewiesen habe, die entweder aus übersteigerter Liebe oder übersteigertem Haß entstanden wäre.[38] Erich Heller meint, der satirische Radikalismus von Karl Kraus sei lediglich der Abwehrmechanismus eines Menschen gewesen, der die Schönheit und Freude des Lebens glühend geliebt habe.[39]

Die Spannung dieses äußerst produktiven Leben zwischen Liebe und Haß fassen zwei Aphorismen und ein Epigramm kongenial zusammen: »Haß muß produktiv machen. Sonst ist es gleich gescheiter zu lieben«[40] und »Ich war selten verliebt, immer verhaßt«[41]; das Epigramm lautet:

Der Unterschied

Sie schienen schwer den Unterschied zu fassen,
und aller Zwist war doch im Zweierlei:
Ich gab mein Herz dahin im Hassen,
Sie wußten nicht, was Liebe sei.[42]

ZWEITES KAPITEL

»Die Fackel«

Die von Kraus herausgegebene Zeitschrift *Die Fackel* ist in siebenunddreißig Bänden zusammengefaßt und enthält den größten Teil seines literarischen Werkes. In ihrer eindrucksvollen Gesamtheit gesehen, ist *Die Fackel* – weit davon entfernt, nur ein Ort der Polemik zu sein – vor allem ein einzigartiges Geschichtswerk zur damaligen österreichischen Kultur und Politik. Außerdem enthält sie das Material für fast alle Bücher von Karl Kraus. Er selbst hat darauf hingewiesen, daß alles, was er in dieser Zeitschrift geschrieben hat, als Vorabdrucke seiner Bücher betrachtet werden müsse. Mit Ausnahme seiner Gedichte und von *Literatur und Lüge* (1929) sind alle von Kraus überarbeiteten und als Buch herausgegebenen Schriften den *Fackel*-Ausgaben bis 1918 entnommen. Kraus hat sich dieser Zeitschrift mit außerordentlicher Sorgfalt gewidmet und sich bemüht, jede Ausgabe zu einem Kunstwerk zu gestalten. Die einzigen Werke (ausgenommen seine ersten Arbeiten), die nicht ursprünglich in der *Fackel* erschienen waren, sind seine Dramen (mit Ausnahme großer Teile der *Letzten Tage der Menschheit*) und seine Adaptionen dramatischer Werke von Nestroy, Shakespeare und Offenbach. Es war Kraus' Wunsch, daß die *Fackel*-Ausgaben vor der Nr. 154 (Februar 1904) nicht zu seinen gesammelten Werken gerechnet werden sollten.

Die Fackel hatte zwei Vorbilder. Direkt beeinflußt war sie von der in Berlin erscheinenden Zeitschrift *Die Zukunft*, deren Herausgeber, Maximilian Harden, von Kraus zunächst verehrt und als Mentor angesehen, später aber abgelehnt und literarisch und persönlich angegriffen wurde. Indirekter war der Einfluß der von 1868 bis 1870 in Paris erschienenen Zeitschrift *La Lanterne*, in der der Anti-Bonapartist Henri Rochefort publizierte, der im Gegensatz zu Kraus kaum an Sprache und Kultur, sondern vor allem an Politik interessiert war. Kraus konnte seine Zeitschrift wegen des Doppelsinns nicht *Die Laterne* nennen, denn eine Laterne spendet zwar Licht, doch wurden an ihr einst Aristokraten aufgehängt. Nachdem *Die*

Fackel 1899 gegründet worden war, erschien sie zunächst dreimal im Monat. Sie hatte ein kleines Format und ein rotes Titelblatt, und jede Nummer umfaßte sechzehn bis vierundzwanzig, später bis zu zweiunddreißig Seiten. Robert Scheus Beschreibung der Wirkung der ersten *Fackel*-Ausgabe auf die Wiener macht deutlich, daß vom 1. April 1899 an Karl Kraus eine Wiener Institution war.

Eines Tages, soweit das Auge reicht, alles – rot. Einen solchen Tag hat Wien nicht wieder erlebt. War das ein Geraune, ein Geflüster, ein Hautrieseln! Auf den Straßen, auf der Tramway, im Stadtpark, alle Menschen lesend aus einem roten Heft... Es war narrenhaft. Das Broschürchen, ursprünglich bestimmt, in einigen hundert Exemplaren in die Provinz zu flattern, mußte in wenigen Tagen in Zehntausenden von Exemplaren nachgedruckt werden. Und dieses ganze Heft, mit Pointen so dicht besät, daß man es, wie die *Arbeiter-Zeitung* sagte, behutsam lesen mußte, um keine der blitzenden Perlen zu verlieren, war von *einem* Menschen geschrieben.[1]

Kraus litt bald unter der »unseligen Popularität, die ein grinsendes Wien verleiht«, und bemerkte: »›Fackel-Kraus‹ ist ... der ortsübliche Ausdruck einer Lebensbetrachtung, die das Werk nicht nach dem Mann, sondern den Mann nach der Ware bezeichnet.«[2]

Nach 1904 erschien *Die Fackel* in unregelmäßigen Abständen, jedoch mindestens viermal im Jahr. Abonnements waren nicht zeitlich bemessen, sondern nach einer bestimmten Anzahl von Ausgaben. Ab 1905 hatte fast jede Ausgabe den doppelten bis dreifachen Umfang, so daß einige 316 Seiten aufwiesen. Die 37 Bände bestehen aus 415 Ausgaben und 922 Nummern.[3] Die Bände der Jahre von 1899 bis 1910 weisen je 1000-1100 Seiten auf, die von 1911 bis 1936 durchschnittlich 600 oder 700 Seiten. Ungefähr 5000 Seiten, also etwa ein Sechstel des Gesamtumfanges der *Fackel,* wurden vor 1911 von anderen Schriftstellern geschrieben. Von der ersten Ausgabe wurden 30 000 Exemplare verkauft; um 1906 lag der Verkauf bei 9000 Exemplaren. Nach 1911 schwankte die Verkaufszahl zwischen 29 000 und 38 000 Exemplaren. In Kraus' letzten Lebensjahren war die Zahl der Abnehmer auf 10 000 und weniger gesunken. Mit der Nr. 263 (1908 bis 1909) begann Kraus, eine spezielle Ausgabe für Deutschland drucken zu lassen.

Von Anfang an hatte Kraus seine Zeitschrift unter das Motto »Was wir umbringen« – im Gegensatz zu dem in der Zeitungsbranche üblichen »Was wir bringen« – gestellt. »So möge denn die *Fackel*«, schrieb er in der ersten Ausgabe, »einem Lande leuchten, in welchem – anders als in jenem Reich Karls V. – die Sonne niemals aufgeht.«[4]

Die *Fackel* war Zielscheibe von Verleumdungen aller Art. Im Jahre 1899 erschienen drei Ausgaben eines ziemlich unwirksamen, parodistisch-polemischen Blattes, *Der Pinsel,* das als Anti-Fackel gedacht war und von Erwin Rosenberger, einem Theodor Herzl nahestehenden zionistischen Journalisten, herausgegeben wurde. 1901 wurde die krude dramatisierte Satire *Der neue Simson* von C. Karlweis (Karl Weiss) aufgeführt. Im Juni 1901, nach dem Tode von Annie Kalmar, machte Kraus einen längeren Urlaub in Skandinavien. Nach Wien zurückgekehrt, mußte er feststellen, daß sein Drucker, Moriz Frisch, seinen Sohn zum Herausgeber einer Zeitschrift mit dem Titel *Die neue Fackel* ernannt hatte. Kraus mußte prozessieren, um seine Rechte geltend zu machen. Da Frisch jedoch seine Titelseite unter Copyright gestellt hatte, war es Kraus nicht mehr möglich, die ursprüngliche Titelzeichnung, die eine brennende Fackel zeigte, zu verwenden. Am 4. Oktober desselben Jahres ließ Justinian Frisch ein Plakat drucken, auf dem zu lesen stand: »Die *Fackel* ist tot. Lang lebe die *Neue Fackel.* Das Datum ihrer Veröffentlichung wird demnächst bekanntgegeben.« Am Monatsende erschien diese Zeitschrift in einer *Fackel*-ähnlichen Aufmachung unter dem Titel *Im Fackelschein.* Noch während der Rechtsstreit im Gange war, wurde der Titel in *Im Feuerschein* geändert, doch verwelkte dieses Blatt Anfang 1903 schließlich ganz. Zu diesem Zeitpunkt hatte Kraus seinen Prozeß längst gewonnen, so daß seine *Fackel* seit der Nr. 82 (Oktober 1901) von der Firma Jahoda & Siegel im Wiener Verlag *Die Fackel* gedruckt werden konnte.[5]

Die Januar-Ausgabe des Jahres 1910 enthält eine vollständige Liste aller gelegentlichen Mitarbeiter der *Fackel.* Darin waren so bekannte Schriftsteller und Künstler aufgeführt wie Peter Altenberg, Richard Dehmel, Albert Ehrenstein, Egon Friedell, Paul Heyse, Oskar Kokoschka, Else Lasker-Schüler, Detlev von Liliencron, Adolf Loos, Samuel Lublinski, Heinrich Mann, Erich Mühsam, Arnold

Schönberg, August Strindberg, Frank Wedekind, Franz Werfel und Oscar Wilde. Ab Nr. 338 (Dezember 1911) war Kraus der alleinige Autor seiner *Fackel.* »Ich habe keine Mitarbeiter mehr«, schrieb er. »Ich war ihnen neidisch. Sie stoßen mir die Leser ab, die ich selbst verlieren will.«[6] Schriftsteller dieses Formats wurden ihm zu teuer. Andererseits legte er die strengsten ethischen Maßstäbe an seine Mitautoren an, die ihn, der eine völlige Kongruenz von Leben und Werk verlangte, fast immer enttäuschten, vor allem wegen ihrer aus Intrigen und persönlichem Ehrgeiz entstandenen Streitereien untereinander und auch wegen mancher Undankbarkeit ihm gegenüber. Bedenkt man aber, wie geschickt Kraus in der Verwendung von Zitaten war, mag dahingestellt bleiben, ob die *Fackel* nicht doch weiterhin »Mitarbeiter« hatte. Material, das unbeachtet geblieben wäre, zog in der *Fackel* die größte Aufmerksamkeit auf sich; die *Fackel* besaß einen einzigartigen satirischen »genius loci«: »Denn ihr alle wisset doch schon, daß die Dinge, die ihr andernorts mit Wohlgefallen betrachtet, hier plötzlich ein anderes Gesicht annehmen, indem sie das werden, was sie sind.«[7]

Kraus hat wiederholt mit Deutlichkeit darauf hingewiesen, daß die *Fackel* die einzige Zeitschrift in Österreich sei, die nicht geschrieben werde, um ihre Leser zu erfreuen. Mit Ausnahme der ersten Jahrgänge, in denen bezahlte Werbeanzeigen erschienen (was nach 1913 nicht mehr vorkam), war die *Fackel* alles andere als ein kommerzielles Unternehmen. Regelmäßig wurde auf ihrer Rückseite der folgende oder ein ähnlich lautender Text abgedruckt:

> Die Zusendung von Büchern, Zeitschriften,
> Einladungen, Ausschnitten, Drucksachen,
> Manuskripten oder brieflichen Mitteilungen
> irgendwelcher Art ist unerwünscht. Antwort
> oder Rücksendung erfolgt in keinem Falle.
> Das etwa beigelegte Porto wird einem wohltätigen
> Zwecke zugeführt.

Im Jahre 1921 schrieb Kraus:

> Ich lese keine Manuskripte und keine Drucksachen,
> brauche keine Zeitungsausschnitte,
> interessiere mich für keine Zeitschriften,
> begehre keine Rezensionsexemplare und versende keine,

bespreche keine Bücher, sondern werfe sie weg,
prüfe keine Talente, gebe keine Autogramme,
wünsche nicht besprochen und nicht genannt, nicht nachgedruckt, propagiert oder verbreitet, weder aufgeführt
noch vorgetragen zu werden, in keinem Katalog, in keiner
Anthologie, in keinem Lexicon vorzukommen.[8]

Doch publizierte Karl Kraus in der *Fackel* vor allem im Ausland erschienene Besprechungen seiner Bücher und Berichte über seine Lesungen. Man darf den Abdruck solcher Besprechungen nicht nur unter dem Aspekt der Eigenwerbung sehen, waren sie doch eine Art Selbstrechtfertigung. Kraus war immer um den Hinweis bemüht, daß man ihn im Ausland anerkannte, während er in Österreich, wie der Prophet im eigenen Lande, nicht gewürdigt wurde. Damit wollte er das Schweigen durchbrechen, mit dem die österreichische Presse (mit teilweiser Ausnahme der sozialdemokratischen *Arbeiterzeitung*) auf ihn und alles mit ihm Zusammenhängende reagierte. Deshalb ließ er es sich nicht nehmen, seine eigenen Bücher anzuzeigen und unbezahlte Werbeanzeigen für Publikationen anderer, von ihm geschätzter Autoren zu bringen. Zu diesen gehörten etwa Peter Altenberg, Else Lasker-Schüler, Georg Trakl, Liliencron und Nestroy. In einem 1908 geschriebenen Aufsatz setzt er sich mit der ihm oft vorgeworfenen Egozentrik auseinander:

Indem ich über mich spreche, will ich keinen kränken und keinem gefällig sein, sondern nur als Vertreter des österreichischen Geisteslebens der Gefahr vorbeugen, daß es einmal heißen könnte, hierzulande habe niemand über mich gesprochen... Wer das Lob der Menge gern entbehrt, wird sich die Gelegenheit, sein eigener Anhänger zu sein, nicht versagen.[9]

Kraus nahm sich selbst die Freiheiten, die anderen gewöhnlich erst von literarischen Cliquen eingeräumt werden: »Die Enthüllung der Eitelkeit hat noch nie ein Schriftsteller seinem Leser leichter gemacht als ich.«[10] Ja, er beanspruchte sogar das Privileg, eine neue »publizistische Form« geschaffen zu haben.[11]

Kraus: »Eine der unangenehmsten Begleiterscheinungen der Fackel sind ihre Leser.«[12] In den frühen Jahren der *Fackel* erschienen regelmäßig in einer Spalte die »Antworten des Herausgebers«, die nach 1908 durch »Glossen«, zwischen 1906 und 1917 sowie nach 1919 durch Aphorismen und von 1916 an durch Epigramme ersetzt wurden.[13] In diesen neuen publizistischen Formen suchte Kraus die Auseinandersetzung mit seinen Lesern. Er schrieb Tausende von Briefen, die er alle mit »Verlag der *Fackel*« oder »Verlag *Die Fackel*« unterzeichnete. Überzeugt davon, daß er nach seinem Tode berühmt und seine Arbeit für die Zukunft wichtig sein werde, sprach er schon 1932 von dem Plan, eine Auswahl dieser Briefe herauszugeben; diese erschien allerdings erst 1962 unter dem ironischen Titel *Mit vorzüglicher Hochachtung*. Darin ist zu lesen:

Die meisten Briefe, die im Verlag der Fackel geschrieben werden, haben durchaus keinen geschäftlichen Inhalt. Es sind Antworten an Einsender, deren Annäherung als schimpflich empfunden wurde, motivierte Entziehungen des Abonnements, wenn der Abonnent mit Berufung auf diese Würde sich zu weit vorgewagt hatte, Zurechtweisungen von Behörden, die sich für verpflichtet hielten, den Herausgeber von einem Abonnement auf die *Fackel* zu unterrichten, Verweigerungen von Nachdrucken mit Grundlegung zu späteren Haßausbrüchen, Kündigungen des Freiexemplars an Redaktionen, die über die Pflicht hinaus, den »Inhalt« abzudrucken, zu einer Kritik übergegriffen hatten, und dergleichen mehr.[14]

In einem zweiteiligen Essay mit dem Titel »Druck und Nachdruck« (1909-1911) stellt Kraus fest, daß die *Fackel* oft in den zeitweilig von ihm zugelassenen Nachdrucken nicht richtig zitiert worden sei. Daher lasse er von nun an nur noch Raubdrucke zu: »Die Journalisten werden gebeten, die Quelle, die sie vergiften, nicht anzugeben.«[15]

In seinem Buch *The Hapsburg Monarchy*, das kurz vor dem Ersten Weltkrieg erschien, schreibt Wickham Steed über *Die Fackel*:

... ein beißendes, ätzendes manchmal skurriles regelmäßig erscheinendes Pamphlet, *Fackel* genannt, das ein wachsames Auge auf die Torheiten und Schwächen des täglichen Journalismus hält und sie gnadenlos anprangert. Herausgeber, Eigentümer und Redaktion der *Fackel* sind ein und derselbe Mann, Karl Kraus, ein jüdischer Schriftsteller von bemerkenswertem Talent. Die Tagespresse hat sich verschworen, seine Existenz zu ignorieren, doch hat er trotzdem eine treue Lesergemeinde, die seine sarkastische Satire genießt und bei seinem brillanten Stil sich von dem Schwulst und dem Pathos der österreichischen Journalisten erholt ... Er ist ein Ismael, der sich seine Zeitgenossen zu Feinden macht und in den seltensten Fällen ihre Mängel ungestraft bleiben läßt.[16]

DRITTES KAPITEL

K. K. kontra Kakanien

Versuchsstation für Weltuntergang

»Wenn eine Kultur fühlt, daß es mit ihr zu Ende geht, läßt sie den Priester kommen.«[1] Wenn eine Kulturepoche sich dem Untergang nicht entziehen kann, dann, so Karl Kraus, sucht sie in der Religion und den mit ihr einhergehenden Verdrängungsprozessen Trost und Vergessen. Kraus, der sich seiner Einmaligkeit in der Welt der Literatur bewußt war, verstand sich auch als ein typisches Produkt einer jener Endzeiten, deren jede ihre großen Kulturkritiker und Satiriker hervorgebracht hat.

Als Kraus zu schreiben begann, neigte sich ein Jahrhundert seinem Ende entgegen, das schwer an der Last seiner Geschichte und Kultur zu tragen hatte. Die Habsburg-Dynastie lag nach sechshundert Jahren darnieder, mit ihr Österreich-Ungarn, das politische Gebilde der letzten fünfzig Jahre. Die Regierungszeit Kaiser Franz Josephs erstreckte sich auf fast sieben Jahrzehnte, während derer die alte politische, gesellschaftliche und kulturelle Struktur sich langsam, doch unaufhaltsam auflöste. Karl Kraus begann an einer Zeitenwende zu schreiben, in einer Zeit der Überfeinerung und Überreife, die die ersten Zeichen der Zersetzung und des Todes trug. Seine apokalyptische Grundeinstellung und seine Haltung als »später« Warner entsprachen einem sich der Vergänglichkeit und Zerfall anheimgebenden Zeitgeist, der ein durch Melancholie und innere Unsicherheit geprägtes Lebensgefühl nährte. Viele seiner literarischen Zeitgenossen sahen sich als die müden Erben einer hochentwickelten, doch vor dem Niedergang nicht zu rettenden Tradition und Kultur. Nicht nur die besten Dichter und Schriftsteller Wiens, schrieb Carl Schorske, sondern auch seine Maler und Psychologen, ja selbst seine Kunstgeschichtler befaßten sich mit dem problematischen Thema des Einzelmenschen in einer untergehenden Gesellschaft.[2] In Deutschland war gegen Ende des Jahrhunderts die Literatur vor allem von einem an den sozialen und ökonomischen Tatsachen orientierten, politisch eingestellten Naturalismus geprägt. Die österreichischen Dichter des *fin de siècle* dagegen standen allen politischen Bewegungen distanziert gegenüber und waren vornehmlich darauf bedacht, ihre Tradition zu bewahren und die Wirklichkeit entweder unter einem religiösen Deckmantel verschwinden zu lassen oder sich vor ihr durch die Schutzwand von Symbolismus und Impressionismus abzuschirmen.

Von 1867, dem Jahr des Ausgleichs mit Ungarn, bis zum Ende des Ersten Weltkrieges war Wien die »Kaiserlich-Königliche Hauptstadt« der Doppelmonarchie Österreich-Ungarn. Die Bevölkerungszahl lag bei ungefähr 50 Millionen Einwohnern, von denen etwa 12 Millionen deutschsprachige Österreicher waren, 10 Millionen Ungarn und 5 Millionen Polen. Die verbleibenden 23 Millionen waren Tschechen, Slowaken, Rumänen, Slowenen, Kroaten, Serben, Ukrainer, Italiener, Juden und Zigeuner. Zwischen den einzelnen Volksgruppen kam es dauernd zu politischen, gesellschaftlichen und wirtschaftlichen Konflikten. Das letzte Jahrzehnt der kosmopolitischen Kultur in Österreich war ein bemerkenswerter Höhepunkt gewesen, während die Habsburg-Monarchie, politisch und gesellschaftlich gesehen, einem »farbenvollen Untergang« (Stefan George) entgegenging.[3] Zu den Künstlern und Wissenschaftlern, die damals in Österreich lebten und deren Einfluß weit über die Grenzen ihrer Zeit und ihres Landes hinausreichten, gehören die Maler Oskar Kokoschka, Gustav Klimt und Egon Schiele; die Komponisten Anton Bruckner, Gustav Mahler, Hugo Wolf, Arnold Schönberg und Alban Berg; die Philosophen und Naturwissenschaftler Moritz Schlick, Ernst Mach, Ludwig Wittgenstein, Christian von Ehrenfels und Rudolf Carnap; die Mediziner und Psychiater Theodor Billroth, Julius von Wagner-Jauregg, Julius Tandler, Karl Landsteiner, Sigmund Freud, Alfred Adler, Richard von Krafft-Ebing und Theodor Reik; die Ökonomen Karl Menger und Joseph Schumpeter; die Architekten Otto Wagner, Josef Hoffmann und Adolf Loos; Bertha von Suttner und Alfred H. Fried, die unermüdlichen Kämpfer für den Frieden; und Theodor Herzl, der Vater des politischen Zionismus.

In seinem Roman *Der Mann ohne Eigenschaften* befaßt Robert Musil sich mit dem Niedergang der Donau-Monarchie, die er im Roman ›Kakanien‹ nennt. Er hat diesen Namen von den Buchstaben »K. K.« (»Kaiserlich-Königlich«) abgeleitet, die jedem Verwaltungsbüro, jeder Institution, allen Offiziers- und sonstigen Titeln vorangesetzt waren, die diesem Doppelstaat dienten. K. u. K. (»Kaiserlich und Königlich«) bezog sich auf gemeinsame Einrichtungen, wie das Außenministerium und das Heer. In der Praxis war die Abgrenzung jedoch nicht immer klar, was zu kakanischen Konfusionen führte.

Verwaltet wurde dieses Land in einer aufgeklärten, wenig fühlbaren, alle Spitzen vorsichtig beschneidenden Weise von der besten Bürokratie Europas, der man nur *einen* Fehler nachsagen konnte: sie empfand Genie und geniale Unternehmungssucht an Privatpersonen, die nicht durch hohe Geburt oder einen Staatsauftrag dazu priviligiert waren, als vorlautes Benehmen und Anmaßung. Aber wer ließe sich gern von Unbefugten dreinreden! Und in Kakanien wurde überdies immer nur ein Genie für einen Lümmel gehalten, aber niemals, wie es anderswo vorkam, schon der Lümmel für ein Genie ... Auch jene nationalen Kämpfe ... waren so heftig, daß ihretwegen die Staatsmaschine mehrmals im Jahr stockte und stillstand, aber in den Zwischenzeiten und Staatspausen kam man ausgezeichnet miteinander aus und tat, als ob nichts gewesen wäre. Und es war auch nichts Wirkliches gewesen. Es hatte sich bloß die Abneigung jedes Menschen gegen die Bestrebungen jedes andern Menschen, in der wir heute alle einig sind, in diesem Staat schon früh, und man kann sagen, zu einem sublimierten Zeremoniell ausgebildet, das noch große Folgen hätte haben können, wenn seine Entwicklung nicht durch eine Katastrophe vor der Zeit unterbrochen worden wäre ... Ja, es war, trotz vielem, was dagegen spricht, Kakanien vielleicht doch ein Land für Genies; und wahrscheinlich ist es daran auch zugrunde gegangen.[4]

Seine Initialen hatte Karl Kraus mit dem Kaiserlich-Königlichen Österreich-Ungarn gemein, das er ausdauernder und vehementer als alle seine Zeitgenossen bekämpfte. Dank seiner strategisch günstigen Lage im Zentrum Europas und seiner einzigartigen Mischung von Kulturen galt Österreich als ein Europa im Kleinen, eine Art Versuchsgelände für Europa, wenn nicht sogar der Welt. Karl Kraus ging um eine Nuance weiter, indem er Österreich-Ungarn eine »Versuchsstation für Weltuntergang«[5] nannte. Seine vor dem Krieg geschriebenen Arbeiten sind Variationen über dieses zentrale Thema, Angriffe gegen eine Gesellschaft, in deren Handlungen er die Generalprobe der kommenden Katastrophe sah. Während des Krieges erreichten diese Attacken ihren Höhepunkt. In dem Gedicht »Nach zwanzig Jahren« stellt Kraus erleichtert fest, daß es nun nicht einmal mehr eine verbale Verbindung mit dem verhaßten politischen Gebilde gebe:

> Ich atme auf, die lästige Begleitung,
> das andere K. K., der *nom de guerre,*
> der Schatten meines wahren Namens wich
> mir von der Seite in das Schattenreich ...
> Mein Wort hat Österreich-Ungarn überlebt.[6]

Die demolierte Literatur

Das erste größere satirische Werk, das Kraus schrieb, war die literarische Satire *Die demolirte Literatur*, die 1896 in der *Wiener Rundschau* veröffentlicht wurde. Im darauffolgenden Jahr wurde sie als Pamphlet gedruckt und erreichte bis 1901 fünf Auflagen. Obwohl der Text die Kenntnis zeitgenössischer Literatur und literarischer Kreise voraussetzte, zog diese geistreiche Schmähschrift, die so reich an Anspielungen und Invektiven ist, große Aufmerksamkeit auf sich und trug ihrem Autor mindestens eine Duellforderung und einen tätlichen Angriff ein. Karl Kraus distanzierte sich später von dieser Schrift und lehnte einen Neudruck mit der Begründung ab, daß jede Zeile in der *Fackel* sie vom künstlerischen Standpunkt her gesehen übertreffe.

Der erste Satz lautet: »Wien wird jetzt zur Großstadt demolirt.«[7] Genau genommen ist dieser Essay ein Nachruf auf das Café Griensteidl, eines der ehrwürdigsten aus der alten Wiener Kaffeehauskultur. Da das Café abgerissen werde, so Kraus, sehe die Literatur einer Periode der Obdachlosigkeit entgegen; in diesem gemütlichen, wenn auch zugigen Zuhause hätten sogar die Kellner literarische Prätentionen gehabt und sich den wechselnden Strömungen wie Naturalismus und Symbolismus angepaßt. Jetzt, da der Auszug bevorstünde, müßte die kunterbunte Gesellschaft der Dichter in aller Eile ihre literarische Ausstattung zusammenpacken, zu der Talentlosigkeit, frühreife Abgeklärtheit, allerlei Posen, Größenwahn, das Vorstadtmädel, modische Krawatten, Treibhausstimmung, Manieriertheiten, das Monokel, der falsch gebrauchte Dativ und die »heimlichen Nerven« gehörten.

Das Café Griensteidl war der bevorzugte Treffpunkt der »Jung-Wien«-Dichter gewesen, die Kraus, ohne namentliche Erwähnung, in seiner Satire darstellt – nur gegen Peter Altenberg, dem er sich verbunden fühlte, richtet sich dieser Angriff nicht. Von Hermann Bahr abgesehen, dem »Herrn aus Linz«, der gleich auf der Titelzeichnung von zwei Kellnern davongeschleppt wird, war Kraus' Haltung dem Dichterkreis gegenüber ambivalent. Diese »aristokratischen Dichter, deren Adel bereits zahlreiche Degenerationen umfaßt«[8], schienen das Sterben zu ihrem Hauptthema erkoren zu haben. Kraus stellte bei diesen »Jung-Wien«-Dichtern eine kuriose Neigung zu Inzucht und Tatenlosigkeit fest, einen engen Horizont und grenzenlose Flachheit. Glimpflich kommt Arthur Schnitzler davon, »der am tiefsten in diese Seichtigkeit taucht und am vollsten in dieser Leere aufgeht«[9] und das »süße Mädel« aus der Vorstadt burgtheaterfähig gemacht habe. Auch die anderen Schriftsteller, deren Vorlieben und Besonderheiten von Kraus bloßgestellt werden, sind mehr oder weniger leicht zu identifizieren, wie Felix Salten, Richard Beer-Hofmann (ein Dichter mit einem schmalen Œuvre, der als Modegeck und *arbiter elegantarium* geschildert wird), Leopold von Andrian-Werburg, Felix Dörmann, der Librettist Viktor Leon (Hirschfeld) und der Maler/Dichter Ferry Beraton.

Hermann Bahr wurde von Kraus sein Leben lang attackiert.[10] Kraus hielt ihn für ein literarisches und kulturelles Chamäleon, das sich jedem neuen »-ismus« anpaßte. Bahr pflegte die »Linzer Gewohnheit«, »Genialität durch eine in die Stirn baumelnde Haarlocke anzudeuten«[11], und hatte sich, so Kraus, nach seinen Sturm-und-Drang-Jahren eine olympische Abgeklärtheit à la Goethe angeeignet. Ein nimmermüder Förderer der Mittelmäßigen, habe Bahr doch *eine* größere Entdeckung gemacht: den frühreifen Hugo von Hofmannsthal, den Kraus einen »Goethe auf der Schulbank«[12] nannte. Später bemerkte Kraus unfreundlich über Hofmannsthal: »Wunder der Natur! Die Kunstblumen des Herrn von Hofmannsthal, die um 1895 Tau hatten, sind nun verwelkt.«[13] Hugo von Hofmannsthal, dessen dichterischer Quell zu versiegen schien, sei ein Dichter, »der vom Rausch bei goldenen Bechern, in denen kein Wein ist, längst ernüchtert dahinlebt«.[14] Jetzt, da diese »Literatur demoliert« und die Dichter-Gesellschaft delogiert sei, werde, so Kraus, »das Leben die Krücke der Affectation zerbrechen«.[15] Doch müßten die Literaten einen neuen Treffpunkt finden – wo, fragt Kraus, werde ihr künftiges Griensteidl sein?

Eine Krone für Zion: »Jüdischer Selbsthasser« oder »Erzjude«?

»Die Volkszählung hat ergeben«, so hat Karl Kraus einmal gesagt, »daß Wien 2 030 834 Einwohner hat. Nämlich 2 030 833 Seelen und mich.«[16] Bei einem Menschen, der von seiner Einzigartigkeit dermaßen überzeugt war und als *homo pro se* im erasmischen Sinne anzusehen ist, wird es kaum überraschen, daß auch seine komplizierte Beziehung zum Judentum als *sui generis* bezeichnet werden muß. Als Sohn eines jüdischen Fabrikanten kehrte Kraus dem Geschäft, dem er ein materiell größtenteils sorgloses Leben verdankte, frühzeitig den Rücken, um sich der Literatur zuzuwenden.

1898 verließ Kraus die jüdische Glaubensgemeinschaft, in die er »durch den leidigen Zufall der Geburt« geraten war, und nach einer »Zeit der bequemen und nie genug gewürdigten Konfessionslosigkeit«[17] trat er 1911 zum Katholizismus über, aus dem er 1922 wieder austrat.

In seinem Buch *Der jüdische Selbsthaß* von 1930 schreibt der Jude Theodor Lessing über Karl Kraus, den er als »das leuchtendste Beispiel des jüdischen Selbsthasses« hinstellt:

Karl Kraus ist ein gewaltiger Literat, und er würde ein Literat sein, ganz gleich, was er triebe und wo er sich befände. Aber seine Literatur ist gespeist von keuchendem Hasse gegen Literatur. Er schreibt Zeitung, um Zeitungen zu bekämpfen, und stellt sich in die Mitte der Zeit, um der Zeit zu sagen, wie sehr er sie verachte. Er ist der Meister des Wortes und schafft vom Wort her. Aber er haßt den Frevel des Worts und verbraucht Millionen Wörter, um den keuschen Segen des heiligen Schweigens zu preisen. Wohl in keiner zweiten Gestalt des gegenwärtigen Deutschland offenbart sich der geniale Selbsthaß des sittlichen Menschen in gleich unerlösbarer Tragik, denn hier ward eine schöne und reine Naturkraft an ein zu guter Letzt völlig fruchtloses Werk vertan, von dem nach zwei, drei Geschlechtern nichts übrigbleiben kann als ein Berg bedrucktes Papier. Nicht, daß er die Augiasställe der Zeit ausmistete, gereicht dem Herkules zum Vorwurf, aber daß er allen diesen Mist im Erechtheion ausstellte und seine Fackeln anzündete zu nichts und wieder nichts, als um den Kot aufzuzeigen an allen Wegen der Kleinen, vor dem wir uns besser hätten ehren können durch Vorübergehen auf dem Pfade zur Größe. Dieses wäre der *ernsteste* unter den Judenhassern von heute. An ihm wie an keinem andern läßt sich das innerste Geheimnis des Hasses enthüllen. Alle die großen Judenfeinde in Deutschland – Lagarde oder Treitschke, Düring oder Chamberlain – sind Hasser gewesen aus ökumenischem Machtwillen. Sie wollten dem Juden keine geistige Führerschaft verstatten, weil sie selber gar nichts anderes als die geistige Erdführerschaft begehrten. Das war gewiß kein flacher und kleiner Wille! Es kann der sittlichste und geistigste Wille sein. Aber wenn auch in noch so vergeistigter und noch so erhabener Gestalt, ist auch diese Art Natur immer nur eine Abart des menschlichen Ehrgeiz- und Neidspiels. Ein Drang nach *Geltung* beflügelt alle diese Bannsprüche und harten Urteile. Die zielverhaftete, idealbesessene Willensart, welche jene großen Denker als die jüdische brandmarken – das eben ist ihre *eigenste* Wesensart ... Denn noch nie entfaltete sich ein timonisches Verachten der Welt völlig ohne Eitelkeit; noch nie der geifernde Menschenhaß völlig ohne Selbsthaß. Und könnten wir Einblick gewinnen in die letzte Tiefe des unerbittlichen und puritanischen Sittlichkeitseifers, dann würden wir vielleicht mit Schauder merken, daß noch nie ein großer Menschenverdammer dagewesen ist ohne jene wölfische Sucht des unersättlichen *Ich*, die selbst in einem Dante, Savonarola und Robespierre die Seele und die reine Unmittelbarkeit der Natur zerfraß.[18]

In diesem stellenweise anfechtbaren Abschnitt ist Kraus zwar unter die exemplarischen Monomanen und Selbsthasser eingereiht, aber nur einmal namentlich erwähnt. Theodor Lessing fügt sechs Lebensgeschichten an, darunter die von Otto Weininger, Arthur Trebitsch und Maximilian Harden, aber nicht die von Karl Kraus.

Schon während des Ersten Weltkrieges verfaßte ein Verehrer von Karl Kraus, der Dramaturg und Dichter Berthold Viertel, eine Schrift über den Satiriker, in der er Martin Bubers Wort vom »Pathos der Forderung« zitiert und Buber als »einzigen bewußten Verkündiger jüdischer Geistestiefe und -hoheit, den einzig wahrhaft Wissenden um den jüdischen Geist« als Zeugen dazu aufruft, daß Karl Kraus ein Erzjude sei.[19] (So nannte Buber übrigens sich selbst.) »Kraus darf ein Ketzer scheinen«, so schrieb Viertel, »ein Verräter am materiellen Interesse, am Welterfolg seines Mitjudentums um den Preis, einen pseudojüdischen Ehrgeiz vor die Stirn zu schlagen, der weder echter Natur noch echtem Geiste entspricht«.[20] Viertel zitiert Bubers jüdische Lehre von der Entscheidung und der Umkehr und erblickt in Kraus eine alttestamentarische Prophetengestalt, die die historische Mission der Juden als noch nicht beendet ansehe und in einem korrumpierten Zeitalter die Zeitgenossen zur Umkehr mahne.

Die Entscheidung, an der Karl Kraus zum Künstler wird, ist das Nein, das er gestaltet. Er dringt fanatisch auf das Fundamentale, er hungert und friert nach dem Absoluten, er fragt und fordert. Er verzehrt sich, mitten in der brutalen Realität, nach idealer Reinheit.[21]

Es sei, so Viertel, ein tiefer Wesenszug der jüdischen Seele, der hier in einem Europäer durchbreche. Viertel zitiert aus Bubers Buch *Vom Geiste des Judentums,* in dem das Verhältnis des jüdischen Volkes, des Volkes des Buches und der Sprache, zum Wort dargestellt wird, und deutet dadurch Kraus' Haltung als wesenhaft jüdisch. Gegen diese Auffassung polemisiert Leopold Liegler in seinem 1920 erschienenen Buch über Kraus. Der dem Judentum nicht nahestehende Liegler bezeichnet als die folgenschwerste Entscheidung von Kraus dessen Bruch mit dem Judentum, denn »gerade die vollzogene Loslösung vom Judentum hat ihm das unschätzbare Gefühl freiester Autonomie gegeben und den Ernst tiefster Verantwortung geschenkt, ein Lebensgefühl von früher nie gekannter Intensität.«[22] Immerhin gibt Liegler zu, daß Kraus' ethische Grundorientierung mit dessen Judentum in Zusammenhang gebracht werden könne. Kraus selbst bezeugt in einem *Fackel*-Aufsatz aus dem Jahre 1924, daß seine Loslösung vom Judentum keine vollständige war: »Was meine Stellung zum Judentum betrifft, so kann ich nur versichern, daß in mir das Gefühl des Rassenzusammenhangs stark genug ist, um die Erscheinung einer intellektuellen Minderwertigkeit bei Juden ... schmerzlich zu empfinden.«[23]

Nicht selten wurden frühe Verehrer von Karl Kraus später zu Feinden. Solch einer ist Willy Haas, der in Krausens Haltung etwas Grundsätzliches sieht:

Das Ghettojudentum hat seine gewonnene Freiheit unter anderem dazu benutzt, um antisemitisch zu werden. Nicht etwa, um angebliche Geheimnisse des Judentums zu enthüllen, wie der mittelalterliche Jude Pfefferkorn; vermutlich nur deshalb, weil es kein feineres, komplizierteres, interessanteres, offeneres Objekt für die freigewordene jüdische Ironie gab als das Judentum selbst.[24]

Der Kunsthistoriker Hans Tietze, der im Schicksalsjahr 1933 ein Buch über die Juden Wiens erscheinen ließ, weist darauf hin, daß den Juden die Neigung zur Selbstkritik durch ihr welthistorisches Schicksal eingepflanzt worden ist. Wenn diese Selbstkritik sich in Wien oft in krasser Weise zu Selbsthaß verdichtete, so lag dies an der Auflockerung und Befruchtung, die das Leben den Juden dort gewährte. Auch der Selbsthaß war, laut Tietze, eine Spielart der jüdischen Selbstbesinnung und erlebte nicht zufällig an der Wende des neunzehnten Jahrhunderts gleichzeitig mit Zionismus, Neurosenlehre und jüdischem Wienertum seine erschütterndsten Fassungen. Ich-Entwertung ist gleichzeitig Ich-Überbewertung; Juden dieser Artung finden in ihrem Ringen um eine höhere Lebensform, als eine verrottete Zeit sie bietet, im Judentum, so wie es sich ihnen darstellt, einen Feind, der ihnen schon darum der ärgste ist, weil sie ein Stück Verantwortung an ihm mittragen. Der Ausgangspunkt des Karl Kraus, so sagt Tietze, ist die Wurzellosigkeit der Diaspora, aber er konzentriert sich auf eine sehr spezifische und faßbare Stelle: die Presse. Die ungeheure Mitschuld des Judentums an Geist, Gesinnung und Erfolg der Presse führte Kraus zu einer heftigen Verdammung des Jüdischen, aber es ist für ihn charakteristisch, daß man diese Verdammung ebensogut eine christliche nennen kann, wie Liegler es tut, wie eine jüdische. Für Berthold Viertel ist und bleibt Kraus der Erzjude, der die Schuld des Judentums am Untergang der Welt durch die schwarze Magie der Druckerschwärze ins Maßlose steigert, weil er sie mitträgt. Tietze konnte 1933 schreiben, die *Fackel* habe nicht umsonst jahrzehntelang der Stadt Wien geleuchtet; niemand brauche heute noch an die Presse zu glauben. Was das Wiener Judentum durch sie verschuldet habe, habe es mit Karl Kraus gesühnt. Und Tietze zitiert zum Schluß wieder Viertel: das Werk von Kraus gleiche »der selbstmörderischen, jedenfalls selbsthassenden, wenn nicht selbstverachtenden Verzweiflung der messianischen Prophetie.«[25]

Zwei neuere Kritiker, Frank Field und Sol Liptzin, wenden die Bezeichnung »masochistischer Antisemitismus« auf Kraus an, und zwar im Gegensatz zu Hans Weigel und Paul Neumarkt, die mit Berthold Viertel in Kraus einen Nachfolger der alttestamentarischen Propheten sehen.[26] Und Erich Heller meint:

Kraus' Antisemitismus war in all seiner problembeladenen Kompliziertheit weiter nichts als eine Neuauflage der Empörung des Propheten über die Anbetung des Goldenen Kalbs in anderem Gewand.[27]

In seinem 1964 erschienenen Buch *Wer ist Jude? Ein Selbstgespräch* bezeichnet William Siegmund Schlamm den Satiriker als »die jüdischste Intelligenz unter den großen Deutschen der letzten hundert Jahre« und fährt fort:

Die unvermeidlichste der vielen Mißdeutungen, denen Karl Kraus sich aussetzte, war wohl die, er sei ein Antisemit. Die jüdische Intelligenz macht nämlich in ihrer Maßlosigkeit vor dem Phänomen des Juden erst recht nicht halt. Da wird sie, im Gegenteil, besonders schrill.[28]

Anton Kuh, einer der journalistischen Mitarbeiter des von Kraus Mitte der zwanziger Jahre attackierten Imre Békessy, schrieb 1921 über Kraus, er sei ein »diabolischer Kopist – mit Kommentaranhang. Er sah überall Brüder, Onkel, Schwestern, Väter, Tanten und ahmte sie mit der ganzen Grausamkeit der Scham und Selbstflucht nach ... Er war der Meisterdetektiv des latenten Jüdelns im Weltraum. Es räumt ihm in der Geschichte des jüdischen Antisemitismus eine epochal besiegelte Rolle ein.«[29]

In seiner Essaysammlung über Juden in der deutschen Literatur, *Über Ruhestörer,* greift Marcel Reich-Ranicki auf Theodor Lessing zurück und schreibt:

Der stets verbissene und zuweilen tragikomische Krieg, den Karl Kraus ein Leben lang gegen die österreichische Presse geführt hat, erweist sich bei näherer Betrachtung als sein geheimer Kampf gegen das Jüdische oder, richtiger gesagt, gegen das, was er für das Jüdische hielt. Dieser Kampf war nichts anderes als eine schmerzhafte und hochdramatische Selbstauseinandersetzung.[30]

Reich-Ranicki betont, daß in diesem Falle der Selbsthaß eine außerordentlich produktive Kategorie gewesen ist.

Max Brod, der in Kraus einen Zerstörer sah, schrieb im Dezember 1913 an Richard Dehmel:

Ich fühle mich von solchen Typen meiner Rasse wie Karl Kraus auf das Widerlichste abgestoßen, weil ich in ihnen all das verkörpert sehe, was seit Jahrtausenden mein Volk erniedrigt hat... Gerade diese witzelnde, unernste und hochmütig-egozentrische Art beleidigt mein jüdisches Nationalgefühl am heftigsten; denn mit vielen andern bin ich an der schweren Arbeit, gerade das Messianische, Große, Ernste, Prophetische der jüdischen Seele (wie es Martin Buber gezeigt hat) neu in Taten umzusetzen.[31]

Emanuel Bin Gorion listet in seinem Pamphlet *Der Fackelreiter* von 1932 Kraus' vermeintlich antijüdischen Taktlosigkeiten auf und schreibt:

Anders als bei den klassischen Apostaten früherer Zeiten, die aus Opposition gegen eine erstarrte Theologie oder sogar nur aus Schmerz über ein unverschuldetes Pariadasein zu Anklägern und Verfolgern der Synagoge wurden, produziert sich hier das einfache, nackte, allen Schamgefühls bare, zynische Renegatentum.[32]

Wie sehen nun im einzelnen Kraus' Angriffe auf das Judentum aus? Eines seiner ersten Werke war das Pamphlet *Eine Krone für Zion*, geschrieben 1898, also noch vor der Gründung der *Fackel*. Wortspiel und Doppelsinn schon im Titel: Kraus war gebeten worden, einen sogenannten Schekel im Werte der damaligen Währungseinheit zu spenden, für »jene Zwecke, die man zionistische oder mit einem guten alten Wort antisemitische nennt«.[33] In der Ankündigung des Ersten Zionistenkongresses war Kraus sogar irrtümlich als Delegierter erwähnt worden. Rückblickend auf seinen Verriß von Theodor Herzls Theaterstück *Das neue Ghetto*, schreibt Kraus, daß es »zwar eine durchaus korrupte Judengesellschaft vorführt, jedoch durch die unerwartete Hervorhebung eines einzigen edelgesinnten Israeliten enttäuschte und dem Verfasser die Sympathien der maßgebenden antisemitischen Kreise entzog«.[34] Den Verfasser der Schrift *Der Judenstaat* nannte Kraus den »König von Zion«.[35] Nun werden, so Kraus, die Hunderttausende, die auf die Erlösung vom allgemeinen menschlichen Elend hoffen, in dem perspektivlosen jüdischen Elend festgehalten. »Kommt alle her, die ihr mühselig und beladen seid. Lasset euch durch die zionistischen Verheißungen einer besseren Zukunft nicht traurig stimmen!«[36] Kraus schreibt vom Standpunkt eines assimilierten, mit dem Sozialismus sympathisierenden Juden und Europäers. Der widerhaarigste Zionist, so meint er, müßte sich in wenigen Jahren unschwer zum Europäer zivilisieren lassen.

Das Erzeugen einer Fata Morgana ist keine Sozialreform, sondern falsche Vorspiegelung ... Es ist kaum anzunehmen, daß die Juden diesmal trockenen Fußes in das gelobte Land einziehen; ein anderes rotes Meer, die Sozialdemokratie, wird ihnen den Weg dahin versperren.[37]

Herzls Credo »Wir sind ein Volk, *ein* Volk« setzte Kraus die Überzeugung entgegen, die Juden seien ein verfallendes Volk. Der Zionismus könne nicht viel wert sein, da seine Verfechter eine ausgefranste Weltanschauung mit den Antisemiten teilten. Kraus sprach Herzl die Fähigkeit ab, staatenbildend zu wirken; Herzl suche nur den Übergang vom Feuilleton zum Leitartikel. Merkwürdigerweise hat Theodor Herzl, der in seinen umfangreichen Tagebüchern auch geringere Anfeindungen verzeichnete, Kraus' Schrift nie erwähnt. Kraus ließ dieses Jugendwerk später nicht mehr auflegen, zumal die Lektüre von Herzls Tagebüchern ihn von dessen Redlichkeit überzeugte und er in ihm nicht mehr in erster Linie den Feuilletonredakteur der *Neuen Freien Presse* sah. Ohne seine damaligen Äußerungen ausdrücklich zurückzunehmen, schrieb Kraus 1924, er könne als Fünfzigjähriger nicht aufrechterhalten, was er als Dreiundzwanzigjähriger geschrieben habe.[38] Herzls Tagebücher erweisen ihn als in derselben Problematik befangen, die er, Kraus, schon damals gesehen habe: ob nämlich »aus der zionistischen Idee ein Königreich oder ein Roman werden solle«.[39] (So sah Herzl sich auch selbst: zwischen einem politischen Gebilde und einer literarischen Utopie schwankend.) Kraus fuhr in diesem Zusammenhang fort, daß er Herzl »für eine ungleich edlere Erscheinung halte als die Genossen seiner journalistischen Jahre«.[40] Daß seine ablehnende Haltung dem Zionismus gegenüber sich schon vor dem Krieg geändert hatte, beweist ein Aphorismus aus dem Jahre 1913:

Der jüdische Nationalismus sei wie jeder Rückschritt willkommen, der aus einer pseudonymen Kultur dorthin zurückführt, wo ihr Inhalt wieder wert ist, ein Problem zu sein.[41]

Noch zu Herzls Lebzeiten, im Jahre 1901, hatte Kraus das Schweigen der *Neuen Freien Presse* gegenüber dem Zionismus angegriffen und Sympathie für Herzl bekundet wegen der »Incompatibilität, die die Stellung eines Propheten und die Stellung eines Feuilletonredakteurs in sich schließen, wenn sie ein und derselbe Mann bekleidet«.[42] In der *Fackel* vom August 1924 erinnert sich Kraus an die »Verkennung, Gleichgültigkeit und Gehässigkeit, die Herzl bei seinen Lebzeiten von den reichen Juden widerfuhr«.[43] Im November 1921 hob er den Unterschied hervor zwischen seinem alten Widersacher Felix Salten, »der eigentlich ein Zionist ist, aber vor der Verwirklichung seiner Sehnsucht auch noch die Wiedereinsetzung der Habsburger in Österreich betreibt«, und dem Herzl-Biographen Leon Kellner, »der auch Zionist ist, ohne aber zugleich nach einem schwarzgelben Fleck happig zu sein«.[44]

Überblickt man das Gesamtwerk von Karl Kraus, dann fällt auf, daß die meisten negativen Figuren seines *theatrum mundi* – Schieber, Kriegsgewinnler, verlogene Zeitungsleute – jüdische Namen tragen. Viele derer, mit denen er seine Fehden austrug, waren Juden: der Kritiker Alfred Kerr, der Zeitungsmächtige Imre Békessy, der »verantwortliche Redakteur des Weltuntergangs« Moriz Benedikt, der Publizist Maximilian Harden, die Kriegsberichterstatterin Alice Schalek, der Germanist Richard M. Meyer (den er immer wieder daran erinnerte, daß das M eine Abkürzung für »Moses« war) und Franz Werfel, den er anfangs schätzte und förderte, gegen den er später aber in seiner »magischen Operette« *Literatur oder man wird doch da sehen* – wie gegen die anderen expressionistischen »Neutöner« und deutschsprachigen Schriftsteller aus Prag – polemisierte: eine neue ›demolierte Literatur‹.

Zu seinen jüdischen Freunden zählte Kraus die Schriftsteller Peter Altenberg, Franz Janowitz und Otto Weininger; den Verleger Kurt Wolff, die Drucker Georg und Martin Jahoda und den Buchhändler Richard Lanyi; die Musiker Franz Mittler, Otto Janowitz und Georg Knepler; die Dramaturgen Berthold Viertel und Heinrich

Fischer; den Rechtsanwalt (und späteren Nachlaßverwalter) Oskar Samek. Vielleicht ist es auch kein Zufall, daß viele der wichtigen Bücher und Aufsätze über Kraus, die in den letzten Jahrzehnten erschienen sind, von Juden geschrieben wurden: zu nennen sind etwa Werner Kraft, Hans Kohn, Hans Weigel, Friedrich Torberg, Wilma Iggers, Erich Heller, Josef Peter Stern, Paul Engelmann, Paul Hatvani, Robert Lilienfeld und der Verfasser dieses Buches.

In der *Fackel* druckte Kraus zum Beispiel die Ergüsse des antisemitischen Rassentheoretikers und mit Richard Wagners Sippe verschwägerten Wahlteutonen Houston Stewart Chamberlain ab. Kraus war Anti-Dreyfusard und publizierte 1899 in der *Fackel* entsprechende Aufsätze aus der Feder des *grand old man* des deutschen Sozialismus, Wilhelm Liebknecht. Im Dezember 1915 veröffentlichte er Dostojewskijs 1877 entstandenen Aufsatz über die Judenfrage. Kurz darauf schrieb er das von Prophetenpathos getragene Gedicht »Gebet an die Sonne von Gibeon«:

> Doch die zu Gibeon hielten zu Israel.
> Denn sie fürchteten sich. Nicht erwürgt wurden sie,
> nur verflucht wurden sie, ewig Sklaven zu sein
> für die Gemeinde Israels.
>
> ...
>
> Völker, die es gehört, wurden hörig dem Volk;
> alle schrieen wie es, alles ward Israel.
> Alle Sprachen durchdrang einzig die Melodie,
> deren Schalmei das Geld anlockt.[45]

In seinen letzten Lebensjahren kommentierte Kraus dieses Gedicht mit den Worten: »Mein von Schwachköpfen mißdeutetes Gebet an die Sonne von Gibeon, 1916 erschienen, stellt das Absurdum einer Machtwelt aus der unheimlichen Identität heraus, die sich zwischen der pangermanischen Gegenwart und einer Greuelpartie des Alten Testaments ergab.«[46] Auch die 1910 erschienene Schrift *Heine und die Folgen*, in der er Heinrich Heine als den Vater des Feuilletonismus schmäht, ist ihm vielfach als antisemitisch angelastet worden. In seiner 1925 im Wiener Konzerthaussaal gehaltenen Stegreifrede »Der Affe Zarathustras« sagte Anton Kuh dazu: »Diesen Dichter hat er niedergemacht, weil er irgendwie eine Verwandtschaft jüdischer Geistesgenialität verspürte und sich sagte: einer von uns muß auf dem Platz bleiben.«[47]

Lobeshymnen auf ihn stimmte Jörg Lanz von Liebenfels an, der mit dem rassistischen Kauderwelsch seiner *Ostara*-Hefte »Hitler die Ideen gab«, wie der Psychologe Wilfried Daim in einem Buch dieses Titels darlegte; er ernannte Kraus zum ›Ehrenarier‹, da Kraus den Ariogermanen zur Sprache verholfen habe.[48] Als Kraus von einem Leser gefragt wurde, wie er zu dem Satz, seine Abstammung könne man nicht ignorieren, stehe, antwortete er:

Ich glaube von mir sagen zu dürfen, daß ich mit der Entwicklung des Judentums bis zum Exodus noch mitgehe, aber den Tanz um das goldene Kalb nicht mehr mitmache und von da nur jener Eigenschaften mich teilhaftig weiß, die auch den Verteidigern Gottes und Rächern an einem verirrten Volk angehaftet haben.[49]

Macht und Habgier scheinen, so Kraus, mit einer geradezu diabolischen Gerechtigkeit gleichermaßen auf alle abendländischen Völker verteilt zu sein. Er habe seine jüdische Abstammung nie verleugnet, um mit Offizieren, Grafen und Prälaten verkehren zu können, obwohl ihm diese bessere Vertreter des menschlichen Geistes zu sein scheinen als Spekulanten, Psychologen und Journalisten. Er wisse nicht, schrieb Kraus in der Glosse »Er ist doch ä Jud« von 1913, ob es eine jüdische Eigenschaft sei, das Buch Hiob für lesenswert zu halten; ob es Antisemitismus sei, ein Buch Arthur Schnitzlers in die Ecke zu werfen; ob es jüdisch oder deutsch sei, die Schriften der Juden Peter Altenberg und Else Lasker-Schüler für Gott und dem Wesen der Sprache näher zu halten als alles, was in den letzten fünfzig Jahren in der deutschen Literatur hervorgebracht worden sei; ob es eine jüdische Eigenschaft sei, einen alten Schnapsverkäufer in einem Kaftan für kulturvoller zu halten als ein Mitglied einer österreichischen Schriftstellervereinigung in einem Smoking.[50]

Neben solchen Aussagen stehen Sätze wie: »Judenbuben sind die Dichter der Nation, der sie nicht angehören«[51]; »der unvermeidliche jüdische Progrom gegen Ideale«[52]; »die Zerstörung Österreichs durch Jerusalem«.[53] »Antisemitismus heißt jene Sinnesart, die etwa den zehnten Teil der Vorwürfe aufbietet und ernst meint, die der Börsenwitz gegen das eigene Blut parat hat.«[54] »Die Juden leben in einer Inzucht des Humors. Sie dürfen sich untereinander übereinander lustig machen. Aber wehe, wenn sie dabei auseinander kommen!«[55] Und der Stoßseufzer: »Sie haben die Presse, sie haben die Börse, jetzt haben sie auch das Unterbewußtsein!«[56] Kraus' Haßliebe zu Wien und wohl auch zu den Juden kommt in folgendem Satz zum Ausdruck: »Diese Kreuzung aus einem Wiener und einem Juden, diese unklare Lösung eines Rassenproblems.«[57]

Im Jahr 1923 kommentierte Kraus einen Satz aus Nestroys Hebbel-Parodie *Judith und Holofernes*, der als antisemitisch aufgefaßt werden könnte (»Unsere Leut' sind gar g'scheit / haben zum Kriegführn ka Freud«): »Die Juden für zu feig zum Kriegführen zu halten, mag so lange seine Berechtigung oder Nichtberechtigung gehabt haben, bis das Kriegsführen sich als die weitaus größere Feigheit herausgestellt hat.«[58] Nach einer Aufführung von Wedekinds *Die Büchse der Pandora* im Jahre 1913 läßt Kraus in seiner Besprechung Juden im Zuschauerraum sagen: »Ich hab immer nur gedacht, wo bleibt die Büchse?« und: »Schnitzler man kann sagen was man will is doch unbestritten der greßte lebende Dichter was wir haben.«[59] Man stelle solche Seitenhiebe der Tatsache gegenüber, daß zu den wohltätigen Vereinigungen, denen Kraus aus dem Ertrag seiner Vorlesungen und Sammlungen regelmäßig Geld zukommen ließ, der Hilfsverein der jüdischen Blinden zählte.

Die jüdische Religion und Philosophie blieb Kraus fremd. Für jüdische Tradition und Gelehrsamkeit zeigte er ebenso wenig Verständnis wie etwa Kurt Tucholsky für das Wirken Leo Baecks. Martin Buber ist in der *Fackel* nur wenige Male in belanglosem Zusammenhang erwähnt. Doch Kraus achtete gläubige Juden. So ist in der *Fackel* der Brief eines Victor Grünwald, Tel Aviv, aus dem Jahre 1924 zu finden, »der die wahre Stellung des gläubigen Judentums zur *Fackel* ... in herrlichem Gegensatz zur jüdisch-nationalen Gehässigkeit ...«[60] dokumentiert. In derselben Nummer der *Fackel* verzeichnete Kraus mit Genugtuung einen Jubiläumsaufsatz in der Wiener jiddischen Zeitschrift *Jüdische Morgenpost* aus der Feder J. Solotwinskis, in dem Kraus als kompromißloser Pazifist und Bußprediger dargestellt wird und es unter anderem heißt:

Karl Kraus is geboiren als Jud, hot sich später geschmadt [getauft] und is dann oisgetreten ois der katholischer Kirche. Sein Kampf hat sich oich gericht gegen Jidn, ober nur gegen der Schädlichkeit vun einzelne Perschoinen, welche sennen zufällig Jidn gewen. Dos Judentum als Einheit hot Krois allein nit bekämpft; leheipuch [im Gegenteil], a sach mol [öfters] rufen ihm seine Anhänger un ruft er sich allein ›echter Jud‹.[61]

Kraus hat sich kaum als »echter Jud« empfunden. Max Brod hat folgende Äußerung Franz Kafkas überliefert: »In der Hölle des deutsch-jüdischen Schrifttums ist Karl Kraus der große Aufpasser und Zuchtmeister... Nur vergißt er dabei, daß er selbst in diese Hölle, unter die zu Züchtigenden mithineingehört.«[62] Kafka schrieb in einem Brief an Brod: »Mauscheln wie Kraus kann niemand.«[63] Unter »mauscheln« verstand Kafka dabei nicht nur den Wiener jüdischen Jargon von »aach« bis »Zores«, den Kraus virtuos beherrschte und satirisch-parodistisch einsetzte, sondern im weitesten Sinne die Mimikry an eine letzten Endes unerworbene, fremde Sprache und Kultur.

Es erstaunt nicht, daß Kraus nach 1933 die Judenfrage in einem anderen Licht sah. In *Die Dritte Walpurgisnacht*, einem Buch, das erst Jahre nach seinem Tod erschien, findet sich folgender fiktiver Brief an den Westdeutschen Rundfunk in Köln:

Auf Ihr freundliches Ersuchen, Ihnen zwei Exemplare unseres Verlagswerkes Karl Kraus, *Shakespeares Sonette* zur Besprechung in Ihrer Vortragsreihe »Die Welt im Buch« zur Verfügung zu stellen, möchten wir mit unserem besten Dank zunächst antworten, daß wir Freiexemplare zu Rezensionszwecken grundsätzlich nicht ausliefern. Abgesehen davon jedoch würden wir uns im gegebenen Falle für verpflichtet halten, Sie vor einem Mißgriff zu bewahren, der Sie in Widerspruch zu den in Deutschland geltenden Richtlinien der kulturkritischen Betrachtung bringen könnte. Wir machen Sie darauf aufmerksam, daß die Nachdichtung der Shakespeare'schen Sonette von Karl Kraus zwar in deutscher Sprache erschienen ist, aber ohne den erforderlichen Hinweis, daß es sich eigentlich um eine Übersetzung aus dem Hebräischen handelt.[64]

In *Die Dritte Walpurgisnacht* setzt sich Kraus mit Texten zur nationalsozialistischen Ideologie, Hetzschriften, Zeitungsmeldungen, sogenannten Greuelmärchen und kulturpolitischen Verlautbarungen auseinander. Seine Urteile über das Judentum werden in dieser Zeit zwar gerechter; doch berechtigt ist der Hinweis von Paul Neumarkt, daß

»Kraus der alttestamentarische Moralist geblieben ist, der seine eigenen Leute sogar angesichts dieser fürchterlichen Nazi-Ungeheuer tadelte«.[65] Kraus zitiert zum Beispiel den von den Nazis in Anspruch genommenen, aber für ihre Zwecke unbrauchbaren Friedrich Nietzsche: »Welche Wohltat ist ein Jude unter Deutschen. Einem Juden zu begegnen ist eine Wohltat, gesetzt, daß man unter Deutschen lebt. Die Gescheitheit der Juden hindert sie, auf unsere Weise närrisch zu werden, zum Beispiel ›national‹.«[66] Doch gab es gerade damals Juden vom geistigen Rang eines Hans Joachim Schoeps, die sich als »nationaldeutsch« bezeichneten. Kraus:

Die Judenschaft hat sich bereits vielfach einem intransigenten Deutschtum hingegeben, das bei den Zuchtmeistern gar keinen Dank und nur geringen Anwert findet. Ist eine Solidarität der Erbärmlichkeit vorstellbar wie die von deutschnationalen Juden, also Trägern einer Mission, die doch schon in Friedenszeiten ein Oxymoron war, gleich jener Finsternis, da der Mond so helle schien und ein schneller Wagen langsam durch die Straßen fuhr?... Juden, die den Drang haben, national zu sein, stellen die Verbindung zweier Komplexe von Minderwertigkeit dar, die zu verdrängen wären.[67]

(Merkwürdigerweise verwendet Kraus hier einige Ausdrücke der »Psychoanalen«.) Über das Gerücht, in Hitlers Adern fließe jüdisches Blut, schrieb Kraus: »[Es ist] eine üble Gewohnheit der Juden, alles für sich zu reklamieren und noch als äußerste Herabsetzung die Zugehörigkeit zu ihrer Gemeinschaft zu behaupten.«[68] Dagegen aber: »Ein Gran Verstand wäre doch höchstens in der Hoffnung zu erkennen, daß man einer jüdischen Großmutter auf die Spur kommen wird, ein Glücksfall, der dieser Generation noch einige Aussicht offen ließe.«[69] Offensichtlich fürchtete Kraus, als er *Die Dritte Walpurgisnacht* schrieb, daß die Ereignisse ihm eine neue Bindung an die jüdische Gemeinschaft aufzwingen könnten, wogegen er sich zur Enttäuschung seiner Schicksalsgenossen und der bereits im Exil lebenden Schriftsteller sträubte.

Wem außer Kraus wäre eingefallen, sich die Naziparolen »Deutschland erwache« und »Juda verrecke« grammatikalisch vorzunehmen? Kraus: »Sie [die Machthaber] wissen bestimmt nicht, daß da ein Komma hingehört, weil die jeweils genannte Nation, die doch angeherrscht werden soll, sonst nicht die zweite, sondern nur die dritte Person vorstellt und die verlangte Tätigkeit – erwachen oder verrecken – nicht die Befehlsform, sondern bloß die Wunschform annimmt, die ja namentlich im Fall Juda nicht angebracht wäre.«[70]

Als sein letztes Wort über seine Beziehung zum Judentum kann man einen Passus aus seinem im Januar und Februar 1934 geschriebenen Aufsatz »Warum die Fackel nicht erscheint« ansehen. Dort sagt er, »daß seine Kritik des Judentums auch nicht die Spur jenes ›Selbsthasses‹ aufweist ... mit dessen Vorspiegelung seit jeher sich die abgewiesenen Hausierer der Literatur entschädigt haben.«[71] Er bezeichnet seine Kritik an »minderen jüdischen Typen« als »geistesgeschichtlich gravierend«[72] und fährt fort: »Dagegen fühlt er sich zu dem Bekenntnis gedrängt, daß er ... die Naturkraft eines unkompromittierbaren Judentums dankbar erkennt und über alles liebt: als etwas, das von Rasse und Kasse, von Klasse, Gasse und Masse, kurz jeglichem Hasse zwischen Troglodyten und Schiebern unbehelligt in sich beruht.«[73]

Vielleicht wäre es am treffendsten zu sagen, daß Kraus' jüdischer »Selbsthaß« eine Reaktion auf die vom jüdischen Großbürgertum dominierte liberale Presse und dessen Geisteshaltung war – eine Haltung, die für Kraus Ungeist und Ursprungsferne zum Ausdruck brachte. Wie er selbst sagte, wurde sein Haß auf die jüdische Presse nur noch von seinem Haß auf die antisemitische Presse übertroffen – und umgekehrt.[74] Sein Austritt aus der jüdischen Gemeinschaft sollte ein weithin sichtbares Zeichen sein, denn vor dem ethischen Absolutheitsanspruch eines Propheten konnte diese ebensowenig wie eine andere Gemeinschaft bestehen.

Wenn man von Kraus' jüdischem Selbsthaß spricht, dann muß man auch von seinem Haß auf Österreich und Wien und auf seine Zeitgenossen sprechen – vielleicht auch vom Selbsthaß jedes ethischen Menschen.

»Sittlichkeit und Kriminalität«

Das 1908 erschienene Buch *Sittlichkeit und Kriminalität* enthält einundvierzig Artikel, die zwischen 1902, dem Erscheinungsjahr des Titelessays, und 1907 in der *Fackel* veröffentlicht wurden. Es geht Kraus um die Moral in den Gerichtssälen und in den Zeitungen. Mit dem Wort »Kriminalität« meint Kraus die Justiz. Kraus' Ziel ist es, den Gegensatz zwischen privater und öffentlicher Moral klarzumachen und die Heuchelei der österreichischen Gerichte bloßzustellen. »Solange das österreichische Strafrecht besteht... wird man nicht wissen, ob die falsche Auffassung eines brauchbaren Paragraphen oder die richtige eines unbrauchbaren weher tut.«[75]

In beißenden Satiren attackiert er die Heuchelei einer Männergesellschaft, die bei Tage verdammt, was sie nachts genießt. Kraus zielt auf die Beschränktheit engherziger Richter, die die Wirklichkeit aus den Augen verloren haben, auf die intellektuelle Unzulänglichkeit von Geschworenen mit Krämerseelen und auf die verzerrten, auf Sensationsgier setzenden Zeitungsberichte, die unsittlicher seien als das Verbrechen selbst. In *Sittlichkeit und Kriminalität* vertritt Kraus den Standpunkt, daß Sexualität erst dann zum Skandalon wird, wenn die Polizei sie verbietet.

Es bestehe, so Kraus, eine direkte Verbindung zwischen individueller und allgemeiner Unmoral, und in den sogenannten Sittlichkeitsprozessen stehe der erwiesenermaßen schuldige Angeklagte vor dem dunklen Hintergrund der allgemeinen Unmoral. Die Justiz dürfe und solle nichts weiter tun, als für den Schutz des Eigentums, der Wehrlosen, der Unmündigen und der Gesundheit zu sorgen, was jedoch ohne Eingriffe in die Privatsphäre erreicht werden könne. Was zwei erwachsene Menschen freiwillig in ihren vier Wänden machen, sei ihre Privatangelegenheit und dürfe nicht rechtlich verfolgt werden. Eigenartig ist, daß Kraus, der gegen die »Hetzjagd« auf die Frau zu Felde zog und für die sexuelle Gleichberechtigung eintrat, den Kampf der Frauen um gleiche Rechte auf allen anderen Gebieten nicht unterstützte.

Der einstige Journalist, spätere Polemiker gibt sich mit dieser Essaysammlung als Moralist zu erkennen, der ehemalige Gesellschaftskritiker wird hier zum Kulturkritiker. War die Haltung der ersten fünf Jahrgänge der *Fackel* noch verhältnismäßig zurückhaltend, so dominiert jetzt eine polemische Heftigkeit, die mit Mitleid und Ritterlichkeit verbunden ist und von der Absicht geschürt wird, ethisch-moralisch zu wirken. Obwohl Kraus das Allgemeingültige im Blick hat – Anlaß seiner Satiren bleiben die

Ereignisse in seiner näheren Umgebung, also in Wien und Österreich.

Mit den Essays in *Sittlichkeit und Kriminalität* versuchte Kraus, einen ethischen Maßstab zu setzen, um der zur Jahrhundertwende einsetzenden Überschwemmung der europäischen Literatur und Kultur mit Themen der Erotik und Sexualität entgegenzuwirken. Strindberg, Zola, Wedekind, Flaubert, Wilde, Weininger und Freud sind nur einige der in diesem Zusammenhang zu erwähnenden bekanntesten Autoren. Kraus unterschied scharf zwischen Erotik und Sexualität. Erotik diente ihm der Inspiration, sie war Quelle für den Künstler. Kraus: »Erotik verhält sich zur Sexualität wie Gewinn zu Verlust.«[76] Er glaubte, daß der Urquell des Lebens, nämlich Liebe und Schönheit, seit Jahren verschmutzt sei. Wie in manchen anderen Bereichen war er auch hier eklektisch nur an solchen Ideen interessiert, die ihm zur eigenen Selbstbefreiung und Bestätigung seiner Ansichten über die Natürlichkeit des Menschen notwendig erschienen. Als 1903 das umstrittene Buch *Geschlecht und Charakter* von Otto Weininger veröffentlicht wurde, schrieb Kraus dem Autor: »Ein Frauenverehrer stimmt den Argumenten Ihrer Frauenverachtung mit Begeisterung zu.«[77] Kraus hatte andere Schlüsse aus Weiningers Prämissen, den »sexuellen Typen« und der Unterscheidung zwischen männlichen und weiblichen Grundsätzen, gezogen. Er anerkannte gleichermaßen das »dämonische Weib« bei Weininger und Strindberg wie die instinktgeleitete, erfinderische »Kind-Frau« des Dramatikers Frank Wedekind. Im Mai 1905, als Wedekind wegen seiner sexuellen Themen von der Zensur verfolgt wurde, verhalf Kraus ihm zu der ersten Aufführung seines Stückes *Die Büchse der Pandora* in Wien, in der er eine kleine Rolle spielte.[78] Wedekind schrieb in seinem Vorwort:

Die tragische Hauptfigur dieses Stückes ist nicht Lulu ... sondern die Gräfin Geschwitz ... Im zweiten Akt wird sie durch den Gang der Handlung gezwungen, das auf ihr lastende furchtbare Verhängnis der Unnatürlichkeit unter Aufbietung aller seelischen Energie zu überwinden ... Tatsächlich stehen ja auch in der alten griechischen Tragödie die Hauptfiguren fast immer außerhalb der Natürlichkeit. Sie sind aus Tantalus' Geschlecht; von den Göttern wird ihnen ein eherner Reif um die Stirn geschmiedet.[79]

Kraus ging es darum, diesen ehernen Reif um die Stirn der Frau, sei sie Prinzessin oder Prostituierte, zu lösen; er griff mit allen ihm sprachlich zur Verfügung stehenden Mitteln die Männer an, die diesen Reif geschmiedet hatten. Er glaubte, es läge in der Natur der Frau, daß sie ihren sexuellen Regungen nachgeben müsse, und es wäre daher ein Verbrechen gegen die Natur, die weibliche Sexualität in die Zwangsjacke der sittlichen Normierung zu stecken. Diese Ansicht vertrat Kraus sein Leben lang. Auch die Justiz blieb sich treu und verfolgte weiterhin Frauen und Homosexuelle. Kraus war immer bereit, die Menschen zu verteidigen, die ihren Instinkten folgten und denen die Verderbtheit ihrer Verfolger die Würde zurückgab, die sie scheinbar verloren hatten.

Sittlichkeit und Kriminalität beginnt mit sieben Zitaten aus *König Lear* und *Maß für Maß* von Shakespeare, die, nach Kraus, das letzte Wort über eine Moral enthalten, die einen Doppelprozeß wegen Ehebruchs ermöglicht. Der »Ehebruchsprozeß P.« – »ein Veitstanz der Gerechtigkeit«[80] – wurde im Sommer 1901 in einem Wiener Gerichtssaal auf beschämende Weise durchgeführt und von der Presse mit erbärmlichen Berichten verfolgt. Kraus: »Dort ist Kultur, wo die Gesetze des Staates paragraphierte Shakespearegedanken sind, wo mindestens ... Gedanken an Shakespeare das Tun der leitenden Männer bestimmen.«[81] Und: »Ein Ehebruchsprozeß ist die große Gelegenheit, die Unverträglichkeit von Sittlichkeit und Kriminalität zu zeigen.«[82] Die Strafjustiz, im Gegensatz zum lokalen Klatsch, habe mit »Sittlichkeit« nichts zu tun. Darum dürfe ein Gesetzgeber niemals in die Rolle eines schnüffelnden Reporters fallen.

In diesem Prozeß sagte die Angeklagte aus, daß sie vor ihrer Heirat eine Heiratsvermittlung in Anspruch genommen und später, nachdem sie mißhandelt und mißbraucht worden sei, Ehebruch begangen habe. Kraus weist darauf hin, daß ein guter Richter mildernde Umstände geltend gemacht und ihr eine leichtere Strafe zuerkannt haben würde, womit er die Sensationsgier unterdrückt hätte, die die moralische Atmosphäre der Stadt für Wochen vergiftet habe. Kraus spricht von »Torturen, welche ein Mittelalter, das bloß Daumenschrauben und nicht die Presse kannte, nicht zu vergeben hatte«.[83] Er weist darauf hin, daß deutsche Philosophen dafür eingetreten seien, den

Frauen die Scheidung zu erleichtern, denn, so glaubt auch Kraus, die Heiligkeit der Ehe würde, sobald die Frau nicht mehr »Rechtsgut«[84] sei, verstärkt. Doch ein in seinen eigenen Augen »unfehlbarer« Richter habe sich auf die Seite des Klägers gestellt und die Frau an den Sittengesetzen gemessen, sie beleidigt und gedemütigt und sie, wann immer möglich, an den Pranger gestellt. Nachdem die Beschuldigte alles zugegeben hatte, ließ der Richter ihre Liebesbriefe im Gerichtssaal verlesen. Kraus verurteilt eine Mentalität, die einer Geldheirat zustimmt, aber »käufliche Liebe« mißbilligt, wodurch eine Ehefrau zur Prostituierten erklärt wird und die geliebte Ehefrau niedriger eingeschätzt wird als die ungeliebte.

Kraus befaßt sich noch mit größeren und kleineren Fehlurteilen und Rechtsbeugungen, den kleinen Tragödien innerhalb des Rechtssystems. Er beschreibt detailliert, wie die Ankläger mit den Angeklagten Katz und Maus spielen, und weist auf die Widersinnigkeiten und Doppeldeutigkeiten der Gesetze und die Doppelzüngigkeit der Rechtsvertreter hin. Die Sittenrichter verzeihen den Raben alles, und die Tauben peinigen sie. Ein Mann, der einen Kuß zu stehlen versuchte, wurde zu vier Monaten Gefängnis verurteilt, während eine Frau, die ihr dreijähriges Kind zu wiederholten Malen erbarmungslos geschlagen hatte, nur verwarnt wurde.

In »Die Hetzjagd auf das Weib«[85] geht es um die »schuldlose Schuld« einer Frau, die ihrer Schönheit wegen von Männern verleumdet wird. In »Die Presse als Kupplerin«[86] und »Eros und Themis«[87] attackiert Kraus Journalisten, die im redaktionellen Teil ihrer Zeitung die Unmoral verdammen, im Annoncenteil jedoch dubiose Inserate gegen Bezahlung veröffentlichen. Themis, die Personifizierung der Gerechtigkeit, scheint »Blinde Kuh« mit Eros zu spielen. In derselben Ausgabe der *Neuen Freien Presse*, in der über sexuelle Perversionen hergezogen werde, fänden sich Annoncen von »Masseusen« mit Namen wie Hedwig Faust, Wanda Stock, Paula Ruthner, Carola Prügler, Wanda Schläger und Minna Beinhacker.

Johann Feigl, der stellvertretende Vorsitzende des Wiener Amtsgerichts, sei, so Kraus, ein »Unhold« in richterlichem Talar, weil er einen dreiundzwanzigjährigen Taschendieb wegen Widerspruchs und kecken Benehmens im Gerichtssaal zu lebenslänglicher Strafe verurteilte. Die schwerste der von Feigl zu beichtenden Sünden müsse sein: »Ich habe mein ganzes Leben hindurch das österreichische Strafgesetz angewendet!«[88] In »Irrenhaus Österreich«[89] läßt Kraus sich über die »Psychiatromanie« aus und fragt sich anläßlich des Falles der Prinzessin Louise von Coburg, ob die Psychiater ihre Atteste über den geistigen Gesundheitszustand eines Angeklagten nicht manchmal unter politischen Rücksichten formulierten; immerhin hätten so bekannte Männer wie Wagner-Jauregg und Krafft-Ebing ihre Namen für manche Schändlichkeiten und Fehlurteile hergegeben.

In »Der Hexenprozeß von Leoben« zitiert Kraus aus der deutschen Kulturgeschichte, um Parallelen zwischen Hexenprozessen damals und heute aufzuzeigen. Er stellt fest, daß »die Technik des Hexenprozesses durch die Erfindung der journalistischen Schwarzkunst eine unerhörte Vervollkommnung erfahren [hat]«.[90] Denn die Hexenrichter von heute fürchteten die Öffentlichkeit nicht, die ihre Ruchlosigkeit aufdecken könnte, sondern benützten sie, um die Pein der Angeklagten zu vergrößern. In den Tiefen des österreichischen Volksempfindens lebe immer noch der Wunsch nach Teufelsaustreibung. Die spektakuläre Tat sei wichtiger als die Ermittlung des Täters. Ähnlich liegt der Fall bei »Verbrecher gesucht«. Kraus zitiert hier Oscar Wilde: »Je weniger Strafe, umso weniger Verbrechen.«[91] Nirgends sei der Glaube an den Selbstzweck der staatlichen Gewalt so fest verwurzelt wie in Österreich, wo das Publikum als eine Institution verstanden werde, die die Beamten unterstütze, die ihren Aufgaben aber leichter nachkommen könnten, wenn das Publikum ausgeschlossen wäre. Manchmal wisse die Polizei, daß ein Verbrechen begangen werde, greife aber nicht ein.

In »Der Meldzettel« verspottet Kraus die Bürokratie, die sich in das Privatleben der Menschen einmische. Es sei nun nicht mehr ausgeschlossen, »daß die Verbrecher, die bereits Diebstahl, Betrug, Raub und Mord begangen haben, auch noch das letzte, entsetzlichste aller Verbrechen riskieren: Falschmeldung.«[92]

Im »Die Kinderfreunde« geht es um einen Prozeß, den man einem Professor Theodor Beer gemacht hatte, der zwei kleine Jungen in sein Fotoatelier gelockt, ihnen obszöne Bilder gezeigt und sie zum Onanieren veranlaßt haben soll. Beer wurde zu drei Monaten Gefängnis verurteilt, nicht etwa wegen Verführung Minderjähriger, sondern wegen Homosexualität. »Wer hat den armen Jungen übler mitgespielt«, fragt Kraus, »der Photograph, der sie im Atelier, oder die Väter, die sie im Gerichtssaal entkleidet haben?«[93] Diese angeblichen Kinderfreunde haben die Jungen der Sensationsgier ausgeliefert und den seelischen Schaden der beiden verhundertfacht. In Wien hätten daraufhin Eltern nachgezogen und Beer beschuldigt, er hätte auch ihre Kinder verführt; die halbverstandenen Aussagen der Kinder wurden gierig dazu benutzt, um den Ruf und die Existenz eines Mannes zu zerstören. Das Schicksal dieser beiden Jungen erscheint Kraus weniger hart als das von Kindern, die arbeiten müssen und ausgebeutet werden, ja, sogar weniger hart als das von Tieren, denen man zu schwere Lasten aufbürdet. Der Beer-Prozeß habe erneut gezeigt, daß die Justiz sich stärker in das Privatleben eines Angeklagten einmische, als die Tat es verlange.

Unter den in *Sittlichkeit und Kriminalität* dargelegten Gerichtsfällen gibt es auch Fälle von Prostitution. Da die körperliche Prostitution einer Frau Kraus weniger verderblich schien als die geistige Prostitution eines Mannes, nahm er diese Fälle zum Anlaß, die Schlüssellochguckerei und selbstgerechte Heuchelei der österreichischen Gesellschaft zu kommentieren. »Korruption ist schlimmer als Prostitution«, schrieb er im November 1904, »diese gefährdet höchstens die Ethik des Individuums, jene in allen Fällen die Ethik der Gesamtheit.«[94]

In »Die Kußräuberin«[95] geht es um eine achtzehnjährige Prostituierte, die zu zwei Wochen Gefängnis verurteilt wurde, weil sie jemandem auf dem Bahnhof einen Kuß gegeben hatte. »Der Fall Riehl« (November 1906)[96] behandelt den Prozeß gegen die Besitzerin eines konzessionierten Bordells, Regine Riehl, die beschuldigt wurde, ihre Mädchen wirtschaftlich und gesundheitlich ausgebeutet zu haben. Kraus vertrat die Ansicht, daß erst die Verfolgung von Kuppelei eine solche Ausbeutung hervorrufe. »Schraubt die Menschennatur unter den Strafparagraphen, und das Verbrechen kommt zum Vorschein.«[97] Der Erpresser trete hervor, sobald Staat und Gesellschaft den Geschlechtsverkehr in die dunkle Ecke des Verschweigens bannten. Symptomatisch dafür sei das Wort »Schandlohn«.

Die Feministinnen kämpften um ihre politische Emanzipation, vernachlässigten darüber aber ihre sexuelle Emanzipation. Als anerkannte Institutionen trügen unglückliche Ehen oder reputierliche, aber repressive Erziehungsanstalten, wie viele kirchliche Internate, viel mehr als die Libertinage dazu bei, die Sexualität der Frau zu deformieren. »Denn die Moral ist eine venerische Krankheit. Primär heißt sie Tugend, sekundär heißt sie Langeweile, und tertiär heißt sie Syphilis.«[98]

In »Rund um den Schandlohn«[99] zitiert Kraus einen Vorschlag, den ein Teilnehmer während eines in München stattfindenden Kongresses zur Bekämpfung des Mädchenhandels gemacht habe: Die Bordellbesucher sollten die Mädchen schlecht bezahlen, dann würden diese es sich zweimal überlegen, ob die Arbeit in diesen Etablissements sich lohnte. Nachdem eine christlich-soziale Zeitung verlangt hatte, man solle der Prostitution die ästhetische Anziehungskraft nehmen und sie zu einer unattraktiven Angelegenheit machen, fühlte sich die Polizei dazu veranlaßt, das Klavier aus dem Salon eines Bordells zu entfernen. Um eine Lizenz zur Prostitution zu erhalten, so Kraus in »Die Ära nach dem Prozeß Riehl«, bedürfe es des Nachweises der »völligen sittlichen Verkommenheit«[100] der Antragstellerin. Der Nachweis sei gegeben, wenn eine Frau nur einmal illegale Prostitution betrieben habe. Wolle eine Prostituierte jedoch ihren unmoralischen Lebenswandel aufgeben, werde ihr das durch alle erdenklichen Erschwernisse fast unmöglich gemacht. In »Konzessionierte Schnüffler«[101] sagt Kraus, daß Detektivbüros eine größere Bedrohung darstellten als Prostitution.

Theodor W. Adorno sieht in Kraus' Rechtseifer ein Erbe des verfolgten Juden, der für seinen eigenen Fall plädiert: er sei »der Shylock, der das eigene Herzblut hergibt, wo der Shakespeare'sche das Herz des Bürgers herausschneiden möchte«.[102] Man könnte in des Satirikers Panoptikum von Justizirrtümern und Rechtsverdrehungen einen weiteren Beweis dafür erkennen, daß »Österreich das Land [ist], wo selbst das Allzumenschliche unter dem Gesichtswinkel der Parteiverblödung betrachtet wird«.[103]

»Die chinesische Mauer«

Zu seinen Lebzeiten war *Die chinesische Mauer,* neben dem Drama *Die letzten Tage der Menschheit,* das erfolgreichste von Kraus' Büchern. Es enthielt Aufsätze, die in den Jahren 1907 bis 1910 in der *Fackel* erschienen waren, und erreichte zwischen 1910 und 1930 fünf Auflagen. Der Titelessay ist eine Abhandlung über die Unterschiede östlicher und westlicher Geisteshaltungen und Moral und wurde 1914 mit acht Lithographien von Oskar Kokoschka gesondert veröffentlicht. Die Entrüstung, die Kraus' Kritik an der Gesellschaft in *Sittlichkeit und Kriminalität* prägte, wie auch der bittere Witz seiner frühen Arbeiten sind hier einem Humor gewichen, der aber die Aggressivität nicht mildert. Will man Schillers Theorie der Satire anwenden, ließe sich sagen, daß der pathetischen und strafenden Satire nun die scherzhafte Satire hinzugefügt wurde.

In »Prozess Veith« (Oktober 1908) geht es um das Gerichtsverfahren gegen Conte Marcell Veith, der über Jahre hin seine Stieftochter, »Gräfin Mizzi«, als Prostituierte arbeiten ließ. Als er wegen Zuhälterei zu einem Jahr Gefängnis verurteilt wurde, ertränkte sich das Mädchen – nach offizieller Version, »weil sie den Lebenswandel nicht mehr ertragen konnte«.[104] Kraus beginnt mit einer »Anrede an den Staat«, die er danach noch oft vor Zuhörern vorgetragen hat. Veiths Untat sei nicht verwerflicher als alle anderen gesellschaftlich anerkannten Untaten und Verhältnisse. Die Sittenpolizei sei «eine direkt aus dem Chaos erschaffene Einrichtung«[105], und »die Existenz der letzten ›Schanddirne‹ [sei] kulturvoller und sauberer ... als die eines Staatsanwaltes ... Welch ein Geschäft, das einen Menschen zwingt, Anklageschriften gegen die Natur zu verfassen!«[106]

Kraus in »Der Sündenpfuhl«: »Die bürgerliche Moral besteht aus zwei Arten von Männern, aus solchen, die sagen, irgendwo sei eine Lasterhöhle ausgehoben worden, und solchen, die bedauern, die Adresse zu spät erfahren zu haben.«[107] Schon von alters her nähre die Entrüstung sich von der Begierde und die Begierde sich von der Entrüstung. Oft würden die größten Perversitäten hinter den Türen scheinbar sittenstrenger Häuser begangen; und nur bei Zuhältern gäbe es diesbezüglich keinen Gegensatz.

»Das Ehrenkreuz« berichtet von einer Prostituierten, die ein militärisches Ehrenkreuz trug, das ihr ein Kunde »verliehen« hatte, und die deshalb zu einem Jahr Gefängnis verurteilt wurde. »Die Justiz ist eine Hure, die sich nicht blitzen läßt und selbst von der Armut den Schandlohn einhebt!«[108]

Kraus in »Der Hanswurst«: Besser sei es, einmal ungerecht zu sein als ständig geistreich; man müsse die Logik von Vorurteilen anerkennen und sie nicht durch den Rückgriff auf Einzelfälle in Frage stellen, in denen ein richtiges Urteil durch einen Irrtum in die Welt gekommen sei. Es gäbe einen österreichischen Abgeordneten, dem der Ausspruch zugeschrieben werde »Kultur ist, was ein Jude vom anderen abschreibt«, und es gäbe seinen lebenslangen Feind, Moriz Benedikt, Redakteur der *Neuen Freien Presse*, und wenn er beide miteinander vergleiche, müsse er feststellen, daß er »Herrn Bielohlawek für einen ehrlicheren Diener des kulturellen Fortschritts halte als Herrn Benedikt«.[109] Der unverhüllte Barbarismus breche in die elektrisch beleuchtete, mit allem Komfort der Neuzeit ausgestattete sogenannte Kultur ein, und er werde die Betriebsamkeit einer Intelligenz im positiven Sinne stören, die auf dem Weg sei, den Geist auszutreiben. Bielohlawek sei »der Hanswurst des Liberalismus«[110]; er könne auch dessen Prophet genannt werden, denn der Zauberstab des liberalen Geistes bringe merkwürdige Metamorphosen hervor: seine Propheten seien Hanswurste und seine Hanswurste Propheten.

Die Anfangsbuchstaben des Titels der Satire »Ö. G. Z. B. D. G.« bedeuten »Österreichische Gesellschaft zur Bekämpfung der Geschlechtskrankheiten«.[111] Diese Gesellschaft möchte eine Konferenz einberufen und lädt Kraus als Experten ein, weil er es gewesen sei, der die Syphilis zum ersten Mal öffentlich diskutiert habe. Die Konferenz entwickelt sich zu einem »öligen Geschwätz zur Beruhigung des Gewissens«. Die Anfangsbuchstaben könnten auch für »öde Gewohnheiten zerstören bald die Gesundheit« oder »örtliche Gelegenheit zur Betätigung des Geschlechtstriebes« stehen; darauf richte sich wohl das allgemeine Interesse an dieser Konferenz.

»Fahrende Sänger«[112] (Mai 1907) ist eine witzige Abhandlung über die weltweite Tournee des Wiener Männergesangvereins – genauer, eine Persiflage auf die Banalität von Zeitungsberichten über die Eßgewohnheiten und sonstigen Eigenheiten der Mitglieder auf dieser Reise. In »Der Biberpelz«[113] berichtet Kraus vom Diebstahl seines Pelzmantels. Dieser Diebstahl habe mehr Aufmerksamkeit auf ihn gelenkt als alle seine schriftstellerischen Arbeiten. Während der Diebstahl selbst sich ganz still und unauffällig abgespielt habe, gestaltete sich das Nachspiel völlig anders. Er habe den ganzen Vorfall als überaus unangenehm empfunden; auf Schritt und Tritt habe ihn die Dummheit wie einen Gefangenen begleitet. Er werde also ein neues Buch veröffentlichen, denn dann würden die Wiener ihn wieder vergessen.

»Die Dummheit ist ein Elementarereignis, mit dem es kein Erdbeben aufnimmt«[114], lautet die Botschaft des Essays »Das Erdbeben«. Anfang 1908 hatte es in Wien ein schwaches Erdbeben gegeben, und Kraus kommentiert die einfältigen Reaktionen, die es zur Folge hatte. Das Erdbeben schien das passende Ereignis für eine Berichterstattung in der *Neuen Freien Presse* zu sein und eine gute Gelegenheit für Leute, die gerne ihren Namen in der Zeitung gedruckt sehen. Und so wurde denn das Wackeln eines jeden Nachtkastls genau registriert. Kraus sieht in den Reaktionen einen Vorgriff auf die Verhaltensweisen der Wiener beim Weltuntergang. Unter Pseudonym habe er einen Brief an die *Neue Freie Presse* geschrieben, in dem er sich als Ingenieur ausgegeben und seine Beobachtungen mitgeteilt habe. Obwohl dieser Brief offensichtlichen pseudo-wissenschaftlichen Unsinn enthielt, druckte die Zeitung ihn ab. Diese Zeitung, die den Satiriker Kraus ignorierte, druckte den »Geologen« Kraus! Dieser Schwindel hatte Folgen. 1911 gewann der Wiener Ingenieur Arthur Schütz eine Wette, in der es darum gegangen war, daß die *Neue Freie Presse* einen fiktiven Brief von einem Bergwerksingenieur abdrucken würde, in dem dieser berichtet, daß sein »Grubenhund« während des Erdbebens deutliche Anzeichen von Unruhe gezeigt habe. Nun ist ein »Grubenhund« kein Hund, sondern ein in Bergwerken benutzter Förderwagen. 1916 wurde in den vom Kreis um Kraus eröffneten satirischen Zoo noch eine »Laufkatze« aufgenommen, womit ein Schwebekran gemeint ist. Kraus registrierte belustigt die Folgen derartiger Irreführungen, und besonders der »Grubenhund« wurde ein weithin berühmtes Symbol für Ignoranz, Dünkel und

Philistertum in den Reihen der Presseleute, ein »kulturell beglaubigtes Zuchtmittel und Damoklesschwert«.[115] (Arthur Schütz, ein Meister der Täuschung, hat bis vor wenigen Jahrzehnten Irreführungen *à la* »Grubenhund« inszeniert.)[116]

Außer Essays über Maximilian Harden, Peter Altenberg und den Schauspieler Alexander Girardi (den Kraus am Vorabend von Girardis Abreise nach Berlin einen Mann nannte, »dem Wien den Humor eines Vierteljahrhunderts verdanke«)[117] enthält diese Sammlung eine Reihe von damals höchst aktuellen Arbeiten. »Der Festzug«[118] kommentiert den für das Jahr 1908 anläßlich des sechzigsten Jahrestages der Kaiserkrönung Franz Josephs geplanten feierlichen Aufmarsch. Das Komitee, das die Planung der Feierlichkeiten übernommen hatte, lehnte trotz der Bitte des Kaisers, allen notwendigen Aufwand von Energie, Zeit und Geld wohltätigen Zwecken zuzuwenden, seine eigene Auflösung ab. Die Empörung ist groß: Eher löse sich das Reich auf als dieses Festzugsexekutivkomitee. Das Volk könne man um dieses Ereignis nicht betrügen, es brauche seine Spektakel wie sein täglich Brot.

»Jubel und Jammer« handelt von ebendiesen Feierlichkeiten und kulminiert in dem Aufschrei: »Herr, erlöse uns von unserer Not und mache unserm Jubel ein Ende!«[119] »Von den Sehenswürdigkeiten« befaßt sich mit den Sehenswürdigkeiten Wiens, die so zahlreich seien, daß man vor lauter Sehen-Müssen das eigene Schaffen vergesse. Eins sei jedoch sicher: »In der Vergangenheit sind wir den anderen Völkern weit voraus.«[120] In Wien seien sogar die Dienstleute Sehenswürdigkeiten: »Der Kutscher ist eine Individualität, und ich komme nicht vorwärts; der Kellner hat Rasse und läßt mich deshalb auf das Essen warten; der Kohlenmann singt vergnügt auf seinem Wagen, und ich friere.«[121]

In »Schrecken der Unsterblichkeit« betrachtet Kraus eine andere »Sehenswürdigkeit«, nämlich ein Schillerdenkmal. Schiller könne erst dann unsterblich werden, wenn jene fatale Pseudo-Unsterblichkeit dahin sein werde, die ihm das Mittelmaß (»Alles Ungeziefer des Ruhms: Germanist, Schöngeist und Reporter...«)[122] errichtet habe. Der Dichter müsse erst als Ofenschmuck des deutschen Heims entfernt werden, ehe er als Revolutionär in dieses zurückkehren könne. Hätte Schiller diese Mittelmäßigen vorausahnen können, »hätte er sie heraufkommen sehen, wie sie die Kultur umwimmeln, wie sie mit ihren Plattköpfen an seinen Himmel stoßen und mit ihren Plattfüßen seine Erde zerstampfen, so daß kein Entrinnen ist vor der Allgewalt ihrer Liebe – er hätte sich die Unsterblichkeit genommen!«[123]

Zwei Alpträume der Zeit sind in »Die Welt der Plakate« und »Die Entdeckung des Nordpols« festgehalten. In »Die Welt der Plakate« reiht Kraus ein Reklamegesicht an das andere und träumt alsbald nur noch in Werbetexten und Werbesprüchen, bis der Traum zum Alptraum wird, der in der Devise gipfelt: »Morde dich selbst!«[124] In »Die Entdeckung des Nordpols« (1909 durch Peary entdeckt) scheint es Kraus, als habe dieses Ereignis eine Inflation aller Werte zur Folge gehabt: »Der größte Mann des Jahrhunderts ist der Titel einer Stunde«; in der nächsten Stunde wird er einem anderen verliehen werden. »Der Fortschritt feiert Pyrrhussiege über die Natur«, er mache »Portemonnaies aus Menschenhaut«.[125] Im Lichte des Holocaust, welch eine grauenhafte Voraussage! Als der Mensch noch mit der Postkutsche gereist sei, sei die Welt besser gefahren und vorangekommen als heute, da jeder Kommis durch die Luft fliege. »Was nützt das Tempo, wenn unterwegs das Gehirn ausgeronnen ist?«[126] Denn es sei die Dummheit, die den Nordpol erreicht habe, und ihr Banner flattere als Siegeszeichen, daß ihr die Welt gehöre. Die Eisfelder des Geistes dehnten sich über die ganze Erde hin aus; es stürben die, die dachten.

In zwei Arbeiten werden zwei oder mehrere Zeitungsartikel ohne Kommentar einfach gegenübergestellt – eine Technik der Demontage, die Kraus perfekt beherrschte und oft anwandte. In »Die Weiße Kultur, oder warum in die Ferne schweifen? Aus einer Berliner Zeitung«[127] ist in der linken Spalte ein Zeitungsartikel abgedruckt, der über den Briefwechsel deutscher Mädels mit Schwarzen aus den Kolonien in Afrika berichtet; der Schreiber empfindet es nun als sittengefährdend, daß die Mädels, die vorgeben, Briefmarken zu sammeln, so romantisch seien und den Schwarzen ihre Fotos schickten. Die rechte Spalte enthält Heiratsannoncen aus derselben Zeitung, alle von Männern aufgegeben, die eine hohe Mitgift oder Einheirat in ein Geschäft suchen. In »Die Mütter«[128] ist in der linken Spalte der Bericht über eine junge Dienstmagd abgedruckt, die ihr uneheliches Kind umbrachte, nachdem sie erfolglos bei Behörden und Menschen um Hilfe gebeten hatte. In der rechten Spalte ist ein Artikel zu lesen, der über die Methode aufklärt, daß man ein ungeborenes Kind taufen könne, indem man eine Heilserumspritze mit Taufwasser in den Bauch der Mutter injiziere.

»Heine und die Folgen«
»Untergang der Welt durch schwarze Magie«

Der friedliebende Kraus sah es als eine seiner Hauptaufgaben an, die öffentliche Moral, speziell die in den verschiedensten Publikationen zum Ausdruck kommende Moral, bloßzustellen. Folglich geriet er in einen anhaltenden Krieg mit der Presse. Der Journalismus und die »Journaille« (hergeleitet von »Canaille« und von Kraus, auf Anregung Alfred von Bergers, populär gemacht) waren in seinen Augen Schaltstelle und Zentrum von Korruption, Zerfall und Zersetzung. Seiner Meinung nach war die Presse nicht nur wirtschaftlich und gesellschaftlich, sondern auch geistig und seelisch eine Bedrohung.

Kraus spürte voller Unruhe eine Identität von Zeit und Zeitung, eine Verbindung zwischen dem Zeitalter, in dem er lebte, und den Zeitungen, die gelesen wurden, deren Worte Werte usurpierten und vernichteten und die mit ihren Berichten Ereignisse nicht nur beschrieben, sondern auch verursachten. Die »schwarze Magie«, die das Ende der Welt herbeiführen würde, sei die Druckerschwärze. Kraus hatte apokalyptische Visionen von schwarzen Messen, die in den Zitadellen dieses Gewerbes zelebriert würden. Er sprach einmal den Wunsch aus, es möge doch alles, was geschehe, in der *Neuen Freien Presse* gedruckt werden, damit er seine Angriffe konzentrieren und, wie der Liebe Gott, am siebenten Tag ruhen könne. Für Kraus war die *Neue Freie Presse* der Inbegriff des Wiener Journalismus und ein grelles Spiegelbild der die Geschicke Österreichs leitenden Oligarchie, weil sie Regierung und Kapital unter Kontrolle halte, die öffentliche Meinung beeinflusse, Kunst und Wissenschaft in ihre Schranken weise sowie das selbständige Denken und die eigene Phantasie ersticke.

Seit Metternich mit der Zensur konfrontiert, hatten die Wiener Zeitungen im Laufe der Zeit ein mehr »literarisches« als politisches Aussehen angenommen. Die *Neue Freie Presse* war 1848 als *Die Presse* von August Zang gegründet worden und erhielt 1864, unter der Leitung von Michael Etienne und Max Friedländer, ihren neuen Namen. Als Sprachrohr der Liberalen Partei gewann sie schnell Einfluß auf Regierungskreise. Baron Gautsch, einst Ministerpräsident von Österreich, sagte einmal, »ohne die *Neue Freie Presse* kann in Österreich keine Regierung an der Macht bleiben«.[129] Der 1872 der Redaktion beigetretene Moriz Benedikt wurde 1881 ihr Chefredakteur und leitete bis 1908 zusammen mit Eduard Bacher, danach bis zu seinem Tode im Jahre 1920 die Zeitung allein.

Zur damaligen Zeit galt die *Neue Freie Presse* in den Augen vieler als die beste Zeitung Österreichs und eins der großen Blätter Europas. Kurz vor seinem Tode im Jahre 1942 beschrieb Stefan Zweig diese Zeitung als eine Stütze der »Welt von gestern«:

In Wien gab es eigentlich nur ein einziges publizistisches Organ hohen Ranges, die *Neue Freie Presse*, die durch ihre vornehme Haltung, ihre kulturelle Bemühtheit und ihr politisches Prestige für die ganze österreichisch-ungarische Monarchie etwa das gleiche bedeutete wie die *Times* für die englische Welt und der *Temps* für die französische; selbst keine der reichsdeutschen Zeitungen war so sehr um ein repräsentatives kulturelles Niveau bemüht ... Selbstverständlich »fortschrittlich« und liberal in seiner Weltanschauung, solid und vorsichtig in seiner Haltung, repräsentierte dieses Blatt in vorbildlicher Art den hohen kulturellen Standard des alten Österreich.[130]

Auch wenn man einräumt, daß Zweigs Urteil über diese Zeitung durch den wehmütigen Blick auf eine nur noch in der Erinnerung existente »Zeit der Sicherheit« getrübt war und die Zeitung im Lichte seines eigenen nach seiner Mitarbeit an ihrem Feuilletonteil sich einstellenden literarischen Erfolgs sah, so wird doch deutlich, auf welch verlorenem Posten Kraus in diesem Kampf stand. Seine Opposition gerade dieser Zeitung gegenüber könnte als Rebellion gegen ein Vater-Imago angesehen werden, ebenso wie seine dem österreichisch-jüdischen Geist entgegenschlagende Haßliebe einem Vater-Komplex zuzuschreiben wäre. Kraus war überzeugt davon, daß die bewegenden

Kräfte seiner Zeit nicht in den Parlamenten, sondern in den Zeitungsredaktionen zu finden seien, und daß der Staat seine Führungsrolle schon vor langer Zeit an anonyme und verantwortungslose Mächte abgegeben habe. Er war der Meinung Kierkegaards, daß Christus, käme er heute auf die Welt, nicht die Hohepriester, sondern die Journalisten angreifen würde.[131]

Jahrzehnte bevor Hermann Hesse in seinem Roman *Das Glasperlenspiel*[132] das Wort vom »feuilletonistischen Zeitalter« prägte, hatte Kraus seine Zeit als ein solches erkannt, in dem die Zeitungsberichte wichtiger seien als die Ereignisse, die Form als hochwertiger angesehen wurde als der Inhalt und die Atmosphäre und der Stil am wichtigsten seien. Um dem Übel an die Wurzel zu gehen, mußte Kraus sich zunächst mit der Frage seines eigenen deutsch-jüdischen Erbes auseinandersetzen. 1910 schrieb er ein Pamphlet mit dem Titel *Heine und die Folgen*, das er im folgenden Jahr in der *Fackel* erneut abdruckte, weil die Schrift kaum Resonanz ausgelöst hatte. (Sieben Jahre später hatte das Buch bereits seine dritte Auflage zu verzeichnen und wurde schließlich in die Sammlung *Untergang der Welt durch schwarze Magie* aufgenommen.) Schon 1906 hatte Kraus den Essay »Um Heine« geschrieben, in dem er den deutsch-jüdischen Dichter und Satiriker weitgehend positiv beurteilte.[133] Es ist offensichtlich, warum Kraus sich mit Heine auseinandersetzte: auch Heine hatte zunächst den Journalismus zu überwinden, ehe er in die Welt der Literatur eintreten konnte, und auch er stand sozusagen zwischen Jehova und Wotan. Von Heine scheint Kraus die Stichwörter für seine Schmähreden gegen den Journalistenungeist empfangen zu haben.

Kraus war der Ansicht, Heine habe dem Journalismus die Erbschaft hinterlassen, zwischen Kunst und Leben zu vermitteln und als Parasit dieser Verbindung zu leben. Das Instrument Sprache sei zum reinen Ornament verkommen, und es sei Heine gewesen, der die deutschen Probleme mit französischem »Esprit« verziert habe. Kraus: »Ohne Heine kein Feuilleton.«[134] Dieses sei die Franzosenkrankheit, die Heine eingeschleppt habe. Kraus: »Heine ... [hat] der deutschen Sprache so sehr das Mieder gelockert, daß heute alle Kommis an ihren Brüsten fingern können.«[135] Es sei sein Verschulden, daß Talente nicht mehr erkennbar seien, da alles sich gleiche und zu allem sich eigne. Die Sprachwerte seien umgestürzt, und alles werde zunichte geredet. Verunglücke eine Straßenbahn in Wien, dann schrieben die Journalisten über das Wesen der Straßenbahn, über das Wesen des Straßenbahnunglücks im besonderen und des Unglücks im allgemeinen, im Hinblick auf die Frage: Was ist der Mensch? Kraus attackiert die Verquickung von Geistigem mit Informatorischem und gegen den Übergriff der Journalisten auf die Literatur. »Es erscheinen Feuilletonsammlungen, an denen man nichts so sehr bestaunt, als daß dem Buchbinder die Arbeit nicht in der Hand zerfallen ist.«[136]

Kraus weist auch auf die grundsätzlichen Unterschiede zwischen der deutschen und der französischen Sprache hin. Französisch sei geschmeidiger, entspreche dem nachgiebigen Geist des Feuilletons und fördere Gedankenfaulheit und oberflächliche Brillanz. »Wenn man einem deutschen Autor nachsagt, er müsse bei den Franzosen in die Schule gegangen sein, so ist es erst dann das höchste Lob, wenn es nicht wahr ist.«[137] Denn dies würde besagen, daß er der deutschen Sprache verdanke, was die französische jedem gibt. Aber seit Heine sei für einen deutschen Feuilletonisten der Weg nach Paris, um dort sein Talent zu entwickeln, kaum noch notwendig: »Heute glauben sie einem Lahmen, der in Wien bleibt, den Cancan.«[138] Jene, die dennoch nach Paris gehen, »streuen den Flugsand der französischen Sprache, der jedem Tropf in die Hand weht, dem deutschen Leser in die Augen.«[139]

Heine habe also eine Schablone geschaffen, mit der sich Stoff und Form auf elegante Weise verbinden ließen; und dieses sprachlich so betrügerische Muster sei seither zur journalistischen Norm geworden. »Ein Feuilleton schreiben heißt auf einer Glatze Locken drehen; aber diese Lokken gefallen dem Publikum besser als eine Löwenmähne der Gedanken.«[140] Heine habe das Tor zu dieser Entwicklung leichtfertig aufgestoßen und damit den Untalentierten zum Talent gemacht. Nun sei das Leben mit literarischen und architektonischen Ornamenten überschwemmt.[141] Der Journalismus schmücke sich mit verfälschtem literarischem Material, und nichts sei ihm wichtiger, als Leere und Korruption auf Hochglanz zu polieren. Die Journalisten wählten zwar »ewige« Themen, doch seien ihre Worte bereits zum Zeitpunkt des Drucks überholt. Jeder Heine-Epigone habe sich einen Stein aus dessen künstlerischem Mosaik herausgebrochen, und nun seien keine mehr übrig.

Zwar erkennt Kraus die späteren Schriften Heines als Dichtungen an, doch glaubt, er, daß »Heine, der Dichter, nur als eine konservierte Jugendliebe lebt«[142], die revisionsbedürftig sei, weil in diesem Fall das literarische Urteilsvermögen durch den Sirup der Sentimentalität getrübt sei. Kraus verurteilt jene, die den Juden Heine verachten und gleichzeitig »Die Lorelei« singen. Heines Verse seien Operettenlyrik, und ihre Gedanken seien nicht kristallisiert, sondern kandiert. Heines Verse seien »skandierter Journalismus«[143], der den Leser über seine Stimmungen auf dem laufenden halte. Weder echte Lyrik noch echte Satire seien darin enthalten. Heines Witz, ob in Vers oder in Prosa, sei einem »asthmatischen Köter«[144] gleich. Er habe keine Substanz und könne daher seine Versprechungen nicht halten, sondern sei lediglich ein »Wetterleuchten von Gedanken, die irgendwo niedergegangen sind oder irgendwann niedergehen werden«.[145] Kraus findet, daß Heines Zynismus, »diese altbackene Pastete aus Witz und Weh«[146], dem deutschen Geschmack recht wohl munde, und merkt spöttelnd an, die Pietät des Journalismus verlange, »daß heute in jeder Redaktion mindestens eine Wanze aus Heines Matratzengruft gehalten wird«[147], die durch die Spalten der Sonntagszeitung krieche.

»Nur in der Wonne sprachlicher Zeugung wird aus dem Chaos eine Welt«[148], schreibt Kraus, und sein grundsätzlicher Hader mit Heine liegt darin, daß dieser »nur ein Draufgänger der Sprache war: nie hat er die Augen vor ihr niedergeschlagen«.[149] Zwar sei die Sprache ihm zu Willen gewesen, doch habe sie ihn nie zu schweigender Ekstase geführt, nie habe ihre Gnade ihn auf die Knie gezwungen.

Heine war ein Moses, der mit dem Stab auf den Felsen der deutschen Sprache schlug. Aber Geschwindigkeit ist keine Hexerei, das Wasser floß nicht aus dem Felsen, sondern er hatte es mit der andern Hand herangebracht; und es war Eau de Cologne.[150]

Die Sammlung *Untergang der Welt durch schwarze Magie* (1922) enthält Arbeiten, die von 1908 bis 1912 in der *Fackel* erschienen waren. Im Titelessay greift Kraus anhand von verschiedenen Zeitungsausschnitten den »Feuilletonismus« an und allgemein die Zeitungen, die das Denkvermögen ruinierten, indem sie Informationen mit Phantasie vermischten. Der Leser würde folglich nicht zum Nachdenken angehalten und verliere über den oberflächlichen Reizen den Sinn für Kunst. Kraus brandmarkt die Schäbigkeit und Lügenhaftigkeit journalistischer Wildereien in den Schutzgebieten der Dichter und sieht den Untergang einer Gesellschaft voraus, die zur Dekoration des alltäglichen Lebens Diebstahl im kulturellen Bereich und an kulturellen Werten begehe und dulde. Kraus: »Nirgendwo auf der Welt erlebt sich das Ende so anschaulich wie in Österreich.«[151]

In »Apokalypse« (Oktober 1908) sieht Kraus das Ende der *Fackel* als Folge des »fieberhaften Fortschritts der menschlichen Dummheit«[152] kommen. »Was vermag nun ein Satirenschreiber vor einem Getriebe, dem ohnedies schon in jeder Stunde ein Hohngelächter der Hölle antwortet? ... Der wahre Weltuntergang ist die Vernichtung des Geistes, der andere hängt von dem gleichgiltigen Versuch ab, ob nach Vernichtung des Geistes noch eine Welt bestehen kann.«[153] In diesem Essay beklagt er auch die Tatsache, daß allein schon die Sonntagsausgabe einer Zeitung die Papiermasse verbrauche, die aus zehntausend Bäumen von zwanzig Meter Höhe hergestellt worden sei. Es werde schneller nachgedruckt als nachgeforstet. In seinem späteren Gedicht »Die Zeitung« kommt er darauf zurück:

Weißt du, der du die Zeitung liest,
wie viele Bäume mußten bluten,
damit geblendet von Valuten
du dein Gesicht in diesem Spiegel siehst,
um wieder dich an dein Geschäft zu sputen?

Weißt du, der du die Zeitung liest,
wie viele Menschen dafür sterben,
daß wenige sich Lust erwerben
und dafür, daß die Kreatur genießt
der Kreatur unsägliches Verderben?

Und kannst du, wissend, doch die Zeitung lesen?
Verhängt das Blatt des Tags dir nicht das Licht?
Wie wächst der Trug gewaltig zum Gewicht
und drohend dieser Schein zum Wesen!
Ich seh den Wald vor lauter Blättern nicht![154]

In »Philosophen« überlegt Kraus, was die Journalisten täten, wenn es keine Zeitungen mehr geben würde. Sie könnten Philosophen werden; aber Philosophen, die für Zeitschriften schreiben wollten, seien überflüssig. Sie könnten auch Historiker werden; doch das seien »Leute, die zu schlecht schreiben, um an einem Tageblatt mitarbeiten zu können... Literaturgeschichte ist die Unfähigkeit zum Journalismus«.[155] Er scheint die Gabe eines Midas zu haben, denn »jede Stelle eines Journals, einer Zeitschrift, eines Verlegerprospektes, die nur meine Finger berührt, ist vorher zu Blech geworden«.[156] Kraus, der die Fähigkeit hatte, alle Eindrücke des täglichen öffentlichen Lebens aufzunehmen, zu fixieren und zu typisieren, regt ein achttägiges Moratorium an für Gemeinheit, »Fortschritt« und Geselligkeit der Welt, damit zu dem Alten, an dem noch genug zu tragen sei, wenigstens nichts Neues hinzukäme. »Da die Erfindung der Buchdruckerkunst und nicht der Komet den Weltuntergang herbeiführt, so müßte wenigstens ein Setzerstreik die ersehnte Pause bringen.«[157] Immer wieder attackiert Kraus die verderbliche Vermengung von Geist und Information, Reportage und Literatur, »Tachles« (Sachlichem) und »Schmonzes« (Banalem), Wirklichkeit und Phantasie.

Bereits vor dem Weltkrieg wies Österreich-Ungarn kulturelle Konflikte sowie gesellschaftliche und geistige Verfallserscheinungen auf, die im übrigen Europa erst nach 1918 zum Vorschein kamen. Hinter dem lebenslustigen Schein aus »Wein, Weib und Gesang« lag die Stadt Wien in moribunder Hoffnungslosigkeit. Der Zerfall der alten österreichischen Kultur wurde von einer geistigen Paralyse begleitet, die sich in einer Verständigungskrise manifestierte, in der Auflösung der Sprache schlechthin. Damit schien die Jahrhundertwende für die Satire eines Karl Kraus wie vorbestimmt. Die Presse bezeichnete Kraus als »den Kropf der Welt«[158], den Verschmutzer der Sprache und den Vergifter des menschlichen Geistes. Die Heftigkeit seiner Kritik kommt wohl zum Teil aus der Einsicht, daß die vielgerühmte österreichische »Gemütlichkeit« und entwaffnende Schlamperei einen milderen Satiriker aufgesogen und als literarischen Spaßmacher und Kulturclown akzeptiert hätte. In diesen Jahrzehnten eines dahinsiechenden Österreichs war Kraus im wahrsten Sinne des Wortes ein »apokalyptischer Humorist«. Kein anderer hat Österreich sein ganzes Leben hindurch so verspottet, so geschmäht und so vernichtend angegriffen«, schreibt Hans Weigel, »weil kein anderer Wien und Österreich stärker geliebt und um seinetwegen stärker gelitten hat.«[159]

VIERTES KAPITEL

Kraus und die Sprache

Sprache und Sittlichkeit

Mit heißem Herzen und Hirne
naht' ich ihr Nacht für Nacht.
Sie war eine dreiste Dirne,
die ich zur Jungfrau gemacht.[1]

Dieses Epigramm und der Aphorismus: »Meine Sprache ist die Allerweltshure, die ich zur Jungfrau mache«,[2] lassen Kraus' Mission und Methode deutlich erkennen. Nicht, daß die darin ausgedrückte Problematik sich grundsätzlich von dem Streben anderer Dichter und Schriftsteller unterscheiden würde, nämlich der Sprache die ursprüngliche Reinheit und Kraft wiederzugeben, damit sie erneut als poetisches Ausdrucksmittel dienen kann. Kraus' Sprachbesessenheit reichte weit über dieses Ziel hinaus. Heinrich Fischer hat einmal gesagt, daß »Kraus einer der entschiedensten Egozentriker der Kunst war, erfüllt von dem metaphysischen Zwang, das göttliche und geistige Zentrum der Sprache in sich selbst aufzuspüren und an sich selbst darzustellen«.[3]

Kraus gewann seine Ansichten über die Sprache in der Auseinandersetzung mit den deutschen Romantikern. Novalis glaubte an die traditionelle Einheit von Dichter und Priester; die Sprache sei das Orakel, durch das das Selbst sich erkenne und die Welt ergreife, da die Sprache das unterschiedslose Ganze in seine Bestandteile differenziere. Friedrich Schlegel glaubte an eine Poesie, deren Hauptmerkmal die Verbindung von realer und idealer Welt sei. Die erste Form sei die Satire mit einer absoluten Divergenz zwischen Ideal und Wirklichkeit; darauf komme die Elegie und schließlich die Idylle, die absolute Identität beider. Dieser Verlauf läßt sich durchaus mit Kraus' eigener literarischer Entwicklung parallelisieren.

Wie die Romantiker, so schätzte auch Kraus Shakespeare als überragenden Wortkünstler. Kraus ging über den historischen, philosophischen und literaturkritischen Ansatz der Romantiker hinaus im Bemühen, seinen Ansichten über die Sprache eine künstlerische Form zu geben.

Seine Vorbilder waren Goethe, Lichtenberg, Jean Paul und Nietzsche; er fühlte sich zum Sprachrichter berufen, da er seinem Sprachgefühl und seinem sprachlichen Instinkt völlig vertraute. Er wollte, daß die Zeit, diese höchste Gerichtsbarkeit, über ihn, der er die Sprache zum Hauptzeugen aufrief, das Urteil spreche: »Sein Jehovah ist die Sprache, und er ist ihr Hohepriester.«[4]

»Wort und Wesen – das ist die einzige Verbindung, die ich je im Leben angestrebt habe«,[5] schrieb Kraus; sein Modell war die absolute Übereinstimmung zwischen Wort und Gedanke, Sprache und Leben. Er erkannte den Unwert seiner Zeit daran, wie sie mit der Sprache umging. »In mir empört sich die Sprache selbst, Trägerin des empörendsten Lebensinhalts, wider diesen selbst«, schreibt Kraus in *Pro domo et mundo.* »Sie höhnt von selbst, kreischt und schüttelt sich vor Ekel. Leben und Sprache liegen einander in den Haaren, bis sie in Fransen gehen, und das Ende ist ein unartikuliertes Ineinander, der wahre Stil dieser Zeit.«[6]

Eins der für Kraus charakteristischen Gedichte, »Bekenntnis«, ist gleichermaßen Selbstporträt wie Programm:

> Ich bin nur einer von den Epigonen
> die in dem alten Haus der Sprache wohnen ...[7]

Als solcher ahnt er die Meisterschaft seiner Vorfahren; doch fordert er Vorrechte in diesem Haus aufgrund seiner eigenen Erfahrungen; er bricht aus und vernichtet Theben. Er ist ein Spätgeborener, der sich das Recht vorbehält, im Namen seiner Väter an denen Rache zu üben, die seine Sprache mißbrauchen, also an den »kundigen Thebanern«, die die Sprache und ihre Zeit zu beherrschen meinen und doch dem unterliegen, der sich aufmacht, Theben zu plündern. Für Kraus war unkorrekter Sprachgebrauch ein Hinweis auf schiefe sittliche und metaphysische Haltung; war sprachliche Gleichgültigkeit gleichbedeutend mit geistiger und moralischer Dumpfheit. In *Nachts* schreibt er: »Worüber ich nicht wegkomme: Daß eine ganze Zeile von einem halben Menschen geschrieben sein könne. Daß auf dem Flugsand eines Charakters ein Werk erbaut wäre.«[8]

Kraus' Ansichten über die Sprache wurden bereits im achtzehnten Jahrhundert von Georg Christoph Lichtenberg antizipiert. »Oft schon habe ich mir gewünscht, daß es eine Sprache geben möge, in der es ganz unmöglich wäre, eine Unwahrheit zu sagen, oder wo doch zumindest jede Abweichung von der Wahrheit einen Fehler in der Grammatik herbeiführen würde.«[9] Kraus war sicher, daß Deutsch eine solche Sprache war oder doch sein könnte. Sagte er »Sprache«, so meinte Kraus immer die deutsche Sprache. »Welch ein Stil des Lebens möchte sich entwickeln, wenn der Deutsche keiner andern Ordonnanz gehorsamte als der der Sprache!«[10] schrieb er im Titelessay von *Die Sprache*. Leopold Liegler spricht in diesem Zusammenhang von »Sprachmystik« als dem »unfaßbaren, nicht weiter zu erlebenden künstlerischen Erlebnis, daß sich im gewählten Wort Einfall, Formung, Farbe und Stimmung auf so rätselhafte Weise schenkt, daß damit nicht nur die Außenwelt *bezeichnet*, sondern durch die von diesem Worte ausgehenden Assoziationsmöglichkeiten auch noch *gedeutet* wird.«[11] An anderer Stelle schreibt er: »Man kann das Verhältnis des Karl Kraus zur Sprache annäherungsweise mit der animistischen Einstellung in der Religion jener Primitiven vergleichen, die an einen Sprachzauber glauben und die durch die Nennung eines Wortes etwas in der Außenwelt zu bewirken hoffen.«[12] Kraus ist kein Sprachtheoretiker; er sieht den Ursprung eines Wortes in der künstlerischen Erfahrung, die auf dem Glauben an die existente Harmonie von Wort und Welt basiert. Für Kraus ist die Sprache nicht einfach ein Kommunikationsmittel, sondern ein Weg, geistige und seelische Verbindungen aufzudecken.

Zeit seines Lebens hat Kraus auf die Verbindung zwischen Sprache und Moral hingewiesen. Die Sprache diente ihm als moralischer Prüfstein für einen Schriftsteller oder Redner. J. P. Stern sieht in diesem »moralisch-sprachlichen Imperativ« einige Trugschlüsse verborgen: »Wir können im gesellschaftlichen Bereich sprachliche Unsensibilität und Beschränktheit, ja sogar direkten Mißbrauch der Sprache nicht mit moralischer Stumpfheit gleichsetzen – wir können dies höchstens als ein Zeichen von Gleichgültigkeit, schlechter Schulbildung oder Gedankenlosigkeit ansehen ... Wollte man andererseits Sprachbeherrschung als Pendant moralischer Höhe verstehen, wird diese Zusammenstellung noch problematischer. Es läßt sich zumindest *ein* Fall anführen, in dem Kraus die literarische Qualität eines politischen Manifestes so hoch bewertete, daß er die politische Aussage darüber verkannte.«[13] Gemeint war Kraus' Urteil über das Manifest Kaiser Franz Josephs vom August 1914 »An meine Völker«: »erhabenster ... menschlichster Anschlag ... Gedicht«.[14] Stern wendet gegen Kraus' Gleichsetzung von Sprache und Moral ein: »Die Behauptung, daß in einem Menschen die Stärke der Phantasie oder der Sensibilität mit der Stärke des Moralempfindens korreliere, impliziert die Behauptung, daß das Sprachvermögen eines Menschen dem Ausmaß seiner Lebenserfahrungen entspreche. Diese beiden Feststellungen ziehen sich durch sein gesamtes Werk, und beide sind den gleichen logischen und existentiellen Einwänden ausgesetzt. Es stellt sich die Frage, ob nicht auch Kraus, indem er sein Werk auf diesen beiden Gleichsetzungen aufbaute, dem Fluch unterlag, der auf Wien lastete – der Stadt, die die Ersetzung von Moral und Politik durch eine Welt der Phantasie bis zur moralischen Lähmung und politischen Zersetzung vorantrieb.«[15] Daß Kraus aus dieser selbstgesetzten Einschränkung ausbrechen wollte, deutet beispielsweise folgender Aphorismus an: »Die Sprache ist die einzige Chimäre, deren Trugkraft ohne Ende ist, die Unerschöpflichkeit, an der das Leben nicht verarmt. Der Mensch lerne, ihr zu dienen!«[16]

In einer Reihe bemerkenswerter Aphorismen hat Kraus die Verbindung zwischen dem Gedanken und der Sprache hervorgehoben und seiner Überzeugung Ausdruck gegeben, daß das unterbewußte Sein eines Wortes die sprachlich vorgeformte Idee auslöse, die dann das Wort ins Leben rufe: »Die Sprache ist die Mutter, nicht die Magd des Gedankens.«[17] »Die Sprache Mutter des Gedankens? Dieser kein Verdienst des Denkenden? O doch, er muß jene schwängern.«[18] »Die Sprache sei die Wünschelrute, die gedankliche Quellen findet.«[19] »Ich habe manchen Gedanken, den ich nicht habe und nicht in Worte fassen könnte, aus der Sprache geschöpft.«[20] »Weil ich den Gedanken beim Wort nehme, kommt er.«[21]

Dichtung bedeutete Kraus ausschließlich Spachgestaltung. Darum stufte er Johann Nestroy als größeren Dramatiker als Franz Grillparzer ein, und er zog die obskursten Lokalnachrichten, oder deren literarische Darstellung durch einen Peter Altenberg, einem Roman vor, weil in der epischen Form das Thema und der Stoff dominiere und nicht der einzelne Satz, an dem die Wortkunst sich erweise. Sprachliche Kreativität und konzise Gestaltung, so Kraus, seien bei einem Roman nicht so wichtig wie Erzählkunst und psychologische Durchdringung der Figuren.

Meinungen, Richtungen, Weltanschauungen – es kommt doch zuerst und zuletzt auf nichts anderes an als auf den Satz ... Es wird kaum je einen Autor gegeben haben, dem Stofflicheres, Wirklicheres, Zeitlicheres abgenommen werden konnte als dem, der meine Schriften geschrieben hat, und doch habe ich mich mein Lebtag um nichts anderes als um den Satz geschoren, darauf vertrauend, daß ihm schon das Wahre über die Menschheit, über ihre Kriege und Revolutionen, über ihre Christen und Juden, einfallen wird.[22]

Das deutsche Wort »Satz« hat mehrere Bedeutungen: einmal ist damit der grammatikalische Satz, also ein Wortgefüge, gemeint, und zum anderen ein plötzliches Auf- oder Vorwärtsspringen. Wenn Kraus dieses Wort aussprach, deutete er manchmal mit einer Handbewegung einen solchen Sprung an. Kraus: »Meine Mission ist eine profane und mein Reich ganz von dieser Sprachwelt.«[23] Kraus war davon überzeugt, daß die Wörterflut der täglichen Pressemeldungen nicht nur die Sprache, sondern auch das Leben vergifte. Er hatte sich vorgenommen, diese Flut eigenhändig einzudämmen (und zu verdammen), und noch an der kleinsten und schwächsten Welle konnte er die Größe der Verderbnis aufzeigen.

In keiner Sprache wird ja so schlecht gesprochen und geschrieben wie in der deutschen und in keiner deutschen Region wieder so schlecht wie in der österreichischen. Wien erleidet insofern das Schicksal Babels, als der Herr daselbst verwirret hatte eines einzigen Volkes Sprache.[24]

Immer wieder wies Kraus auf die große Tradition der deutschen Sprache hin (»Die deutsche Sprache ist die tiefste, die deutsche Rede die seichteste«)[25] und versuchte, die verschütteten Werte und Schönheiten wieder ans Tageslicht zu bringen.

Obwohl Kraus der Sprache eine fast apokalyptische Bedeutung beimaß, entwickelte er keine Philosophie der Sprache, da er ein antiphilosophischer Denker war. Auch seine Aphorismen und Essays über die Sprache fügen sich nicht zu einer systematischen Sprachtheorie zusammen. Man könnte sagen, daß durch eine philosophische Lücke das Thema Sprache in Kraus' Gedankenkreis Eintritt fand. Von den Philologen unterschied Kraus sein mangelndes Interesse für Sprachgeschichte und Etymologie; ihm ging es einzig um die pragmatischen und schöpferischen Aspekte der Sprache, in Vergangenheit und Gegenwart. Im »Wiener Kreis« der logischen Positivisten stieß Kraus' Verhältnis zur Sprache auf Interesse, und es lassen sich Ähnlichkeiten finden zwischen den Gedanken von Kraus und denen von Ludwig Wittgenstein, dem bekanntesten Denker des logischen Positivismus. Für Wittgenstein waren Ethik und Ästhetik nicht zu trennen. Paul Engelmann hat darauf hingewiesen, daß »das Verständnis für die grundlegende Verbindung zwischen Ästhetik und Ethik auch in Kraus' Kritik der poetischen Sprache das Grundelement darstellt«.[26]

Wie Kraus, glaubte auch Wittgenstein, daß eine unauflösbare Verbindung zwischen den Formen des Lebens, Denkens, Fühlens und den Formen der Sprache bestehe. Wittgenstein schrieb im Jahre 1915: »Die Grenzen meiner Sprache sind zugleich die Grenzen meiner Welt.«[27] In seinem Hauptwerk, dem *Tractatus logico-philosophicus* aus dem Jahre 1921, kommt er zu dem Schluß, Philosophie sei immer Kritik der Sprache. Seine Abhandlungen lassen sich als Versuch lesen, den Menschen vor der Verhexung seines Geistes durch die Sprache zu warnen und die Grenze zwischen dem Sagbaren und dem Unsagbaren aufzuzeigen, das heißt, den Bereich dessen abzustecken, was mit Wörtern darstellbar ist, und das Unaussprechliche dadurch zu schützen, daß er es aussprach. Wittgenstein lernte von Kraus, wie man in der Sprache und durch die Sprache denkt, doch war sein Denken *gegen* die Sprache gerichtet, denn für ihn war sie ein zu überwindendes Gedankenhindernis, während Kraus *für* die Sprache focht und seine Gedanken auf mystische Weise durch sie entdeckte.

Wittgensteins Idee vom »mystischen Schweigen« ist der Aufforderung verwandt, die Kraus bei Kriegsbeginn denen, die in dieser Kakophonie des »patriotischen« Geredes etwas zu sagen hätten, zugerufen hatte: sie mögen vortreten und – schweigen. Die logischen Positivisten waren allerdings der Meinung, daß der Sprachverfall unabänderlich sei, während Kraus im Gegensatz dazu immer wieder versuchte, die Sprache vor dem Mißbrauch als Instrument des kulturellen Verfalls zu bewahren. »Will man die geistige Beziehung, die zwischen Karl Kraus und Wittgenstein bestand, richtig beurteilen«, so schreibt J. P. Stern, »dann muß folgendes berücksichtigt werden: 1. ihr gemeinsamer Lebenshintergrund – das Wien des ersten Viertels des Jahrhunderts; 2. ihre Wahrnehmung dieser Stadt als eines sprachlichen (moralischen) Babel; 3. ihre Entschlossenheit, auf dem Fundament der ihnen eigenen Sprachidee einen standfesten Schutzwall gegen die Korruption des Wortes und der Moral aufzubauen.«[28]

Pathos und Wortspiel

Kraus war einer der brillantesten Stilisten in der modernen deutschen Literatur. Mit Stil wollte er den sprachlichen und moralischen Verfall seiner, wie er sagt, sprachverlassenen Zeit diagnostizieren. Der Reichtum an Anspielungen, die Sensibilität für Wortassoziationen und das kunstvolle Spiel mit Wörtern machen die Lektüre seiner Werke zu einem geistigen Hochgenuß. Kraus war der Ansicht, daß seine Arbeiten mindestens zweimal gelesen werden sollten, da bei der ersten Lektüre nur der Inhalt aufgenommen würde und erst bei der zweiten die Feinheiten seines Stils erkannt würden. Er sagte einmal, daß ein Satz nicht für Leute gemacht wäre, die sich damit den Mund ausspülen wollten. In diesem Zusammenhang wies er auch auf den Gegensatz hin, der zwischen seinen Arbeiten und denen der Feuilletonisten bestehe, deren Produkte auf den ersten Blick zwar bestechen, bei näherem Hinsehen aber enttäuschen.

Kraus war nicht nur ein Meister des Wortspiels – wobei tiefer Ernst seinem verbalen Witz zugrunde lag –, sondern auch der Amphibologie, die mehr aus der Zweideutigkeit der grammatikalischen Struktur eines Satzes resultierte als aus der Bedeutung der Wörter. Infolge der Intensität und Ökonomie seines Sprachgebrauchs erfordert die Lektüre seiner Prosatexte eine hohe Aufmerksamkeit. Ein Verbum finitum kann mehrere Satzteile aufschlüsseln; die Verbindungen zwischen Haupt- und Fürwörtern ist nicht immer offensichtlich, und die Konjunktionen werden häufig weggelassen; der Stil ist im allgemeinen elliptisch. Ein gutes Beispiel ist der Anfang der am 19. November 1914 gehaltenen Rede »In dieser großen Zeit ...«:

In dieser großen Zeit, die ich noch gekannt habe, wie sie so klein war; die wieder klein werden wird, wenn ihr dazu noch Zeit bleibt; und die wir, weil im Bereich organischen Wachstums derlei Verwandlung nicht möglich ist, lieber als eine dicke Zeit und wahrlich auch schwere Zeit ansprechen wollen; in dieser Zeit, in der eben das geschieht, was man sich nicht vorstellen konnte, und in der geschehen muß, was man sich nicht mehr vorstellen kann, und könnte man es, es geschähe nicht –; in dieser ernsten Zeit, die sich zu Tode gelacht hat vor der Möglichkeit, daß sie ernst werden könnte; von ihrer Tragik überrascht, nach Zerstreuung langt, und sich selbst auf frischer Tat ertappend, nach Worten sucht; in dieser lauten Zeit, die da dröhnt von der schauerlichen Symphonie der Taten, die Berichte hervorbringen, und der Berichte, welche Taten verschulden: in dieser da mögen Sie von mir kein eigenes Wort erwarten. Keines außer diesem, das eben noch Schweigen vor Mißdeutung bewahrt. Zu tief sitzt mir die Ehrfurcht vor der Unabänderlichkeit, Subordination der Sprache vor dem Unglück.[29]

In den Mittelpunkt dieser dialektischen Satzperiode stellt Kraus die zur Kriegszeit von öffentlichen Rednern, Militaristen und Lehrern ausposaunte anfeuernde Platitüde von der großen Zeit, in der wir leben. Die Demontage dieses Klischees gelingt ihm, indem er ihm seine Aura versagt und es in seine Bestandteile zerlegt und variiert, während er die Vervollständigung des Hauptsatzes hinauszögert. Seine zentrale Aussage bezieht sich auf die Kluft zwischen dem Gedanken und der Handlung, den Ereignissen und dem Vorstellungsvermögen, dem Schwert und der Feder, der Sprache und der Erfahrung, der Presse und der Wahrheit. Nachdem er eine verachtenswerte Phrase aufgegriffen hat, »stellt er sie vor das Gericht seines sprachlichen Gewissens, nimmt sie unter Zuhilfenahme verschiedener antithetischer Kunstgriffe ins Kreuzverhör, sondiert die Vielschichtigkeit der Begriffe, wie auch die literarischen, metaphorischen und idiomatischen Bedeutungen, und das Protokoll dieses Kreuzverhörs stellt sich als das getreue Abbild seiner Zeit heraus«.[30]

In seinem Gedicht »Abenteuer der Arbeit« stellt Kraus das Spiel mit Wörtern in den Mittelpunkt seines Gedankenganges. »Im Wortspiel sind enthalten Gedanken, die mich finden ...«[31] »Ein Wortwitz, als Selbstzweck verächtlich«, schreibt er an anderer Stelle, »kann das edelste Mittel einer künstlerischen Absicht sein, indem er der Abbreviatur einer witzigen Anschauung dient. Er kann ein sozialkritisches Epigramm sein.«[32] Ein Wortspiel stellt oft eine *reductio ad absurdum* der Sprache dar und kann, wie eine Wünschelrute, dazu dienen, die Wahrheit oder Unwahrheit einer Aussage oder Geisteshaltung aufzudekken.[33] Doch nur selten gelingt dieses Wortspiel exakt: »Es ist ein chlorreicher Krieg.«[34] Kraus' zynische Bemerkung, daß man in gewissen Kreisen das Wort »Monogamie« im buchstäblichen Sinne mit »Einheirat« übersetze, ist eine von vielen Einsichten, die Kraus der Sprache verdankte. Häufig liegt der Schlüssel des Wortspiels im Bildhaften: »So unappetitlich kann einer gar nicht sein, daß ich ihn nicht angreife.«[35] Oder: »Vor jedem Kunstgenuß stehe die Warnung: Das Publikum wird ersucht, die ausgestellten Gegenstände nur anzusehen, nicht zu begreifen.«[36] Auch »Je größer der Stiefel [Schuhwerk/Unsinn], desto größer der Absatz« [Schuhabsatz/ Textabschnitt/ Verkauf][37] ist ein gutes Beispiel.

Aphorismen und »Worte in Versen«

Kraus war nicht nur ein Prosaschriftsteller par excellence. Er schrieb auch Gedichte. Aphorismen, die als eine Prosaform anzusehen sind, nehmen einen wichtigen Platz in seinem Werk ein.

In Kraus' Schriften erscheinen aphoristische Gedanken in den verschiedensten Verkleidungen: einige Aphorismen hatte er aus längeren Prosatexten oder Gedichten herausdestilliert; andere hatte er lyrisch zu Epigrammen geformt oder zu einem Kernstück eines Prosatextes gemacht.[38] Drei Bände mit Aphorismen aus der *Fackel* erschienen bereits zu Kraus' Lebzeiten: *Sprüche und Widersprüche* (1909) *Pro domo et mundo* (1912) und *Nachts* (1918). Einige Aphorismen, die Kraus über diese literarische Form machte, sind besonders aufschlußreich: »Einen Aphorismus kann man in keine Schreibmaschine diktieren. Es würde zu lange dauern.«[39] (Damit kann einmal gemeint sein, daß sogar die schnellste Hand zu langsam ist, um einen solchen Geistesblitz festzuhalten; zum andern, daß der zerebrale Prozeß bei der Entwicklung eines Aphorismus endlos ist und keine Sekretärin lange genug warten könnte.) »Einer, der Aphorismen schreiben kann, sollte sich nicht in Aufsätzen zersplittern.«[40] »Ein Aphorismus braucht nicht wahr zu sein, aber er soll die Wahrheit überflügeln. Er muß mit einem Satz über sie hinauskommen.«[41] »Der Aphorismus deckt sich nie mit der Wahrheit; er ist entweder eine halbe Wahrheit oder anderthalb.«[42]

Kraus begann verhältnismäßig spät in seinem Leben Gedichte zu schreiben; seine ersten erschienen 1912 und 1913 in der *Fackel*. In der Zeit von 1916 bis 1930 wurden neun Gedichtbände unter dem Titel *Worte in Versen* veröffentlicht. Auf diesem Gebiet ist Kraus zugegebenermaßen eher ein Epigone als ein Erneuerer; er ist seinen Vorbildern Goethe und Shakespeare zu sehr verpflichtet. Kraus war nicht originell in dem Sinne, daß er einen bestimmten Anlaß zur künstlerischen Produktion brauchte, etwa so, wie eine Auster ohne den Anreiz eines Sandkörnchens keine Perle produzieren kann. Seine Gedichte sind selten »romantisch«, das heißt, sie sind nicht das Resultat einer poetischen Begeisterung oder eines dichterischen Rausches; sie entspringen eher der Verzückung von Sprache und Logik.

Für Kraus gab es kaum einen Unterschied zwischen seiner lyrischen oder pathetischen Prosasatire und der poetischen Sprache seiner Verse. Manche seiner Gedichte sind lediglich versifizierte Glossen und Polemiken, autobiographische Exkurse, lyrische Versionen von *Fackel*-Texten oder satirische, dichterisch geläuterte Gedanken. Kraus: »Ich dichte nicht Poesie, um es dann mit der Krätze zu halten. Ich mache aus der Krätze ein Gedicht und veranstalte Sympathiekundgebungen für die Poesie.«[43] »Die Satire ist so recht die Lyrik des Hindernisses, reich entschädigt dafür, daß sie das Hindernis der Lyrik ist.«[44] Bis zu einem gewissen Grade kann man Kraus' Poesie »Gedankenlyrik« im Schillerschen Sinne nennen. In einer untergehenden Tradition stehend, umschließt diese Art Poesie einen Bereich, der dem Satiriker Kraus verschlossen ist, doch dem Dichter die Möglichkeit eröffnet, sich selbst mitzuteilen und seiner Liebe zur Menschheit, zum menschlichen Geist, zur Natur und zu den Tieren Ausdruck zu verleihen. Für ihn war Poesie eine freiere, reinere, von der deutschen Klassik geformte Welt, in der er, erlöst vom Stachel satirischer Anlässe und der Wachsamkeit des moralischen Bewußtseins, seinen Gedanken über Liebe und Natur, Furcht und Wunder nachgehen konnte.

Kraus war davon überzeugt, daß die Qualität eines Gedichtes in direktem Verhältnis zur moralischen Konstitution des Dichters stehe. (»Ein Gedicht ist solange gut, bis man weiß, von wem es ist.«)[45] Seiner Meinung nach war ein Satiriker ein im Innersten verletzter Lyriker, ein durch die Häßlichkeit der Welt verwundeter Künstler. Nach *Worte in Versen* sind Reim und Sinn untrennbar miteinander verbunden. Kraus definierte den Reim auf ähnliche Weise wie Friedrich Schlegel, der den Reim als das überraschende Zusammentreffen befreundeter Ideen nach langer Trennung beschrieb. In seinem Gedicht »Der Reim« hat Kraus diesem Gedanken epigrammatische Form gegeben: »Er ist das Ufer, wo sie landen, / sind zwei Gedanken einverstanden.«[46]

Zu seinen Lebzeiten fand Kraus' Lyrik keine allgemeine Anerkennung. Sie wurde als zu unoriginell, zu intellektuell und nicht elementar genug beurteilt. Wenn man jedoch erkannt hat, in welchem Maße seine Prosa lyrisch ist, dann wird deutlich, daß seine Gedichte nur eine spezielle Prägung desselben Münzstocks sind.

In seinem orphischen Epigramm »Zwei Läufer«[47] (1910) beschreibt Kraus zwei auf der Zeitenbahn entlanglaufende Läufer.

> Zwei Läufer laufen zeitentlang,
> der eine dreist, der andre bang:
> Der von Nirgendher sein Ziel erwirbt;
> der vom Ursprung kommt und am Wege stirbt
> Der von Nirgendher das Ziel erwarb,
> macht Platz dem, der am Wege starb.
> Und dieser, den es ewig bangt,
> ist stets am Ursprung angelangt.

Die Welt wird als weitschweifiger Umweg zum Ursprung gesehen, wobei der Intellekt vielleicht den falschen Weg einschlägt, jedoch zur Unmittelbarkeit zurückführt. Satire sei ein solcher Umweg zur Poesie, und die Poesie, so Kraus, sei der philologische oder sprachliche Umweg zu einem verlorenen Paradies.

Kraus sah seinen Ort zwischen dem »Ursprung« aller

Dinge und dem »Untergang« einer Welt, wie er ihn in seinen satirischen Visionen beschwor. Die Sprache war sein einziges Mittel, um zum Ursprung – dem Ursprung, der das Ziel sei – zurückzufinden. Kraus war sich der Schwierigkeiten seiner Mission bewußt sowie des Lohns, den sie versprach. »Je näher man ein Wort ansieht, desto ferner sieht es zurück«[48]: diese Worte lassen die Tiefe seiner Auseinandersetzung mit der Sprache erkennen sowie seinen starken Wunsch, ihre Unergründlichkeit zu ergründen. Erfolg und Tragik seines einsamen Ringens um die Sprache werden in einem seiner Aphorismen gleichermaßen deutlich: »Künstler ist nur einer, der aus der Lösung ein Rätsel machen kann.«[49]

FÜNFTES KAPITEL

Die letzten Tage der Menschheit

Und laßt mich der Welt, die noch nicht weiß, mich sagen
Wie alles dies geschah; so sollt ihr hören
Von Taten, fleischlich, blutig, unnatürlich,
Zufälligen Gerichten, blindem Mord;
Von Toden, durch Gewalt und List bewirkt,
Und Planen, die verfehlt, zurückgefallen
Auf der Erfinder Haupt: dies alles kann ich
Mit Wahrheit melden.

(*Hamlet*, V, 2)

Trompeten des Tages

War das Vorkriegs-Österreich Karl Kraus als eine »Versuchsstation für den Weltuntergang« erschienen, so zwang ihn der Ausbruch des Ersten Weltkrieges dazu, Zeuge des, wie er meinte, tatsächlichen Unterganges zu werden. Karl Kraus' Untergangsvisionen steigerten sich ins Apokalyptische. Die Zeit von 1914 bis 1918 wurde zu einem entscheidenden Einschnitt in seinem Leben und Schaffen. Angesichts des Krieges und der Deformation des Menschlichen forcierte Kraus seine satirische Kraft; er ging über eine Variation, Verfeinerung und Vertiefung seiner Vorkriegsthemen hinaus und nahm die Position des einsamen, mutigen und unerbittlichen Chronisten der »letzten Tage der Menschheit« ein, mit Blick auf eine Nachwelt, die diesen Planeten möglicherweise gar nicht mehr bewohnen würde.

Walter Benjamin hat darauf hingewiesen, daß alle Arbeiten von Karl Kraus ein »gewendetes Schweigen« seien[1], worin der Sturm der Ereignisse in den schwarzen Umhang des Schweigens fahre, ihn aufwerfe und das grelle Futter nach außen kehre. Kraus' erste Reaktion auf die neue »große Zeit« war Schweigen. Die Fackel war vorübergehend ausgelöscht, und ihr Träger war mehrere Monate lang viel zu stark erschüttert, als daß er sich in der damaligen Redeflut hätte zu Wort melden können. Er folgte nicht der Mehrheit der Literaten, die sich der patriotischen Bewegung schreibend anschlossen und in die Kriegsbegeisterung mit einfielen. Auch meinte er, daß zu diesem Zeitpunkt seine Mitmenschen eine Reaktion seinerseits mit dem Hinweis auf seine gesundheitlich bedingte Kriegsuntauglichkeit erklärt hätten. Und doch fühlte er sich gezwungen auszusprechen, was gesagt werden mußte.

Da aber das tonlose Opfer ... noch weniger Wert und Wirkung hat als das Wort; da es auch nicht einmal so beispielgebend ist wie der Mord, wie das was jetzt jeder tun kann, darf und muß – eben darum ist das Wort von selber frei geworden.[2]

Im November 1914 hielt er die im darauffolgenden Monat in der *Fackel* abgedruckte Rede »In dieser großen Zeit ...«, die als eine Art Keimzelle für seine umfassende Produktion während des Krieges angesehen werden muß. Kraus war der Meinung, daß »das Ohr, das die Posaune des Weltgerichts vernimmt, sich noch lange nicht den Trompeten des Tages [verschließt]«.[3] Kraus hörte in dem mißtönenden Trompetengeschmetter des Tages bereits die Posaunen des Jüngsten Gerichtes. Bedenkt man den in seinen Schriften zum Ausdruck kommenden ausgeprägten Lautsinn, dann könnte man sein während des Krieges geschriebenes Werk als eine aus solchen Trompetentönen gebildete große Phonomontage charakterisieren.

»Die letzten Tage der Menschheit«

Schon die Titel seiner während des Krieges entstandenen Bücher heben das Apokalyptische seiner Visionen hervor: *Nachts*, eine 1918 veröffentlichte Aphorismensammlung; *Weltgericht*, zwei 1919 veröffentlichte Essaybände; *Die letzten Tage der Menschheit*, ein Monumentaldrama, das 1922 als Buch mit achthundert Seiten erschien. In Abwandlung des Clausewitzschen Ausspruchs kann dieses Schauspiel als eine Fortsetzung von Kraus' satirischem Schaffen mit anderen Mitteln angesehen werden. Dummheit und Habgier, Leid und Erniedrigung während dieses Krieges zwangen Kraus, über bloße Kritik hinauszugehen. Jetzt sah er es als seine vordringliche Aufgabe an, die moralische Last der Menschheit auf sich zu nehmen und künstlerisch zu bewältigen. Er setzte die enorme Masse von Rohmaterial in ein Kunstwerk um und damit sein Zeitalter wieder einmal in Anführungszeichen.[4]

Das Hauptangriffsziel seiner Schriften war die Diskrepanz zwischen Schein und Wirklichkeit, der allgemeine

Ausverkauf von Geist und Moral sowie der Verlust jeglicher Menschlichkeit in diesen Jahren des Völkermordens. Im Hinblick auf die Sprache stellte er fest: »Im Krieg geht's um Leben und Tod der Sprache.«[5] Charakteristischerweise wollte Kraus keinen Abstand von den Geschehnissen gewinnen und mit dem Beginn seiner Arbeiten bis nach dem Krieg warten; er entwarf die meisten der 209 Szenen für die fünf Akte in den Sommern 1915, 1916 und 1917. Der Prolog datiert vom Juli 1915, der Epilog vom Juli 1917. Teile des Stückes wurden in verschiedenen Sonderausgaben der *Fackel* und in *Worte in Versen* veröffentlicht sowie in zahlreichen Leseabenden während des Krieges von Kraus selbst vorgetragen. Die endgültige Überarbeitung fand jedoch erst nach dem Krieg statt. Zu Kraus' Lebzeiten ist nur der Epilog »Die letzte Nacht« auf der Bühne aufgeführt worden[6], nachdem Kraus die Angebote von Max Reinhardt und Erwin Piscator, dieses eigentlich unaufführbare Stück zu inszenieren, abgelehnt hatte. Später fertigte er eine »Bühnenversion« des Dramas an und las diese 1930 in Wien und anderswo öffentlich vor. Heinrich Fischer, Leopold Lindtberg, Hans Hollmann und Robert David MacDonald haben gekürzte und auch vollständige Fassungen des Stücks auf die Bühne oder ins Fernsehen gebracht.[7]

In seinem Vorwort schreibt Kraus:

Die Aufführung des Dramas, dessen Umfang nach irdischem Zeitmaß etwa zehn Abende umfassen würde, ist einem Marstheater zugedacht. Theatergänger dieser Welt vermöchten ihm nicht standzuhalten. Denn es ist Blut von ihrem Blute und der Inhalt ist von dem Inhalt der unwirklichen, undenkbaren, keinem wachen Sinn erreichbaren, keiner Erinnerung zugänglichen und nur in blutigem Traum verwahrten Jahre, da Operettenfiguren die Tragödie der Menschheit spielten. Die Handlung, in hundert Szenen und Höllen führend, ist unmöglich, zerklüftet, heldenlos wie jene. Der Humor ist nur der Selbstvorwurf eines, der nicht wahnsinnig wurde bei dem Gedanken, mit heilem Hirn die Zeugenschaft dieser Zeitdinge bestanden zu haben. Außer ihm, der die Schmach solchen Anteils einer Nachwelt preisgibt, hat kein anderer ein Recht auf diesen Humor. Die Mitwelt, die geduldet hat, daß die Dinge geschehen, die hier aufgeschrieben sind, stellte das Recht, zu lachen, hinter die Pflicht, zu weinen. Die unwahrscheinlichsten Taten, die hier gemeldet werden, sind wirklich geschehen; ich habe gemalt, was sie nur taten. Die unwahrscheinlichsten Gespräche, die hier geführt werden, sind wörtlich gesprochen worden; die grellsten Erfindungen sind Zitate. Sätze, deren Wahnwitz unverlierbar dem Ohr eingeschrieben ist, wachsen zur Lebensmusik. Das Dokument ist Figur; Berichte erstehen als Gestalten, Gestalten verenden als Leitartikel; das Feuilleton bekam einen Mund, der es monologisch von sich gibt; Phrasen stehen auf zwei Beinen – Menschen behielten nur eines. Tonfälle rasen und rasseln durch die Zeit und schwellen zum Choral der unheiligen Handlung. Leute, die unter der Menschheit gelebt und sie überlebt haben, sind als Täter und Sprecher einer Gegenwart, die nicht Fleisch, doch Blut, nicht Blut, doch Tinte hat, zu Schatten und Marionetten abgezogen und auf die Formel ihrer tätigen Wesenlosigkeit gebracht. Larven und Lemuren, Masken des tragischen Karnevals, haben lebende Namen, weil dies so sein muß und weil eben in dieser vom Zufall bedingten Zeitlichkeit nichts zufällig ist. Das gibt keinem das Recht, es für eine lokale Angelegenheit zu halten. Auch Vorgänge an der Sirk-Ecke sind von einem kosmischen Punkt regiert. Wer schwache Nerven hat, wenn auch genug starke, die Zeit zu ertragen, entferne sich von dem Spiel. Es ist nicht zu erwarten, daß eine Gegenwart, in der es sein konnte, das wortgewordene Grauen für etwas anderes nehme als für einen Spaß, zumal dort, wo es ihr aus der anheimelnden Niederung der grausigsten Dialekte wiedertönt, und das eben Erlebte, Überlebte für etwas anderes als Erfindung ... Und es mag zu befürchten sein, daß noch eine Zukunft, die den Lenden einer so wüsten Gegenwart entsprossen ist, trotz größerer Distanz der größeren Kraft des Begreifens entbehre. Dennoch muß ein so restloses Schuldbekenntnis, dieser Menschheit anzugehören, irgendwo willkommen und irgendeinmal von Nutzen sein.[8]

Er endet mit Horatios Worten aus der Schlußszene des *Hamlet*, die diesem Kapitel vorangesetzt sind.

Das Drama *Die letzten Tage der Menschheit*, ursprünglich mit dem Untertitel »Ein Angsttraum« versehen, beginnt mit der Stimme eines Zeitungsausrufers und endet mit der Stimme Gottes. Dieses »unheimlichste Werk, das während des vierjährigen Massenmordes geschrieben worden ist«[9], umfaßt die Zeit von Juni 1914 bis Kriegsende. Die Handlung spielt etwa auf den Straßen von Wien und Berlin oder in Büros, Kasernen, Kirchen und Kaffeehäusern, in Vergnügungsstätten, Lazaretten, Bahnhöfen und Militärposten, das heißt »in hundert Szenen und Höllen«.[10] Zu den ungefähr fünfhundert Personen dieses Stückes zählen Pastoren und Prostituierte, Professoren und Politiker, Generäle und Geschäftsleute, Krieger und

Kinder, Lehrer und Leutnants, Kirchenmänner und Kriecher, Journalisten und Junker, Spaßvögel und Speichellecker, Redakteure und Reaktionäre. Es treten auf lebende und erdachte Personen, deren authentische Sprechmuster die Person verraten und oft verurteilen. Einige der Auftretenden sind stumm, doch spricht ihr Schweigen Bände. »Was ist letzten Endes«, fragt Max Spalter, »das Stück *Die letzten Tage der Menschheit* anderes als eine auf dem gesprochenen Wort beruhende Reihe von Charakteranalysen? ... Ob es sich um die Sprache der Bürokratie oder den örtlichen Dialekt oder den allgemeinen Jargon handelt, Kraus gelingt es auf großartige Weise, die Sprache zu einem moralischen Anzeiger einer untergehenden Lebensform zu machen. Eine Welt redet sich im wahrsten Sinne des Wortes zu Tode.«[11]

In diesem Stück sind auf eindrucksvolle Weise naturalistische und symbolische Elemente vereint. Die Szenen sind abwechselnd lyrisch oder prosaisch, komisch oder tragisch; anscheinend rein Humoristisches schlägt in einem bestimmten Kontext in eine gewisse Grimmigkeit um und gibt sich als Galgenhumor zu erkennen. Das Stück hat weder einen Helden noch eine Handlung im Sinne der aristotelischen Poetik; es besteht aus Episoden, wobei manche Szenen nach einem bestimmten zyklischen Muster immer wiederkehren und unaufhaltsam auf ein katastrophales Ende zusteuern. Einige Szenen haben die Länge einer Zeile, nach der oft die Rampenlichter gelöscht werden, wie man dies aus dem »black-out« im Kabarett kennt (womit nicht zuletzt auf die »Verdunkelung« des menschlichen Geistes angespielt wird). Andere Szenen bestehen aus langen Dialogen, dramatisierten Leitartikeln oder phantasmagorischen Tableaus. Auf den ersten Blick scheinen die Szenen willkürlich oder zufällig aufeinander zu folgen, sich zu wiederholen, ja sogar sich zu widersprechen; jedoch ist es gerade die Wiederholung bestimmter Motive, die den Leser auf die größeren Zusammenhänge hinweist. Wie in fast allen seinen Glossen ist das Material auch in diesem Stück außergewöhnlich szenisch. Sprache, Tonfall und Gesten der Auftretenden sind wie in einem akustischen Spiegel festgehalten. »Wir kennen kein anderes Werk in der Weltliteratur«, schreibt Franz Mautner, »das eine solche Sprachvielfalt für mimetische oder satirische Charakterisierungen ausnutzt.«[12]

Die zehn Szenen des Prologs umfassen die Zeitspanne vom 28. Juni 1914, dem Tag, an dem der österreichische Thronfolger Erzherzog Franz Ferdinand und seine Frau ermordet wurden, bis zu dem Tag ihrer drittklassigen Beerdigung. In diesen Szenen wird die österreichische Gesellschaft demaskiert. Unter einem dünnen Anstrich von »Gemütlichkeit« verbirgt sich der Hang zur Brutalität und zu einem irrationalen Festklammern an Pseudowerten. Wie zu Beginn eines jeden Aktes treten auch hier Straßenhändler und Sensationslüsterne auf, die den Ton angeben; das geistlose Geschwätz der gelangweilten Schreibstubenoffiziere steht in krassem Gegensatz zu den vergeblichen Versuchen der Zeitungsreporter, eine besorgte Bevölkerung darzustellen. In »Venedig in Wien«, einer Vergnügungsstätte im Prater, geht der Rummel weiter wie bisher, sind die Menschen weiterhin ihren trivialen Beschäftigungen hingegeben, Wien und die Wiener Art über alles stellend. Das letzte Wort gehört einem Zeitungsredakteur, der an der »Stimmung« auf einer Beerdigung interessiert ist und daher einen Reporter auffordert, die Trauernden beim Beten zu beschreiben.[13]

Ausgangspunkt des ersten Aktes (wie auch aller folgenden) ist die Sirk-Ecke, ein zur damaligen Zeit in Mode gekommener Treffpunkt und eine beliebte, dem Opernhaus gegenüberliegende Promenade. Die kurz nach Kriegsausbruch aufgekommenen »patriotischen« Schlagwörter haben sich schnell verbreitet und werden mit bourgeoiser Selbstgerechtigkeit oder proletarischer Kraftmeierei benutzt. Ein Redner auf einer Parkbank ruft die Umstehenden zum »heiligen Verteilungskrieg« auf; das Volk antwortet mit den Parolen »Serbien muß sterbien« und »Jeder Ruß ein Schuß, jeder Franzos ein Stoß, jeder Britt ein Tritt« und wirft mit Worten wie »Scherflein beitragen«, »Nibelungentreue«, »Gott strafe England« und »Gold gab ich für Eisen« um sich.[14]

Chauvinistische Eckensteher bedrohen einen serbischen Friseur und einen Amerikaner, den sie für einen Engländer halten, verwechseln Chinesen mit Japanern und belästigen einen französisch sprechenden Türken. Die »kleinen Leute« demolieren Ladenschilder, auf denen französische oder englische Wörter stehen; so fühlt sich die ausländerfeindliche Volksmenge durch den Namen »Café Westminster« in ihrem Ehrgefühl verletzt und ersetzt ihn durch »Café Westmünster«. (Später werden auch die einzelnen Speisenamen umbenannt: »œufs pochées« werden zu »verlorenen Eiern« und Makkaroni zu »Treubruchnudeln«.) Doch gebrauchen diese Patrioten und Puristen selbst Wörter aus der »Feind«-Sprache, wie etwa »tuschiert«, »odios«, »replizieren«, »chauffieren«, »apropos«, und »fisafis«. Das Wort aus dem militärischen Jargon »einrückend machen«, das ständig benutzt wird, spiegelt die Degradierung des Einzelnen und die Zerstörung seiner Persönlichkeit wider. Das »Ausputzen« von feindlichen Schützengräben ist eine der typischen Redewendungen, die zeigen, daß auch die Sprache in den Krieg gezogen ist. Ein Zeitungsreporter beschreibt die Stimmung im Volk mit den Worten »weit entfernt von Hochmut und von Schwäche ... aber auch stolz darauf, den Pulsschlag der großen Zeit, die jetzt hereinbricht, an seinem eigenen Leib zu fühlen«.[15] Leser der *Reichspost* sind der Ansicht: »Kriege sind Prozesse der Läuterung und Reinigung, sind Saatfelder der Tugend und Erwecker der Helden«, und »der Krieg wird eine Renaissance österreichischen Denkens und Handelns heraufführen«.[16]

In dem ersten von vielen Gesprächen zwischen dem Nörgler und dem Optimisten (drei in jedem der ersten drei Akte, sechs im vierten Akt und acht im fünften Akt) sagt der Nörgler zum Optimisten, daß im Krieg dem Knecht die Gewalt gegeben sei, worauf der Optimist erwidert, daß Übergriffe untergeordneter Organe im Kriege leider nicht zu vermeiden seien. Auf die Frage des Optimisten: »Merken Sie denn nicht, daß eine neue, eine große Zeit angebrochen ist?« erwidert der Nörgler: »Ich habe sie noch gekannt, wie sie so klein war, und sie wird es wieder werden.«[17] Der Nörgler ist Karl Kraus nachgezeichnet; der Optimist, der wahrscheinlich dem Politiker Heinrich Lammasch (den Kraus schätzte und der kurz vor Kriegsende Ministerpräsident von Österreich wurde) nachgebildet ist, repräsentiert wohl humanistisch gebildete, jedoch etwas naive und zeitweilig irregeführte Österreicher. »Ich unterhalte mich gern mit Ihnen«, sagt der Nörgler zum Optimisten, »Sie sind ein Stichwortbringer für meine Monologe.«[18]

Diese Dialoge – man könnte sie mit dem Chor in der klassischen Tragödie vergleichen – sind Oasen relativer Ruhe und Nachdenklichkeit, wo manchmal aus satirischen

Prämissen politische Schlußfolgerungen gezogen werden. In den fortlaufenden Kommentaren des Nörglers meldet sich die Vernunft zu Wort, nicht im Rahmen von geschichtsbezogener Realpolitik, sondern von seinen eschatologischen Ansichten geprägt. Der Nörgler repräsentiert jene Wachsamkeit und Intellektualität, die die europäische Zivilisation retten könnte. Der Nörgler Kraus ist das immer gegenwärtige, zunehmend angsterfüllte Gewissen in diesem Stück. (In Szene 25 stimmen ein Spekulant und ein Immobilienhändler in der Ansicht überein, daß der »Fackelkraus« verschwunden sei, sich wohl ausgeschrieben habe; seine Satiren zu lesen habe in Friedenszeiten noch Spaß bereitet, aber an Spaß sei nun keinem mehr gelegen.)[19]

Die aus einer längeren Unterhaltung zwischen dem Optimisten und dem Nögler bestehende Szene 29 enthält eine Schmährede auf den germanischen Geist. Der Nörgler vertritt die Idee, daß Gott den Menschen nicht als Konsumenten oder Produzenten, sondern als Menschen geschaffen habe, und er hält die Chinesen für die einzige Rasse, die stark und moralisch genug sei, um das technologische Zeitalter zu überstehen, und unberührt von den Händlern und Handlangern des Krieges geblieben sei, die nur dem Militarismus und Materialismus, das heißt der »Idee jüdisch-kapitalistischer Weltzerstörung«[20], dienten. Als der Optimist die altehrwürdige Bezeichnung der Deutschen als ein »Volk der Dichter und Denker« erwähnt, kontert der Nörgler mit dem sardonischen Wortspiel »Volk der Richter und Henker«.[21] »Kein Volk lebt entfernter von seiner Sprache«, sagt er, »also von der Quelle seines Lebens, als die Deutschen.«[22] Abscheulich sei, so der Nörgler, die Verbindung von Heldentum und Geschäftemachen. In diesem Krieg erneuere sich nicht etwa die Kultur, sondern sie rette sich vor dem Henker durch Selbstmord. Schlimmer als die Sünde sei die tägliche Lüge, aus der die Druckerschwärze wie Blut fließe. Es werde nicht möglich sein, diesen Krieg mit einem Frieden zu beenden, sondern nur mit einem Krieg des Kosmos gegen diesen »hundstollen« Planeten. Für einen Menschen wie den Nörgler gibt es »nur eine letzte sittliche Aufgabe: mitleidslos diese bange Wartezeit zu verschlafen, bis ihn das Wort erlöst oder die Ungeduld Gottes«.[23]

Dieser Wunsch des Nörglers konnte für Kraus selbst

keine Berechtigung haben, denn die Indizien für den Verrat der Menschen am Geist waren zu offensichtlich und schrien gleichsam danach, festgehalten und künstlerisch gestaltet zu werden. Gab es doch den bei der Bevölkerung, vor allem bei der Landbevölkerung, außerordentlich beliebten bayerischen Geschichtenerzähler Ludwig Ganghofer, der sich von Frontabschnitt zu Frontabschnitt jodelte, Kriegsberichte für die *Neue Freie Presse* verfaßte und Geschichten mit Kaiser Wilhelm austauschte, der dies zu würdigen wußte. Gab es doch Franz Conrad von Hötzendorf, Chef des österreichischen Generalstabs, der sich, Karten studierend, den Fotografen zur Verfügung stellte. Gab es doch Alice Schalek, die erste bei der österreichischen Armee akkreditierte Korrespondentin; sie wurde Kraus zur makabren Witzfigur und Zielscheibe wegen ihrer schwärmerischen Ergüsse über den »einfachen Mann«, »das freigewordene Menschentum« und »das Fieber des Erlebens«, wegen ihrer Suche nach »Atmosphäre«, »Kontrasten«, »Sensationen« bei den Soldaten in der Schlacht und nach »menschlich interessantem« Material inmitten von Tod und Zerstörung.[24] In die Reihe dieser Personen gehört auch der allgewaltige »spiritus rector« der *Neuen Freien Presse*, Moriz Benedikt, dessen einflußreiche Stellung als Doyen des österreichischen Journalismus Karl Kraus zu der sarkastischen Bezeichnung »der Herr der Hyänen« veranlaßte.[25]

Die Szenenabfolge betont oft die Ironie oder verstärkt die Mißklänge. Beispielsweise sind die Szenen 27 und 28 eine Nebeneinanderstellung von »Benediktion« und »Bene-Diktat«: Im Vatikan beschwört Papst Benedikt XV. in einem Gebet die Regierungen, das Blutbad zu beenden; in seiner Redaktion läßt sich Moriz Benedikt in einem Diktat über Fische und sonstige Meeresbewohner in der Adria aus, denen zur Zeit der Tisch durch die Versenkung der vielen Schiffe reichlich gedeckt sei. »Zeitungsblätter haben zum Unterzünden des Weltbrandes gedient«, läßt Kraus den Nörgler sagen, und: »Was vermag eine Predigt für den Frieden gegen einen Leitartikel für den Krieg ... Bethlehem in Amerika korrigiert den Mißgriff, der vor neunzehn Jahrhunderten begangen wurde. Bethlehem heißt die größte Kanonengießerei der Vereinigten Staaten.«[26]

Symptomatisch für die Vergewaltigung der Sprache,

die Verkehrung kultureller Werte und den Verrat am Geist war eine Erscheinung, die Kraus immer wieder provozierte. In Szene 13 des zweiten Aktes läßt er zwei Hofräte auftreten, die ihre Umdichtungen des Goethe-Gedichtes »Über allen Gipfeln ist Ruh« veröffentlichen wollen. Der Titel »Wanderers Nachtlied« wird zu »Wanderers Schlachtlied« geändert, und der Text der Umdichtung lautet weiter: » ... Der Hindenburg schlafet im Walde, / Warte nur balde / Fällt Warschau auch.«[27] In der anderen Bearbeitung wird das Wort »Ruh« zum »U«, womit ein U-Boot gemeint ist. Wie in einer unbeabsichtigten Lobrede auf den U-Boot-Krieg werden einem englischen Kapitän beim Untergang seines Schiffes die Worte »Von Englands Flotte spürest du / Kaum einen Hauch ... / Mein Schiff ward versenkt ...«[28] in den Mund gelegt. »Die Gegenwartsbestie, wie sie gemütlich zur todbringenden Maschine greift, greift auch zum Vers, um sie zu glorifizieren.«[29]

Zu Anfang des zweiten Aktes wird die Frage aufgeworfen, ob sich »zwei Wesen Schulter an Schulter denken [lassen], deren eines die Unordnung zum Lebensinhalt hat und nur aus Schlamperei noch nicht zu bestehen aufgehört hat, und deren anderes in nichts und durch nichts besteht als durch Ordnung«.[30] Die österreichisch-deutsche Verständigung wird an der Reaktion eines Berliner Kriegsgewinnlers dargestellt, der sich darüber aufregt, daß ein Wiener sein Deutsch nicht versteht. Er selbst versteht den Dialekt des Wieners nicht und glaubt, es sei Englisch.

In Szene 27 sagt ein österreichischer General am Uzsok-Paß seinen Offizieren, daß die Österreicher den nächsten Krieg besser organisieren müßten; plötzlich stürmt ein preußischer Leutnant herein und schnauzt den General an, die Österreicher könnten die Uzsok-Situation allein nicht bewältigen, woraufhin der österreichische General dem Deutschen ein Kompliment macht wegen dessen Schneidigkeit und dessen Organisationstalent. Ein anderes Diskussionspaar in diesem Stück bilden der Abonnent und der Patriot, die offensichtlich die Mentalität all jener repräsentieren, die von der Propaganda einer korrupten Regierung und den Ergüssen einer lügnerischen und sich prostituierenden Presse ihre geistige Nahrung beziehen. Der alte Biach, eine von Kraus erfundene Figur, stirbt an den sprachlichen Verdrehungen, als es nicht einmal ihm gelingt, die Tatsache des Zusammenbruchs mit journalistischer Doppelzüngigkeit und patriotischer Gesinnung in Einklang zu bringen. Zu dieser Mentalität gehört die sentimentale Anhänglichkeit der Österreicher an ihren Kaiser Franz Joseph. Einige Szenen setzen Fritz Grünbaums und Ralph Benatzkys Schlager vom »guaten alten Herr[n] in Schönbrunn« in Szene, über den Kraus zunehmend kritischer urteilte.[31]

Weitere Szenen, in denen die allgemeine Stimmung dargestellt wird, zeigen eine Menschenmenge, die in einer Ausstellung im Prater einen Schützengraben begafft; einen Feldgeistlichen der Sorte »Lobe-den-Herrn-und-reich-mir-die-Munition«; eine aufgebrachte Menge, die eine alte Frau bedroht, weil diese dagegen protestiert hatte, daß man halbverhungerte Hunde schwere Lasten ziehen läßt; einen Soldaten, der seinen halbverhungerten Sohn schlägt, weil dieser gewagt hatte, um ein warmes Frühstück zu bitten; den Besitzer einer unter dem Kriegsdienstgesetz stehenden Fabrik, der eine Peitsche für mögliche Gewerkschaftsagitatoren bereithält; ein jüdisches Ehepaar namens Schwarz-Gelber (nach den monarchistischen Farben), das um seine gesellschaftliche Stellung besorgt ist; und den österreichischen Armee-Kommandeur Erzherzog Friedrich, der demnächst das Ehrendoktorat der Universität Wien erhalten soll und das im Kino zu hörende und zu sehende Geschützfeuer mit dem österreichischen lautmalerischen Wort »Bumsti« kommentiert haben soll. »Ja, Sie machen es einem schwer, Optimist zu sein«, muß sich der Nörgler sagen lassen. »Ihr Verfahren entfärbt alle Fahnen des Vaterlandes. Alles Lüge, alles Prostitution? Wo ist Wahrheit?« »Bei den Prostituierten!«[32]

Der dritte Akt beginnt mit dem bekannten Ausruf des Zeitungsverkäufers »Extraausgabee!« (»eine Art sardonischer Trompetenalarm«[33].) Auf den ritualisierten Eröffnungstotentanz von Automaten folgt eine Szene mit Frontatmosphäre und Kriegshumor (der Katzelmachermarsch der Isonzo-Front: »Tschiff, tscheff, tauch, der Wallisch liegt am Bauch«[34]). Zwei Philosophiestudenten applaudieren in Jena den kriegstreibenden Machenschaften ihrer Professoren; ein Viktualienhändler erhöht seine Preise und schnautzt seine eingeschüchterten Kunden an;

in einem Berliner Chemielabor behauptet Professor Delbrück, daß die heutigen Ersatzstoffe für die Bevölkerung viel bekömmlicher seien. Während die feine jüdische Gesellschaft trotz der sie umgebenden Bettler und Krüppel so weiterlebt wie bisher, treffen sich die Cherusker, ein patriotischer, nationalistischer und antisemistischer Club selbsternannter Teutonen, in Krems. Auf einem deutschen Spielplatz mit dem Schild »Für Verwundete kein Zutritt« spielen Kinder »Weltkrieg«, das neueste Kriegsspiel (ihr Vater hat ihnen dieses Spiel, wie auch »Einkreisung«, »Verteilung der Beute«, »Russischer Tod«, und sentimentale Andenken, wie zum Beispiel das Reliquienkästchen »Heldengrab im Hause«, mitgebracht). Einige Kinder plappern Wörter aus gängigen Kriegskommuniquees und patriotische Phrasen wie »Ein Platz an der Sonne«, »Immer feste druff« und »Gott strafe England« nach.

Zwei Männern, die zum Kriegsministerium gehen wollen, um »sichs richten« zu lassen, folgen fünfzig Drückeberger, die alle mit Fingern aufeinander zeigen: »*Der* sollte genommen werden!«[35] In einer Szene versucht ein Zivilist von einem am Schreibtisch sitzenden Hauptmann etwas über das Schicksal seines vermißten Sohnes zu erfahren, worauf der Hauptmann antwortet, daß die Bürostunden eigentlich schon vorbei seien, er ihm aber privat den guten Rat geben wolle, anzunehmen, sein Sohn sei tot, und daß es keinen schöneren Lohn geben könne, als für das Vaterland zu sterben. In mehreren Kirchen werden patriotische Predigten gehalten: Töten sei Christenpflicht und eine religiöse Tat; wenn auch Tausende verstümmelt und erblindet seien, so sei es doch Gottes Wille gewesen, ihre Seelen auf diese Weise zu retten. In einer katholischen Pilgerkirche, deren Glocken zu Kanonen eingeschmolzen werden sollen, ist ein Rosenkranz ausgestellt, der aus italienischen Schrapnellstücken, Stacheldraht und Granatsplittern gefertigt wurde.

Während einer Diskussion zwischen dem Optimisten und dem Nörgler über chemische Waffen und Bakterienkrieg zieht der Nörgler eine Parallele zwischen den alten Hebräern und den Deutschen. Erstere hätten doch wenigstens ihr Gebot »Du sollst nicht töten« beachtet, während die Deutschen der Neuzeit Kants kategorischen Imperativ als eine philosophische Rechtfertigung von »Immer feste druff!« reklamierten.[36] In den österreichischen

Kriegsarchiven verfassen Schriftsteller wie Rilke, Robert Müller, Franz Werfel, Felix Dörmann und Hans Müller auf Befehl Kriegsgedichte, Feuilletons, Überschriften und Berichte. Hans Müller schreibt im sicheren Wien Berichte über seine wundervollen Erfahrungen und Begegnungen in dieser »großen Zeit«, die an der Front stattgefunden haben sollen, und wird in der Hofburg vom dankbaren deutschen Kaiser empfangen. In einem Berliner Vortragssaal liest Richard Dehmel eins seiner chauvinistischen Kriegsgedichte vor einem stürmisch applaudierenden Publikum. In einer Berliner Zeitungsredaktion arbeitet Alfred Kerr an seinem brutal-parodistischen »Rumänenlied«, während der steirische Priester Ottokar Kernstock blutrünstige Reime zusammenbraut. Im Gegensatz dazu beschreibt Kraus sich selbst, wie er in einem Wiener Vortragssaal sein Gedicht »Mit der Uhr in der Hand« (über ein U-Boot, das einen Truppentransporter in dreiundvierzig Sekunden versenkt) vorliest. In einem Betrunkenen, der nachts neben der Pestsäule am Wiener Graben mitten auf der Straße uriniert, sieht Kraus das Wahrzeichen seiner Zeit.

Mit schwindendem Kriegsglück folgt auf grundlose Fröhlichkeit dumpf brütendes Schweigen unter den Larven und Lemuren, die den vierten Akt einleiten. Die Typologie der Unmenschlichkeit wird fortgesetzt. Ein Kommandant befiehlt, viertausend Mann für eine sinnlose Offensive an der russischen Front zu opfern, und die hungrigen Soldaten zu bestrafen, die bei den Bauern etwas zu essen kaufen wollten. In einem Militärspital bitten die Verwundeten um Ruhe, doch kann der Feldmarschall ohne seine lustige Unterhaltungsmusik bei Tisch nicht auskommen. Bei einem Bankett deutscher und bulgarischer Schriftleiter in Sofia wird über den »britischen Neid, französischen Revangschedurst und die russische Raubgier«[37] diskutiert. Das Alter Minderjähriger, die vor einem Militärgericht stehen, wird einfach auf einundzwanzig festgesetzt, damit man sie zum Tode verurteilen kann. Ein Militärrichter namens Zagorski ist stolz auf sein Jubiläum: er hat sein hundertzehntes Todesurteil gefällt und jeder Erschießung beigewohnt. In den Karpaten mißhandelt ein sadistischer Kommandant seine Soldaten und schreibt dann einen scheinheiligen Brief an den Vater des Soldaten, den er zu Tode gefoltert hat. In einer

Frauenklinik in Weimar operiert Professor Henkel eine Frau ohne zwingenden Grund, nur um einem Prinzen zu imponieren, der auf Besuch ist. Kaiser Wilhelm erlaubt sich vulgäre Späße mit seinen kriecherischen Offizieren. Bei einer Ärztetagung in Berlin redet ein Psychiater über einen »Irrsinnigen«, der pazifistische Ansichten hat und am deutschen Sieg zweifelt. Dieser »Irrsinnige« fordert einen Dr. Boas heraus, zu bestreiten, daß in der ersten Hälfte des Jahres 1918 70 Prozent mehr Deutsche an Tuberkulose gestorben seien als im ganzen Jahr 1913. Da der Psychiater den »Irrsinnigen« schließlich nicht nur für wahnsinnig hält, sondern ihn beschuldigt, im Dienste des Feindes zu stehen, läßt er ihn als Kriminellen verhaften.

In der langen Unterhaltung zwischen dem Nörgler und dem Optimisten in Szene 29 behauptet der Optimist, das Drama sei durch die unglückselige Neigung des Nörglers entstanden, »die kleinen Erscheinungen mit den großen Tatsachen« zu verbinden. Der Nörgler weist darauf hin, sein Patriotismus, der anders sei als der der »Patrioten«, lasse es nicht zu, daß ein Satiriker eines feindlichen Landes sich in seine Arbeit mische; er würde einem englischen Satiriker den Rat geben, sich um die Angelegenheiten seines eigenen Landes zu kümmern. Auf die Bemerkung des Optimisten, die österreichisch-ungarische Monarchie sei eine historische Notwendigkeit, erwidert der Nögler:

Vielleicht, weil dieser ganze nationale Gemischtwarenkram, der uns in kulturelle Schmach und materielles Elend gebracht hat, in irgendeinem verfluchten Winkel der Erde verwahrt sein muß. Aber diese Notwendigkeit wird sich durch alle revolutionären und kriegerischen Versuche, ihn los zu werden, abschwächen, und gelingt es diesmal nicht, erweist sich der k. k. Gedanke zunächst als unausrottbar, so wirds neue Kriege geben. Aus Prestigerücksichten hätte diese Monarchie längst Selbstmord begehen müssen.[38]

Der Nörgler zieht über Kaiser Franz Joseph her, der ihm als der große und von aller Welt geschätzte Monarch vorgehalten wird: »Nie zuvor hat in der Weltgeschichte eine stärkere Unpersönlichkeit ihren Stempel allen Dingen und Formen aufgedrückt, so daß wir in allem, was uns den Weg verstellte, in allen Miseren, Verkehrshindernissen, im Querschnitt jedes Pechs diesen Kaiserbart agnostizierten ... Ein Dämon der Mittelmäßigkeit hatte unser

Schicksal beschlossen.«[39] Er spricht von »Habsburgs Szepter, dessen Mission es schien, als Damoklesschwert über dem Weltfrieden zu schweben ... diesem Franz Joseph, dem nichts erspart geblieben ist außer der Persönlichkeit.«[40] Dieser Satz bezieht sich auf den von Kaiser Franz Joseph oft wiederholten Ausruf: »Mir bleibt doch nichts erspart.« Diese kaiserliche Floskel wie auch jene: »Es war sehr schön, es hat mich sehr gefreut«, benutzt Kraus in einem Couplet mit vielen Kata-Strophen, das er den Kaiser, den »leibhaftigen habsburgischen Dämon«[41], in einer späteren Szene[42] im Schlaf singen läßt. Dieses Couplet verfaßte Kraus 1915, also ein Jahr vor Kaiser Franz Josephs Tod. Nörgler Kraus verrät in dieser Szene 29, daß er das Manuskript seines Dramas in die Schweiz mitgenommen hatte, um es dort auszuarbeiten. Dank der österreichischen Schlamperei habe er es also zweimal durch die Grenzkontrollen bringen können. In dieser Unterhaltung erwähnt Kraus die Fotografie (in Form einer Postkarte weithin verbreitet), auf der der erhängte Südtiroler Cesare Battisti, der mit den Italienern kollaboriert hatte, zu sehen ist; vorne grinsend und selbstgefällig der Henker und österreichische Offiziere; im Hintergrund das sich ins Bild drängende Volk. (Dieses ist eins von den beiden Bildern, die Kraus seinem Stück beigegeben hat.)

Das surrealistisch überhöhte erste Bild des fünften Aktes (»Naßkalt. Es regnet von unten. Tonloses Starren des Rudels Böcke. Spalier der Verwundeten und Toten.«)[43] fällt in den Rahmen der Realität zurück durch das abgeschmackte Gerede gelangweilt-blasierter Offiziere und den Ausruf eines Fiakerkutschers: »Im Kriag kriag i's Fuchzichfache!«[44] In einer Großversammlung für einen deutschen Frieden werden Propagandaphrasen ausgerufen, wie etwa: »Fort mit dem Weltgewissen. Hinweg mit dem Weltbrüdergeist! ... Mehr deutsche Macht!«[45] Ein Dissident, der darauf hinweist, daß die »moralische Zersetzung des Volkskörpers durch Betrug, Diebstahl und Schwindel von dem Ruhm der Waffen nimmermehr vergoldet werden kann«, wird aus dem Saal geworfen, woraufhin Professor Puppe fortfährt, die unverschämtesten Forderungen an die Feinde Deutschlands zu stellen. Eine Unterhaltung zwischen dem Abonnenten und dem Patrioten bietet eine komische semantische Variante des

Themas »Ausbau und Vertiefung« der österreichisch-deutschen Allianz. Auf einem Schlachtfeld in der Nähe von Saarburg einigen sich Major Metzler und Hauptmann Niedermacher darüber, feindliche Soldaten nicht gefangenzunehmen, sondern auf höheren Befehl zu erschießen. (Ähnliches wird in der nächsten Szene nahe Verdun zwischen den französischen Offizieren namens Gloirefaisant, Meurtrier und De Massacre verabredet.) Vor einem Ringstraßencafé bewegt sich eine Fauna von Figuren, die Handelswaren austauschen; sie tragen nicht nur solche Tiernamen, die gewöhnlich Juden gegeben wurden, wie Löw, Hirsch und Wolf, sondern auch Namen wie Mammut, Zieselmaus, Walroß, Hamster, Nashorn, Tapir, Schakal, Leguan, Kaimann, Pavian, Kondor und Mastodon. Ein alter Schieber bricht unter dem Gerücht vom bevorstehenden Frieden zusammen. In Szene 28 spricht Nörgler Kraus in einem Wiener Vortragssaal sein »Gebet«:

> Du großer Gott, laß mich nicht Zeuge sein!
> Hilf mir hinab ins Unbewußte.
> Daß ich nicht sehen muß, wie sie mit Wein
> zur Not ersetzen ihre Blutverluste.
>
> Du großer Gott, vertreib mir diese Zeit!
> Hilf mir zurück in meine Kindheit.
> Der Weg zum Ende ist ja doch so weit,
> und wie die Sieger schlage mich mit Blindheit.
>
> Du großer Gott, so mach den Mund mir stumm!
> Nicht sprechen will ich ihre Sprache.
> Erst machen sie sich tot und dann noch dumm,
> es lügt ihr Haß, nimmt an der Wahrheit Rache.

Die letzte der dreizehn Strophen lautet:

> Du großer Gott, raff mich aus dem Gewühl!
> Führ mich durch diese blutigen Räume!
> Verwandle mir die Nacht zu dem Gefühl,
> daß ich von deinem jüngsten Tage träume![46]

Man applaudiert, und ein Zuhörer bemerkt zu seiner Frau: »Also du mußt nämlich wissen, er hat einmal in die *Presse* kommen wollen.«[47]

In Szene 54 sitzt der Nörgler an seinem Schreibtisch und führt ein Selbstgespräch:

...Warum wurde mir nicht die Körperkraft, die Sünde dieses Planeten mit einem Axthieb umzulegen? Warum wurde mir nicht die Gedankenkraft, die geschändete Menschheit zu einem Aufschrei zu zwingen? ...Ich bewahre Dokumente für eine Zeit, die sie nicht mehr fassen wird oder so weit vom Heute lebt, daß sie sagen wird, ich sei ein Fälscher gewesen... Ich habe eine Tragödie geschrieben, deren untergehender Held die Menschheit ist; deren tragischer Konflikt als der der Welt mit der Natur tödlich endet... Ich habe die Tragödie, die in die Szenen der zerfallenen Menschheit zerfällt, auf mich genommen, damit sie der Geist höre, der sich der Opfer erbarmt...[48]

In den nun schnell auf das apokalyptische Ende der Tragödie zusteuernden Szenen vergnügen sich die Schieber Gog und Magog im Schnee der Schweizer Alpen; eine Frau schreibt ihrem Mann ins Feld, daß sie das Kind eines anderen Mannes erwarte; die in Lumpen gehüllten übriggebliebenen Soldaten eines Regiments werden oberflächlich herausgeputzt, weil sie dem Kaiser imponieren sollen, der sich zur Truppenbesichtigung angekündigt hat; Kriegsgefangene werden brutal behandelt; Heldentum wird kommerziell und theatralisch verwertet; in einer menschenleeren Gasse hört man die unheimlichen Schreie von Zeitungsverkäufern, »Korybanten und Mänaden« scheinen die Wortbrocken auszuspucken (»Es klingt, als würde das Weh der Menschheit aus einem tiefen Ziehbrunnen geschöpft«).[49]

Auf die Bemerkung des Optimisten, daß noch jeder Krieg durch einen Frieden beendigt worden sei, erwidert der Nörgler:

Dieser nicht. Er hat sich nicht an der Oberfläche des Lebens abgespielt, sondern im Leben selbst gewütet. Die Front ist ins Hinterland hineingewachsen. Sie wird dort bleiben... Die Welt geht unter, und man wird es nicht wissen. Alles was gestern war, wird man vergessen haben; was heute ist, nicht sehen; was morgen kommt, nicht fürchten... Darum wird er nicht aufhören.[50]

Die lange Schlußszene ist ein Tanz auf dem Vulkan. Vor dem von dem Kolossalgemälde »Die große Zeit« ausgefüllten Hintergrund sitzen österreichische und preußische Offiziere an einer Festtafel, zechen, singen, erzählen frivole Witze, obwohl fortlaufend schlechte Nachrichten vom Kriegsschauplatz eintreffen. Die prägnante Bemerkung des betrunkenen Generals »Durch san's«[51] ist das Signal für eine Reihe dramatischer Bilder und schnell wechselnder Erscheinungen sowie einer Abfolge von die Kriegsgreuel darstellenden apokalyptischen Szenen: halbverhungerte und etwas zu essen suchende Kinder finden nur explodierende Granaten; andere Kinder spielen mit Erhängten; ein Soldat sticht auf einen Schäferhund ein, ein Leutnant schießt eine Kellnerin nieder; ein Lazarettschiff wird versenkt. Darauf tritt ein Chor nach dem anderen vor: ein Zug von Gasmasken, erfrorene Soldaten, Flammen aus Flammenwerfern, zwölfhundert ertrunkene Pferde, zwei »Lusitania«-Kinder, Kriegshunde, Raben, weibliche Armee-Hilfskräfte, ein ungeborener Sohn. Schließlich steigt am Horizont eine Flammenwand auf, Todesschreie von draußen.

»Die letzte Nacht«

Im Epilog »Die letzte Nacht« wiederholt Kraus viele Motive seines Stückes in konzentrierter, fast filmischer Weise. Dabei läßt er sowohl wirkliche wie allegorische Figuren in einer gruselig-gespenstischen Prozession auftreten. Ein sterbender Soldat schreit, er sterbe weder für einen Kaiser noch für ein Vaterland; männliche und weibliche Gasmasken sprechen über ihre Geschlechts- und Gesichtslosigkeit; ein General auf der Flucht fährt mit dem Automobil über Leichen und stößt sich daran, daß dem toten Korporal ein Knopf am Rock fehle; ein Kriegsberichterstatter bittet einen verblutenden Soldaten, ein verklärtes Gesicht zu machen, da er den Moment, wenn das Auge bricht, für seine Reportage festhalten wolle; nur schade, daß für ein wirkliches Stimmungsbild kein Priester zur Stelle sei.

Zu den weiteren abstoßenden Exemplaren des *homo sapiens* gehören ein schneidiger Totenkopfhusar, der mit Menschenmaterial handelnde Nowotny von Eichensieg und der Wissenschaftler Dr. Siegfried Abendrot, Herr der chemischen Kriegsführung und Erfinder des Lungenpestersatzes, eines schleichenden Lungengifts. Nach den Hyänen Fressack und Naschkatz, die das kommerzielle, industrielle und journalistische Schmarotzertum der Kriegsgewinnler darstellen, kommt der Herr der Hyänen

(Moriz Benedikt). Auf eine Typologie von Phrasen folgt eine dramatische Konfrontation zwischen den »Stimmen von oben« und den »Stimmen von unten«, wobei von oben die Wahrheit ertönt und unten die Lügen dieser »großen Zeit« nachgeplappert werden. »Wir haben alles reiflich erwogen«[52], sagt die letzte Stimme von oben und bezieht sich damit auf einen Ausspruch des verstorbenen Kaisers.

Nach einer beißenden Anklage gegen diesen Planeten setzt ein Meteorregen ein, der, unter Weltengedonner, die Erde im Feuer vernichtet. »Gottes Ebenbild« ist zerstört. Es folgt großes Schweigen, bis die Stimme Gottes jene Worte spricht, die Kaiser Wilhelm II. zu Beginn des Krieges gesagt hat: »Ich habe es nicht gewollt.«[53] Max Spalter hat dazu bemerkt: »Kraus' Gott ist ... der jüdisch-christliche Gott, der nur über das weinen kann, was der Mensch sich selbst zugefügt hat.«[54] Da ein Gott der Liebe und Güte weder Chaos noch Apokalypse wünschen kann, bleibt ein kleiner Hoffnungsschimmer bestehen, der von dem Dichter, nicht aber von dem Satiriker, Kraus ausgedrückt wird: daß der Mensch seine Taten büßen und auf ein besseres Los hinarbeiten wird.

»Weltgericht«

Die Tatsache, daß Kraus *Die letzten Tage der Menschheit* schrieb, publizierte und große Teile aus diesem pazifistischen Bühnenstück sogar während des Krieges öffentlich vortrug, ließe sich gegen den Titel wenden: Die Menschheit erlebte damals nicht ihre letzten Tage. Kraus' Aphorismus: »Satiren, die der Zensor versteht, sind mit Recht verboten«[55], trifft seine Produktion selbst. *Die Fackel* erschien den Krieg hindurch fortlaufend, und nur einiges wurde von der Zensur verboten. *Weltgericht*, eine zweibändige Sammlung von Auszügen aus den *Fackel*-Jahrgängen von 1914 bis 1919, stellt eine Art pazifistisches Lehrbuch dar.

Im letzten Kriegsjahr eröffnete die Regierung ein Verfahren gegen Kraus wegen angeblich zersetzender, umstürzlerischer und staatsfeindlicher Tendenzen in seinen Werken und öffentlichen Lesungen. Im Titelessay, den er im Oktober 1918 schrieb, bezeichnete Kraus die zweitausend Seiten der Kriegs-*Fackel* als »einen Bruchteil von dem, was technische und staatliche Hindernisse mir begrenzt haben«.[56] Schon zuvor, in »Die ernsten Zeiten und die Satire aus früheren Tagen« (1915), hatte er geschrieben: »Denn ich bin nicht so feig, gegen die Zensur zu kämpfen. Ich habe den Mut, ihr zu weichen.«[57] Angesichts der erschütternden Stabilität solcher Erscheinungen, die ihm das Rohmaterial für seine Satiren in den vergangenen fünfzehn Jahren geliefert hatten, stand ihm nicht der Sinn danach, im nachhinein zu bedauern, daß er dieses Material verarbeitet hatte oder daß *Die Fackel* weiterhin erschienen war. Sein Mut war größer; er beobachtete den Feind in dessen Lager: »Ich erkläre: daß ich den wildesten Aufzug befreiter Sklaven für ein geordneteres und Gott gefälligeres Schauspiel halte als den reglementierten Auftrieb von Menschenvieh zum Tode für die fremde Idiotie, für das fremde Verbrechen!«[58] In dieser patriotisch verseuchten Luft, meint Kraus, habe er sich nur mit offenen Augen und zugehaltener Nase bewegen können. »Wie verächtlich sich die Wagentüraufmacher von gestern als Barrikadenbauer ausnehmen ... Ich werde nie wieder mit einem gutmütigen, übelriechenden, triefäugigen Buchhalter sprechen können, weil er plötzlich zu erzählen anfinge, was er bei Belgrad geleistet hat.«[59]

Weltgericht beginnt mit »In dieser großen Zeit« (Dezember 1914) und schließt mit dem langen »Nachruf« (Januar 1919) ab: Das, was Menschen wie Kraus in dieser Nacht der Nächte trotz Hunger und Kälte hat aushalten lassen, was sie veranlaßt hat, bis zu den Friedenstagen durchzuhalten, wenn die Notwendigkeiten des Lebens nicht mehr das Problem und der Daseinsinhalt sein würden, war der Gedanke, daß sie dann nicht mehr Österreicher sein würden. Doch wurde ihnen diese Aussicht durch die Tatsache verdorben, daß der neue Staat einen Namen trug, der die Welt an die verhaßten Zentralmächte erinnerte, ganz zu schweigen davon, daß er eine Jahrhunderte zurückreichende Hölle ins Gedächtnis rief.

Kraus war enttäuscht, daß »dieser bürokratische Alpdruck landschaftlicher Schönheit ... dieser aufgelöste Verein jovialer Scharfrichter, diese Gevatterschaft weltbetrügerischer Kräfte ... wie dieses unwahrscheinliche Vaterland seine Märtyrer in den Krieg schickte, von dem es wußte, daß er verloren sei ... die Satansidee eines

Staates, dessen Dasein allen Anforderungen physischer und sittlicher Reinheit widersprach«[60], weiterhin fortbestand. Von keiner Seite seien die Grundsätze des internationalen Rechtes so schamlos verletzt worden wie von der deutschen Seite – ermöglicht durch die Unterstützung einer ganzen Armee von Journalisten, Literaten und Akademikern, die die andere Seite der inhumanen Kriegführung beschuldigt und der Bombardierung von Krankenhäusern, Kirchen und Schulen zugestimmt hatten. Dieser Nachruf, der von Kriegsverbrechern und ihren Opfern in Deutschland und Österreich handelt, gipfelt in einem Optimismus, der heute naiv wirken muß. »Die Völker sollen untereinander vergessen«, schreibt Kraus, »aber die Menschheit vergesse und verzeihe nichts, was sie sich angetan hat!«[61] *Die Dritte Walpurgisnacht*, die fünfzehn Jahre später geschrieben wurde, erscheint als ein schrecklicher Epilog zu diesem Nachruf.

SECHSTES KAPITEL

Die Unüberwindlichen

> Ein einzelner Mensch kann einer Zeit
> nicht helfen oder sie retten;
> er kann nur ausdrücken, daß sie untergeht.
> *Kierkegaard*, 1849

Die Gespenster im Lande

Seine Nachkriegsschriften und Polemiken lassen erkennen, wie desillusioniert Kraus war und wie sehr er sich als seiner »Heimat treuer Hasser«[1] sah. In dem Gedicht »Nach zwanzig Jahren«, das er 1919 zum zwanzigsten Jahrestag der *Fackel* schrieb, zählt er die Themen seiner vergangenen, gegenwärtigen und zukünftigen Arbeiten auf: »Geschlecht und Lüge, Dummheit, Übelstände, Tonfall und Phrase, Tinte, Technik, Tod, Krieg und Gesellschaft, Wucher, Politik, der Übermut der Ämter und die Schmach, die Unwert schweigendem Verdienst erweist, Kunst und Natur, die Liebe und der Traum.«[2] Das Beste, was Kraus über die Republik Österreich sagen konnte, war, daß sie keine Monarchie mehr war. In seiner Antwort auf den Brief, den Karl Seitz, der prominente Sozialdemokrat, Vorsitzende der Nationalversammlung und spätere Bürgermeister von Wien, anläßlich des 20. Jubiläums der *Fackel* an ihn geschrieben hatte, ging Kraus unter anderem auf dessen anerkennende Bemerkung ein, er, Kraus, habe viel dazu beigetragen, die alten Gespenster auszutreiben:

> Vor nichts fürchte sich einer mehr als vor Gespenstern, die man verjagt hat und die noch da sind. Solange wir die Journalisten haben, haben wir sie alle! Von der schwarzen Magie, durch welche die Welt ganz nach Voraussage untergegangen ist, sind sie alle angezogen, und immer bleibt noch ein Stück Geist, ein Stück Natur, das sie, in ihr unsagbares Element es einbeziehend, uns ertöten könnten ... Nichts anderes ist [der Menschheit] zu wünschen, als daß die Republik, die Blutsverwandtschaft erkennend, mit den hinterbliebenen Parasiten der Kaiserzeit wie mit den Mitessern der Revolution ein Ende mache, daß endlich Männerstolz vor Herausgeberthronen einem Gewerbe, welches

unter dem ruchlosen Vorwand der Preßfreiheit das Volk in den Tod lügt, die Maschinen zerbreche ... Dann erst – glaube ich – werden die Gespenster verjagt sein![3]

Die Gespenster waren noch immer da und so schwer zu fassen wie seit eh und je. Was konnte Kraus beispielsweise gegen eine Baseler Zeitung ausrichten, die in ihrem Anzeigenteil »Reklamefahrten zur Hölle« anbot, womit Schlachtfelder-Autorundfahrten »zu ermäßigten Preisen und [mit] erstklassiger Unterkunft und Verpflegung – Trinkgeld einbegriffen«[4] gemeint waren? Kraus verglich seine Stellung im Nachkriegsösterreich mit Peer Gynts Kampf gegen den Großen Krummen – »der Große Krumme kämpft nicht – und verliert nicht«.[5] In einem Epigramm mit dem Titel »Das Hiesige« schreibt er: »Du rufst es an, schon ist es fort ... und du greifst Luft ... du schreitest: weit und breit ist Kluft ... und widersteht ohne Widerstand ... und wie es weicht, bist du besiegt ... und was ich auch tat und wie ich sprach – es war zu weich, es gab nicht nach!«[6] Aus diesem Grund sah er sich gezwungen, seine Aufgabe immer wieder neu zu definieren. Kraus sprach öfters darüber, daß sich sein Zeitalter in seinen Schriften zwar mühelos wiedererkennen könne, jedoch blind für die künstlerischen Aspekte sei, die er dem Material abgerungen habe. 1919 schrieb er: »Nur meine Lust, auf Schlammgrund Sätze zu bauen, und meine Zähigkeit, die den kleinsten Anlaß nicht versäumen will, das Weltübel zu demonstrieren, treibt mich immer wieder in die Verbindung mit einer unheilbaren Welt.«[7] Vor allem aber wollte Kraus nicht als Polemiker angesehen werden, den er in dem Epigramm »Auf einen Polemiker« beschreibt:

> Vor solchen Helden hat es mir gegraut,
> da wagt ich höchstens diese wenigen Verse:
> Er gleicht dem Siegfried durch die dicke Haut
> und dem Achilles durch die Ferse.[8]

»Polemik ist eine unbefugte Handlung, die ausnahmsweise durch Persönlichkeit zum Gebot wird«, schrieb er. »Ich halte Polemik, die nicht Kunst ist, für eine Angelegenheit des schlechten gesellschaftlichen Tones, die dem schlechten Objekt Sympathien wirbt.«[9] Ein scheinbares Paradoxon ist in einer aphoristischen Aussage in *Nachts* enthalten: »Das Verständnis meiner Arbeit ist erschwert durch die Kenntnis meines Stoffes. Daß das, was da ist, erst erfunden werden muß und daß es sich zu erfinden lohnt, sehen sie nicht ein. Und auch nicht, daß ein Satiriker, dem die Personen so vorhanden sind, als hätte er sie erfunden, mehr Kraft braucht, als der, der die Personen so erfindet, als wären sie vorhanden.«[10] In einem Epigramm, das er mit »Glossen werden Symbole« betitelt, wie auch in einem Gedicht beschreibt Kraus seine Situation und erwähnt die Gründe, die seine Wirksamkeit beeinträchtigen:

Nur jenen, die fern in Zeit oder Land,
wird der Inhalt meiner Satiren bekannt.
Nachbar Meier mich einen Kleingeist nennt,
weil er den Müller persönlich kennt.[11]

In diesem Land

In diesem Land wird niemand lächerlich,
als der die Wahrheit sagte. Völlig wehrlos
zieht er den grinsend flachen Hohn auf sich.
Nichts macht in diesem Lande ehrlos.

In diesem Land münzt jede Schlechtigkeit,
die anderswo der Haft verfallen wäre,
das purste Gold und wirkt ein Würdenkleid
und scheffelt immer neue Ehre.

In diesem Land gehst du durch ein Spalier
von Beutelschneidern, die dich tief verachten
und mindestens nach deinem Beutel dir,
wenn nicht nach deinem Gruße trachten.

In diesem Land schließt du dich doch nicht aus,
fliehst du gleich ängstlich die verseuchten Räume.
Es kommt die Pest dir auch per Post ins Haus
und sie erwürgt dir deine Träume.

In diesem Land triffst du in leere Luft,
willst treffen du die ausgefeimte Bande,
und es begrinst gemütlich jeder Schuft
als Landsmann dich in diesem Lande.[12]

Freunde und Feinde, Apostel und Apostate

Seinen Zeitgenossen erschien Kraus auf unterschiedliche Weise. Man sah in ihm einen prophetischen Denker, einen zornigen jüdischen Propheten im alttestamentarischen Sinne, einen Pazifisten im Geiste des Christentums, einen wohlmeinenden Erzieher, einen hilfsbereiten Förderer junger oder vernachlässigter Dichter, einen Sozialrevolutionär, einen konservativen Hüter deutscher und österreichischer Kulturtradition, ein erhabenes Vorbild, einen sadistischen Ehrabschneider oder einen alle Werte verhöhnenden Zyniker. Für manche war er der Inbegriff eines unfehlbaren Orakels, eines Propheten, der verzweifelt versuchte, der Menschheit den richtigen Weg zu weisen, den Weg zurück zum »Ursprung«, weil dieser das ewige Ziel sei. Für andere war er ein verbitterter, monomanischer Menschenfeind, der mit Kanonen auf Spatzen schoß, und selber eine Zielscheibe von Schmähung und blindem Haß. Diesen extremen Beurteilungen entsprechen menschliche Beziehungen. So wurden Apostel zu Apostaten, Anhänger zu Abtrünnigen, Freunde zu Feinden und Geförderte zu Gemaßregelten. Nur wenige seiner Anhänger hatten die Charakterstärke und Integrität, die Kraus von ihnen verlangte, viele fielen in Ungnade, und manche trafen bissige Polemiken.

Kraus' selbstgewählte Isolierung schloß die Bildung eines Kraus-Kreises von vornherein aus. Dennoch ist es nicht schwer, Männer und Frauen aufzuzählen, mit denen er in einem Verhältnis gegenseitiger Verehrung stand. Peter Altenberg und Adolf Loos gehörten zu Kraus' ältesten Freunden. Kraus hatte Peter Altenberg zu einer literarischen Karriere verholfen nicht nur dadurch, daß er dessen verstreute Manuskripte zusammengesucht und einem bekannten Verlag zugesandt hatte, der sie als Sammelband *Wie ich es sehe* publizierte, sondern auch dadurch, daß er Anerkennendes über dessen Arbeiten schrieb, oft aus seinen Werken rezitierte und ihn finanziell unterstützte. Bei Altenbergs Beerdigung im Jahre 1919 hielt Kraus die Grabrede, und 1932 wurde er Herausgeber einer Altenberg-Anthologie. Der Architekt Adolf Loos und Kraus waren Menschen verwandten Geistes. Kraus: »Adolf Loos und ich, er wörtlich, ich sprachlich, haben nichts weiter getan als gezeigt, daß zwischen einer Urne und einem

Nachttopf ein Unterschied ist und daß in diesem Unterschied erst die Kultur Spielraum hat. Die andern aber, die Positiven, teilen sich in solche, die die Urne als Nachttopf, und die den Nachttopf als Urne gebrauchen.«[13]

Kraus förderte die deutsch-jüdische Dichterin Else Lasker-Schüler, in der er eine kompromißlose Hohepriesterin der Dichtkunst sah und die er wegen ihrer sprachlich-moralischen Wahrhaftigkeit schätzte. Kraus half ihr auf mancherlei Weise, auch indem er für sie Geld sammelte. Der Briefwechsel zwischen diesen beiden ungleichen Geistern umfaßt die Zeit von 1909 bis 1924. Charakteristisch für Else Lasker-Schüler war, daß sie in ihren Briefen Kraus als »Herzog von Wien«, »Kardinal« oder »Dalai Lama« ansprach. Die letzten Worte ihres letzten Briefes an Kraus lauteten: »Ich hasse Sie«[14] – Worte, die nicht als Beweis für einen absoluten Bruch angesehen werden sollten, sondern im Zusammenhang mit dem Leben und Werk dieser exzentrischen Dichterin verstanden werden müssen.[15]

Kraus' Wertschätzung von Schriftstellern und Künstlern wie Detlev von Liliencron, Otto Weininger, Frank Wedekind, August Strindberg, Oscar Wilde, Franz Janowitz, Franz Grüner, Karl Hauer und Oskar Kokoschka kommt in seinen Arbeiten zum Ausdruck. Weitere Schriftsteller, die in seinem Bann standen, waren Franz Werfel, Felix Salten, Willy Haas, Fritz Wittels und Albert Ehrenstein (alle waren später »Apostaten«), Ludwig Thoma, Otto Stoessl, Andreas Latzko, Otto Soyka, Alfred Polgar, Egon Friedell, Friedrich Torberg, Sigismund von Radecki, Paul Engelmann sowie seine Biographen Robert Scheu, Leopold Liegler, Berthold Viertel und Heinrich Fischer.

Kraus schätzte auch die Freundschaft mit Ludwig von Janikowski (dieser hatte ihn zu *Sittlichkeit und Kriminalität* angeregt und war der erste, der »die geistige Perspektive jener Geringfügigkeiten erkannte, die die Blindheit für den Inhalt nimmt«[16]), mit Fürst Max Lobkowitz, Karl Jaray und dem Kunsthistoriker Ludwig Münz. Zu den Frauen, von denen er sich angezogen fühlte, gehörten – außer Annie Kalmar – Sidonie Nádherný, Elisabeth Reitler und Helene Kann, auch die Gräfin Mary Dobrzensky und die Dichterin, Essayistin, Erzählerin und Komponistin Mechthilde Lichnowsky.

Außer zu den Klavierbegleitern seiner Lesungen stand Kraus mit den Komponisten und Musikern Ernst Křenek, Arnold Schönberg, Eduard Steuermann, Alban Berg und Rudolf Kolisch in einem Verhältnis gegenseitiger Verehrung. Unter den Politikern schätzte Kraus Heinrich Lammasch, Thomas Masaryk und Friedrich Austerlitz. Eine gute berufliche und menschliche Beziehung verband ihn mit seinem Rechtsanwalt, Oskar Samek, mit den Inhabern seiner Druckerei, Georg und Martin Jahoda, und mit Richard Lanyi, dem Buchhändler und zeitweiligen Verleger, in dessen Laden in der Kärtnerstraße die Krausianer ihr Hauptquartier aufschlugen sowie Kraus' Bücher und die Eintrittskarten für seine Vorträge verkauft wurden. Kraus respektierte auch den Kreis um die in Innsbruck herausgegebene Zeitschrift *Der Brenner* und erwähnte im positiven Sinne öfters beispielsweise den langjährigen Herausgeber Ludwig von Ficker, den Dichter Georg Trakl, die Philosophen und Gelehrten Theodor Haecker, Carl Dallago, Karl Borromäus Heinrich, Ferdinand Ebner – katholische Denker, die Kraus' eschatologische Orientierung würdigten.

Der 1861 geborene deutsch-jüdische Publizist Maximilian Harden war der Mentor des jungen Kraus, und die *Fackel* war nach Hardens Zeitschrift *Die Zukunft* konzipiert. Die ersten Bände der *Fackel* enthalten mehrere anerkennende Kommentare über Harden (zu jener Zeit war er noch nicht »Herr Harden« – die Bezeichnung »Herr« ist bei Kraus satirisch gemeint). 1903 gab Kraus seinem Mißfallen darüber Ausdruck, daß Harden einen Essay in der *Neuen Freien Presse* publiziert hatte, in dem er behauptet hatte, die Wiener Presse sei besser als der Berliner Journalismus. Bald wurde deutlich, daß sich ihre Wege trennen würden, denn Hardens Ansichten über den Hervay-Prozeß und den Fall der Prinzessin Louise von Coburg wichen erheblich von der Beurteilung ab, die Kraus in *Sittlichkeit und Kriminalität* geäußert hatte. Harden versuchte, die wilhelminische Herrschaft durch die Aufdeckung von Homosexualität in der »Hofkamarilla« zu bekämpfen, wodurch er in die Prozesse gegen Prinz Philipp zu Eulenburg und Graf Kuno Moltke verwickelt wurde. In mehreren *Fackel*-Aufsätzen – später in *Die chinesische Mauer* und *Literatur und Lüge* aufgenommen – bezieht Kraus gegenüber Hardens Haltung konfrontativ

Stellung (»Ich trage einen Haß unter dem Herzen und warte fiebernd auf die Gelegenheit, ihn auszutragen«).[17]

Kraus führte an Hardens Sprache den Beweis. Er veröffentlichte »Übersetzungen« von Hardens Texten, die seiner Ansicht nach auf »Desperanto« geschrieben waren, sowie »Harden-Lexica« über Hardens barocke Redewendungen und Euphemismen.[18] Die Polemik wurde 1906 durch Hardens öffentliche Replik verschärft, in der er auf Kraus' »grotesken Roman« mit Annie Kalmar anspielte. Kraus war empört, zumal er einst Harden in diese Angelegenheit, im Vertrauen auf dessen väterliche Freundschaft, eingeweiht hatte. »Herr Harden ist tot – der groteske Roman lebt ... und ich glaube, ich verdanke ihm mein Bestes.«[19] Harden lebte noch bis 1927; 1922 hatte er, nach einem tätlichen Angriff auf ihn, die Publikation der *Zukunft* eingestellt. In einem Nachruf wies Franz Pfemfert darauf hin, daß Harden kurz vor seinem Tod sehr anerkennend über Kraus gesprochen habe.[20]

Der Psychoanalytiker Fritz Wittels veröffentlichte unter dem Pseudonym Avicenna einige Essays in der *Fackel.* 1908 publizierte Kraus Aphorismen über Treulosigkeit. Wittels hatte sich wahrscheinlich durch eine verhüllte Anspielung verletzt gefühlt, denn in seinem 1910 veröffentlichten Roman *Ezechiel der Zugereiste* erscheint Kraus als Benjamin Eckelhaft, Herausgeber der Zeitschrift *Das Riesenmaul.* Und 1912 tritt Kraus in Wittels' Buch *Alles um Liebe* als ein Exhibitionist mit »hysterogenen Komplexen« auf. Am 12. Januar 1910 hielt Wittels bei einer Tagung der Wiener Psychoanalytischen Gesellschaft das Referat »Die *Fackel*-Neurose«, unter anderem vor Sigmund Freud, Alfred Adler, Eduard Hitschmann, Otto Rank und Wilhelm Stekel. Wittels behauptete, Kraus habe, als seiner journalistischen Laufbahn nichts mehr im Wege gestanden habe, »plötzlich, aus rein persönlichen Motiven, den Gang gewechselt, um ein ›Antikorruptioneur‹ zu werden«.[21] Später habe er nochmals die Richtung geändert: »Journalisten interessierten ihn nicht mehr; nun wirft er sich auf das Problem der Sexualität«.[22] Einige Zeit darauf habe er vor allem Aphorismen geschrieben, zufrieden mit dieser »leidenschaftslosesten aller Ausdrucksformen, die sich nicht dazu eignet, einem vulkanischen und feurigen Schriftsteller vollen Auslaß seiner Gefühle zu erlauben«.[23]

Kraus' neurotische Haltung einer speziellen Zeitung gegenüber sei der Ausgangspunkt seines Hasses auf den Journalismus ingesamt gewesen. Kraus' Vater hieß Jacob, der »Gesegnete« in der Bibel, »Benedictus« in der Vulgata, und damit, so Wittels, ließen sich Kraus' Angriffe auf Männer erklären, deren Namen mit einem B beginnen: Benedikt – eigenartigerweise gehörte Bacher, der mehrere Jahre Mitherausgeber der Zeitschrift war, nicht dazu –, Bahr, Bukowics, Bauer und Buchbinder. Auch sei Kraus' Verhältnis zu seinen Eltern und Geschwistern von Feindschaft bestimmt gewesen:

Er haßt sie, ein Umstand, der das lebenslang wiederkehrende Motiv erklären könnte: er hängt jemandem in leidenschaftlicher Freundschaft an, die später zur bittersten Feindschaft wird ... Die dauernde Wiederholung dieses Spiels sein ganzes Leben hindurch ist die Verkörperung seines und seiner Brüder Verhältnis zum Vater ... Als Schlußstein dieser Beweiskette kann die Tatsache angesehen werden, daß Vater Kraus Hersteller von Papiermasse für das Zeitungsgewerbe war.[24]

In der zweiten Periode der *Fackel*-Zeit, so Wittels, habe sich Kraus' persönliche Neurose mit der allgemeinen seiner Zeit verbunden. »In dieser Phase durchlebte Kraus gewissermaßen vieles von dem, was Freud mit Hilfe seiner wissenschaftlichen Arbeit aufdeckte, und drückte es auf künstlerische Weise aus.«[25] Doch habe hier »eine Rückentwicklung in eine Neurose« vorgelegen, ein Vorgang, anhand dessen Wittels demonstrieren wollte, »wie aus einer Neurose Kunst entstehen kann und eine Neurose wiederum aus Kunst«.[26] »Kraus ist ein verunstalteter Mensch«, fährt er fort, »ebenso wie Voltaire es war und wie man es von Hofnarren zu sagen pflegt. Spott scheint mit physischer Difformität zusammenzuhängen und damit speziell für Juden geeignet zu sein.«[27]

In der Diskussion, die diesem Referat folgte, nannte Adler Kraus »einen wildgewordenen Philister, dem der Pfad zu einer hinreichenden Nachgiebigkeit versperrt sei«[28]; für Wilhelm Stekel war Kraus »ein Paranoiker mit einer markanten Megalomanie«[29]; und Dr. Friedjung gab seiner Meinung Ausdruck, daß Kraus' »pedantischer Formsinn wahrscheinlich von der Tatsache ausgeht, daß in seinem Elternhaus Deutsch nicht immer rein und fehlerfrei gesprochen wurde«.[30] Sigmund Freud sagte, er könne Kraus »nur im phänomenologischen, nicht aber im moralischen Sinne«[31] beurteilen; er habe ursprünglich geglaubt, die Sache der Psychoanalyse könnte in Kraus einen wirkungsvollen Helfer finden, habe aber später feststellen müssen, daß das ein Fehlurteil gewesen sei: »Ihm fehlt jede Spur von Selbstbeherrschung, und er scheint ganz und gar von der Gnade seiner Instinkte abhängig zu sein.«[32] Das Protokoll verzeichnet auch Freuds Bemerkung, daß ihm Kraus' intellektuelle Abhängigkeit von Peter Altenberg, der die Ästhetik der Impotenz verkörpere, zuwider sei.[33] Am 12. Januar 1906 hatte Freud einen Brief an Kraus geschrieben, in dem er von »der teilweisen Übereinstimmung zwischen Ihren Ansichten und Bestrebungen und den meinen«[34] gesprochen und jede Mittäterschaft an den von Wilhelm Fließ erhobenen Anschuldigungen gegen den verstorbenen Otto Weininger und andere Schriftsteller wegen Plagiats in Abrede gestellt hatte. Allerdings teile er, so Freud, Kraus' hohe Meinung von Weininger nicht. Kraus, ein Gegner der Psychoanalyse, hat, dafür gibt es Hinweise, Sigmund Freud respektiert – Freuds *Das Unbehagen in der Kultur* enthält Gedanken, die denen des Satirikers nicht unähnlich sind –, doch wenig für Freuds Schüler und Nachahmer übrig gehabt.

Vor dem Ersten Weltkrieg hatte der Publizist und Kritiker Alfred Kerr in Berlin die literarische Zeitschrift *Pan* herausgegeben. Damals versuchte Kerr, aus der »Affäre« des Polizeipräsidenten von Berlin, Herrn von Jagow, mit der Schauspielerin Tilla Durieux, die mit Kerrs Verleger Paul Cassirer verheiratet war, Kapital zu schlagen. Kerrs Enthüllungen wurden von dem Hause Cassirer veröffentlicht. In Artikeln über den »Fall Kerr«, die zwischen März und Juli 1911 in der *Fackel* erschienen[35], attackierte Kraus den *Pan*-Herausgeber Kerr, dessen »Stil die letzten Zuckungen des sterbenden Feuilletonismus« darstelle. Die Überschriften lauteten: »Der kleine Pan ist tot«, »Der kleine Pan röchelt noch«, »Der kleine Pan stinkt schon«, »Der kleine Pan stinkt noch«. Kraus schrieb:

Während andere Polemiker sich dadurch beliebt machen, daß ihnen der Atem ausgeht, regt mich das Fortleben meiner Objekte immer von neuem an ... Ich habe es oft empfunden und gesagt, daß die Polemik ihre Grenze in dem Wunsch hat, statt der Feder das Tintenfaß zu gebrauchen. Luther, der schreiben konnte, ließ sich in der Polemik gegen den Teufel dazu hinreißen.[36]

Max Brod eilte Kerr zu Hilfe, indem er erklärte, »ein mittelmäßiger Kopf dagegen, wie Karl Kraus, dessen Stil nur selten die beiden bösen Pole der Literatur, Pathos und Kalauer, vermeidet, sollte es nicht wagen dürfen, einen Dichter, einen Neuschöpfer, einen Erfreuer zu berühren«.[37] Kraus war anderer Meinung: Gegen ihn, Karl Kraus, sei in Deutschland nicht anzukommen, »und wenn sie sich mit ihrer ganzen Pietät für Heine umgürten, und wenn er selbst zu ihnen auferstünde! Denn es ist ein Kampf mit ungleichen Waffen, wenn die gute und die schlechte Sache gegeneinanderstehen.«[38] Im Juli 1911 veröffentlichte Kerr »Caprichos« in Prosa und Versen im *Pan.* Auf die darin enthaltenen Behauptungen, Kraus stamme von der Insel Mikrokephalonia und leide an »doppelter Epigonorrhöe«[39] (er verwässere Spitzer und äffe Harden nach), folgen arge Schmähungen seitens Kerrs. (»Es ist das Stärkste, was ich bisher gegen Kerr unternommen habe«).[40] Mit besagter Veröffentlichung, so Kraus, habe Kerr Selbstmord begangen. »Es ist mein Verhängnis, daß mir die Leute, die ich umbringen will, unter der Hand sterben ...«[41]

Kerr blieb am Leben. Während des Krieges veröffentlichte er in nationalistischen Zeitungen chauvinistische und blutrünstige Gedichte. Nach dem Krieg spielte er in Paris einen Apostel der internationalen Brüderschaft, was einen kleinen Skandal zur Folge hatte. Kraus publizierte in den zwanziger Jahren mehrere Gedichte, die unter dem Pseudonym »Gottlieb« erschienen waren. Es stellte sich heraus, daß »Gottlieb« der *nom de guerre* für mehrere Schriftsteller gewesen war. Kerr verklagte Kraus, weil dieser eins jener Gedichte fälschlicherweise ihm zugeschrieben hatte. Noch während des Rechtsstreites in den Jahren 1927-1928 füllte Kraus eine 208 Seiten lange Ausgabe der *Fackel* über das Thema »Der größte Schuft im ganzen Land«.[42] Ein von Kerr im September 1928 geplantes Pamphlet erschien nicht. 1930 forderte Kraus, Kerr solle das mit seinen kriegerischen Gedichten verdiente Geld den Kriegsverwundeten spenden. Im Jahr zuvor hatte Kraus über »Kerrs Enthüllung«, Bert Brecht habe sich des Plagiats schuldig gemacht, indem er Teile aus K. L. Ammers deutschen Übersetzungen von François Villon in die

Dreigroschenoper übernommen habe, bemerkt: »Im kleinen Finger der Hand, mit der er fünfundzwanzig Verse der Ammerschen Übersetzung von Villon genommen hat, ist dieser Brecht originaler als der Kerr, der ihm dahintergekommen ist.«[43]

Zu den sich später abkehrenden Kraus-Verehrern gehörte der in Prag geborene Willy Haas, der dafür gesorgt hatte, daß Kraus seine Lesungen in Prag abhalten konnte. 1913 schrieb er: »Da möchte ich denn hinzufügen, daß ich Kraus verehre ... denn ich halte ihn für rein und wahrhaftig.«[44] In seiner 1957 veröffentlichten Autobiographie nennt er Kraus einen »bewußten Verführer und Vergifter« und »einen geborenen Sadisten«.[45] Mit der Glosse »Briefwechsel mit der *Literarischen Welt*« (der von Haas zwischen Februar und Juli 1930 herausgegebenen Zeitschrift) hat Kraus wohl diesen Sinneswandel bei Haas provoziert. Kraus hatte die Bitte von Haas, ihm einige frühere Nummern der *Fackel* zu übersenden, die er für eine Arbeit über Kraus' Standpunkt in diesen veränderlichen Zeiten benutzen wollte, abgelehnt und Bemerkungen über den »Aufstieg eines Prager Anfängers ... zum *präceptor Germaniae* in geistigen Belangen« gemacht.[46] Wahrscheinlich aus folgenden Gründen hatte Kraus dieser Zeitschrift die Daseinsberechtigung abgesprochen und mit Haas gebrochen: Haas hatte den von Kraus verehrten Wilhelm Liebknecht angegriffen, und in dieser Zeitschrift wurden die Buchbesprechungen in derselben Ausgabe abgedruckt, in der die Bücher annonciert waren.

Eine bemerkenswerte Ausnahme zu diesem Verhaltensmuster war Hans Müller, der während des Krieges von Kraus angegriffen worden war. In seiner Autobiographie *Jugend in Wien* schreibt der nach seinem Schweizer Exilort als Müller-Einigen bekannte Schriftsteller über Kraus: »Er gab mir die Ehre seiner bitteren Feindschaft«, und er beschreibt Kraus als einen »makellos reinen Charakter« sowie einen »verletzten, enttäuschten, betrogenen Träumer ... Seine gesammelten Werke ... gehören zu den unvergänglichen spärlichen Werken mitfühlender Liebe.«[47] In diesem Zusammenhang muß auch der Künstler Albert Bloch erwähnt werden, der Kraus in den Vereinigten Staaten bekanntzumachen versuchte. Bloch wurde 1882 in St. Louis geboren, ging 1908 nach Europa und lebte zwölf Jahre lang in München. Von 1911 bis zum Kriegsausbruch war er mit Franz Marc und Wassily Kandinsky im »Blauen Reiter«. In dieser Zeit wurde sein Interesse an Karl Kraus geweckt. 1921 ging Bloch in die Vereinigten Staaten zurück, wo er 1961 starb.

Bloch schrieb in seinem Vorwort zu dem Band von übersetzten Kraus-Gedichten *Poems,* der auch Auszüge aus *Die letzten Tage der Menschheit* enthält (Theodor Haecker hatte auf Kraus' Bitte hin die Übersetzungen positiv beurteilt), Kraus sei der »größte Autor deutscher Verse und deutscher Prosa seit Goethe« und »die leidenschaftlichste ethische Kraft in der heutigen Welt«.[48]

Noch eine demolierte Literatur

Der in Prag geborene Dichter, Schriftsteller und Dramatiker Franz Werfel, eine der führenden Persönlichkeiten unter den frühen Expressionisten, war in jungen Jahren ein Verehrer von Kraus gewesen. Kraus hatte mehrere Gedichte von Werfel drucken lassen, selbst rezitiert und dessen frühe Gedichtsammlungen in der *Fackel* angezeigt. 1912 ging Werfel nach Leipzig, wo er Lektor bei Kurt Wolff wurde, der einer der größten Verleger seiner Zeit werden sollte und besonders als Förderer des deutschen Expressionismus bekannt wurde. Werfel übertrug auf Wolff seinen Enthusiasmus für Kraus und riet ihm, Verleger von Kraus zu werden. Wolff fuhr nach Wien und verbrachte viele anregende Stunden mit Kraus, der ihm von seinem Plan erzählte, einen Band mit dem Titel *Kultur und Presse* zu veröffentlichen. Zwar ist ein solcher nie erschienen, doch veröffentlichte Wolff 1914 eine Luxusausgabe des Essays »Die chinesische Mauer« mit Lithographien von Oskar Kokoschka.

Da Kraus der Gedanke zuwider war, mit Schriftstellern, von denen er nichts hielt, in einem Verlag zu publizieren, gründete Wolff den »Verlag der Schriften von Karl Kraus (Kurt Wolff)«. Von 1916 bis 1920 kamen hier fünf Gedichtbände und drei Essaybände heraus. Zusätzlich wurden einige seiner früheren, einst anderswo veröffentlichten Werke neu aufgelegt; insgesamt wurden es vierzehn Titel. Franz Werfel, der für Ludwig von Fickers *Rundfrage über Karl Kraus* einen Essay geschrieben hatte, in dem er seine Begegnung mit Kraus als »ein mystisches

Erlebnis« bezeichnet und von »der Stunde, die meinen Planeten an den seinen bindet«[49], gesprochen hatte, wandte sich gegen Kraus, noch bevor sein Essay erschienen war. In der *Fackel* vom November 1916 hatte Kraus das Gedicht »Elysisches: Melancholie an Kurt Wolff«[50] veröffentlicht; es gibt sich als Beschwerde an Wolff, ist aber eine subtile stilistische Persiflage auf das Goethe und Schiller nachempfundene Pathos, die Posen und den lyrischen Feuilletonismus von Franz Werfel und anderen jüdischen Schriftstellern aus Prag mit ihren neokatholischen Prätentionen. Werfels Protestschreiben, in dem er Kraus' dichterisches Können anzweifelte und ihm den Gebrauch des Wortes »dorten« vorhielt, hatte die vernichtende Glosse »Dorten« zur Folge.[51]

Werfel antwortete mit »Metaphysik des Drehs«, einem offenen Brief voller Beschimpfungen im Stil von »egomanischer Selbstmord-Typ«; der Brief erschien in *Die Aktion* und wurde von Kraus in der *Fackel* vom Oktober 1918 abgedruckt.[52] In »Aus der Sudelküche«[53] erklärt Kraus das Werfelsche Pathos aus der Fiktion eines die ganze Menschheit umfassenden kosmischen Einfühlungsvermögens. Daraufhin verlegte Werfel den Kampf auf literarisches Gebiet. Sein Gedicht »Einem Denker«, das 1919 in Werfels Sammlung *Gerichtstag* erschien, gilt dem selbstgerechten Richter Kraus. Im dritten Teil von Werfels »Magischer Trilogie«, *Spiegelmensch*, führt die Titelfigur ein vulgäres Selbstgespräch in Prosa. (Kurt Wolffs erfolgloser Versuch, es aus der Buchausgabe des Bühnenstücks herauszuhalten, die 1920 in seinem Verlag erschien, hatte zur Folge, daß ab 1921 Kraus' Schriften nicht mehr bei Wolff, sondern im Verlag *Die Fackel*, der mit der Firma Jahoda & Siegel identisch war, in Wien erschienen.)

Was soll ich nun in den nächsten Tagen der Beschäftigungslosigkeit beginnen? Halt! Ich will unter die Propheten gehn, natürlich unter die größeren Propheten! – Das Erste ist, ich gründe ... eine Zeitschrift und nenne sie: Die Leuchte? Nein! Der Kerzenstumpf? Nein! Die Fackel? Ja! – Ah! Alle Größen der Weltliteratur jucken mir in den Fingern! Man soll meinen, Goethes plus Shakespeares Ingenium sei in der Natur eines östlichen Winkeladvokaten reinkarniert. Ich will den Stadtklatsch zu einem kosmischen Ereignis machen und die kosmischen Ereignisse zu einem Stadtklatsch. Ich will mit Kalauer und Pathos so trefflich jonglieren, daß jeder, der bei der einen Zeile konstatiert, ich sei ein spaßiger Denunziant und Fürzefänger, bei der nächsten zugeben muß, daß ich doch der leibhaftige Jesaja bin. – Vor allem will ich aber als Cabarettier meiner apokalyptischen Verkündigung auftreten, denn ich bin ein guter Komödiant, und gerade daran erkennt man mich, ganz zu schweigen von meiner Eignung zum Tierstimmenimitator. Mein leider allzu abhängiger Charakter hat ein großes Talent auch zum akustischen Spiegel.[54]

Kraus schlug prompt mit einer »Magischen Operette in zwei Aufzügen« zurück, der er den Titel *Literatur oder Man wird doch da sehen* gab. Er las diese Arbeit zum erstenmal am 6. März 1921 in Wien vor, einen Monat vor der Premiere des *Spiegelmensch* im Burgtheater. Das Programm dieser Lesung wie auch die Buchausgabe aus demselben Jahr enthielten relevante Auszüge aus dem *Spiegelmensch* sowie die Bemerkung, daß zum vollen Verständnis der Handlung Vertrautheit mit dem *Spiegelmensch* und mit Goethes *Faust* wünschenswert bzw. erforderlich sei.

Zum zweiten Mal demoliert Kraus eine Literatur (jetzt Expressionismus statt Jung-Wien) – jedoch nicht, wie zuvor, durch witzige Glossen und Aperçus, sondern indem er es ihr selber überläßt, ihren Unwert zu offenbaren und das eigene Todesurteil auszusprechen. Wieder ist der Schauplatz ein Café (diesmal nicht das Griensteidl, sondern das Central). Die Werfel-Figur heißt Johann Wolfgang. Sein Vater wirft ihm vor, daß er nicht in sein Geschäft eingetreten sei: »Statt Bücher schreiben, solltet ihr sie führen.«[55] Die Gedichte seines Sohnes, das weiß der Vater vom Hörensagen, sind unoriginell, nachempfunden und erinnern an einen alten Klassiker namens Werfel. Allerdings fällt er selbst, seinem Sohn gegenüber, in poetischen und epigrammatischen Stil. Ganz nach expressionistischer Manier rebelliert der Sohn gegen seinen Vater. Die Worte des Spiegelmenschen: »Das Erbe, dem du nicht entgehen kannst, ermord' es, um es zu besitzen«[56], sind sowohl dem Goethe-Wort »Was du ererbt von deinen Vätern hast, erwirb es, um es zu besitzen« als auch der Version der Expressionisten »Was du ererbt von deinen Vätern hast, verwirf es, um dich zu besitzen« nachempfunden.

Johann Wolfgangs Vetter, Johann Paul, rezitiert exaltiert ein expressionistisches Gedicht aus seiner Feder; er stellt Georg Kulka dar, einen jungen Schriftsteller, der in eins der Programmhefte des Burgtheaters einen angeblich von ihm verfaßten Essay lancierte, der in Wirklichkeit von Jean Paul stammte. (Die Entlarvung Kulkas durch Kraus veranlaßte Albert Ehrenstein, einst angesehenes Mitglied der *Fackel*-Familie, in einem Pamphlet zu behaupten, daß »St. Crausiscus von Narcissi«[57] in seinem Gedicht »Apokalypse«[58] das Neue Testament plagiiert habe.) Andere aktuelle Hinweise gelten zum Beispiel Werfels revolutionärer Rede, die er im Nachkriegs-Wien gehalten und in der er das Volk zum Sturm auf den Bankverein aufgerufen hatte, sowie den Schriftstellern Fritz von Unruh, Hugo Sonnenschein, Stefan Zweig und Hermann Bahr.

Die bürgerlichen Bacchanten und mäandernden Mänaden lassen in dem Café eine Atmosphäre aus journalistischem Jargon, Kaffeehausgeschäften und expressionistischer Exaltiertheit entstehen. Das Stück ist gespickt mit Zitaten aus *Faust* oder Anlehnungen daraus; Johann Pauls Monolog hingegen ist reich an Anspielungen auf das Werk Werfels. Eine der Mänaden vergleicht den *Spiegelmensch* mit dem *Faust*, wobei letzterer schlechter abschneidet. Harald Brüller und Brahmanuel Leiser verkörpern zwei damals verbreitete Weltanschauungen. (H. H. Hahnl hat darauf hingewiesen, daß die Originalgestalt für beide Robert Müller war, der 1914 ein Pamphlet über Kraus veröffentlichte und drei Jahre später in seinem Bühnenstück *Die Politiker des Geistes* Kraus als Ekkehard Meyer, Herausgeber des *Geist*, auftreten ließ. Leiser stellt einen »Bolschewik und Gentleman«[59] dar – so der Titel einer 1920 von Müller herausgegebenen Essay-Sammlung.)[60]

Im zweiten Teil bewegt einen der literarischen Bacchanten die Frage, ob er dem Neo-Katholizismus oder dem Zionismus beitreten soll. Und natürlich tritt Kraus selbst auf. Der Vater kramt die alten Klatschgeschichten aus, in denen Kraus niedriger Instinkte bezichtigt wird. Der Chor stimmt ein: »Das ist sein Vaterkomplex ... Selbsthaß des Judentums! ... Alles was er kann, is uns nachjüdeln! ... Wir haben Material gegen ihn! ... Ich schreib einen Roman gegen ihn ... Ich schreib ein Stück gegen ihn, da wird er fertig sein, der Waschzettel is fertig!«[61] Offensichtlich ist mit dem Sohn wegen des ihm zugedachten mephistophelischen Attributs »der Geist, der stets verneint«[62] Kraus gemeint. Dann betreten Schwarz-Drucker (der Operetten-Benedikt) und sein Freund Frei-Handl die Bühne und bieten den Leuten ihre Dienste (das heißt die *Neue Freie Presse*) an, wenn sie Kraus bekämpfen wollen. »Wer wüßte heute nicht, daß ein einziger Tag unserer Wirksamkeit das Geistesleben entscheidender beeinflußt hat als sämtliche Werke Goethes? ... Wollen Sie Ruhm? Die Presse bringt ihn. Wollen Sie Karriere? Die Presse bringt sie... Denn es gibt nichts, was die Presse nicht bringt.«[63] Schwarz-Drucker tritt vor und singt ein Chanson, das in Kraus' eigener Vertonung eine seiner Glanznummern wurde:

Die Presse

Am Anfang war die Presse
und dann erschien die Welt.
Im eigenen Interesse
hat sie sich uns gesellt.
Nach unserer Vorbereitung
sieht Gott, daß es gelingt,
und so die Welt zur Zeitung
er bringt.

Die Welt war es zufrieden,
die auf die Presse kam,
weil schließlich doch hienieden
Notiz man von ihr nahm.
Auch was sich nicht ereignet,
zu unserer Kenntnis dringt;
wenns nur fürs Blatt geeignet –
man bringt.

Wenn auch das Blatt die Läus hat,
die Leser gehn nicht aus;
denn was man schwarz auf weiß hat,
trägt man getrost nachhaus.
Was wir der Welt auch rauben,
sie bringt uns unbedingt
dafür doch ihren Glauben;
sie bringt.

Sie lesen, was erschienen,
sie denken, was man meint.
Noch mehr läßt sich verdienen,
wenn etwas nicht erscheint.
Wir schweigen oder schreiben,
ob jener auch zerspringt,

wenn uns nur unser Treiben
was bringt.

Die Welt, soweit sie lebend,
singt unsere Melodie.
Wir bleiben tonangebend
von aller Gottesfrüh.
Nach unsern notigen Noten
die Menschheit tanzt und hinkt,
weil Dank sie für die Toten
uns bringt!

Die Zeit lernt von uns Mores,
der Geist ist uns zur Hand,
denn als Kulturfaktores
sind wir der Welt bekannt.
Kommt her, Gelehrte, Denker,
komm, was da sagt und singt,
daß hoch hinauf der Henker
euch bringt!

Wir bringen, dringen, schlingen
uns in das Leben ein.
Wo wir den Wert bezwingen,
erschaffen wir den Schein.
Schwarz ist's wie in der Hölle,
die auch von Schwefel stinkt,
wohin an Teufels Stelle
man bringt![64]

Als der Sohn seinem Vater eine Kaffeetasse an den Kopf wirft, stellt sich ein Spiegelmensch schützend vor den Vater; es ist Kraus, der sich später in der Versenkung auflöst. Der Waschzettel verblüfft darauf alle mit seiner maßlosen rhapsodischen Aussage: »Diese magische Trilogie ist ein Theaterstück, gesäugt an den Brüsten Calderonscher Mystik, Molièrescher Komik, Aristophanischer Drastik und Werfelscher Tiefe.«[65] Der Vater findet zu der Überzeugung, daß »nur die Kunst heute ein Geschäft [ist]«[66], und versöhnt sich daraufhin mit seinem neugeborenen und geläuterten Sohn. Nach dieser Heirat zwischen Geschäft und Literatur tritt der Schriftsteller Franz Blei, als Abbé gekleidet, auf und verkündet die zweite Ehe: »Es lebe der Kommunismus und die katholische Kirche!«[67] Kraus hat seine Parodie auf das Vater-Sohn-Motiv konzentriert, doch folgt er auch anderen Vorgaben des Werfelschen Dramas, zum Beispiel, wenn er aus dem Abbé und den sechsundzwanzig Mönchen, die Werfel am

Ende des Dramas auftreten läßt, sechsundzwanzig Schmöcke macht.[68]

Literatur oder Man wird doch da sehen ist insofern eine Operette, als es eine Ouvertüre, den Eröffnungschor der Bacchanten, Zwischenaktmusik, die Songs der beiden Mänaden und der Chloe Goldenberg sowie das Chanson des Schwarz-Druckers gibt. Die dem Buch beigegebene Notenbeilage trägt die Bemerkung »Musik nach Angabe des Verfassers«. Max Brod beschwerte sich darüber, daß Kraus die ihm gewährte Gastfreundschaft der Familie Werfel schlecht gedankt habe, indem er ein »gänzlich unzutreffendes Schandporträt von Werfels Vater entworfen« habe: »Kein Zug dieser Karikatur stimmt.«[69] Brod berichtet auch, daß Franz Kafka einigen der von Kraus in *Literatur oder Man wird doch da sehen* vorgebrachten Ansichten über die fragwürdige Lage jüdischer Schriftsteller in deutscher Sprache zustimmte.

Die Feindschaft zwischen Kraus und Werfel zeigt sich erneut in Werfels Bühnenstück *Paulus unter den Juden* (1926). Darin behält Paul, ein Verfechter der christlichen Nächstenliebe, die Oberhand über den herzlosen Rabbi Beschwörer, der bis dahin jedermann mit seiner Wort-Eitelkeit in Bann gehalten hatte. Auch Werfels Gedicht »Der Fanatiker«, das im darauffolgenden Jahr erschien, ist von dieser Feindschaft geprägt. Kraus antwortete im Theaterstück *Wolkenkuckucksheim* und in Glossen darauf, die in der *Fackel* erschienen. Kurt Wolff berichtete, Werfel habe in späteren Jahren einem gemeinsamen Freund gegenüber gesagt: »Wenn Kraus so lange gelebt hätte, daß er, wie ich, hätte emigrieren müssen, wäre ich zu ihm gegangen und hätte meinen Frieden mit ihm gemacht.«[70]

»Die Unüberwindlichen«

Mitte und Ende der zwanziger Jahre geißelte Kraus die Allianz zwischen einem Wiener Polizeipräsidenten, der aus bürokratischer »Gemütlichkeit« die Leumundsnote eines korrupten Zeitungsmächtigen retuschiert hatte, und einem Presseboß, der seinen Redakteuren verboten hatte, über den Tod von neunzig Menschen, den der Polizeipräsident zu verantworten hatte, zu schreiben.

Imre (Emmerich) Békessy kam 1920 als Dreiunddreißigjähriger aus seiner Heimatstadt Budapest nach Wien, wo er vier Zeitungen und Zeitschriften gründete und dadurch sehr schnell großen Einfluß auf das öffentliche Leben Wiens gewann. Das Presseimperium konnte in kurzer Zeit einen weiten Kreis von Opportunisten an sich binden. Folgende Zeitungen und Zeitschriften waren unter Békessys Kontrolle: *Die Stunde,* eine 1923 gegründete Tageszeitung (im selben Jahr erhielt Békessy seine österreichische Staatsbürgerschaft); *Die Bühne,* eine illustrierte Wochenschrift; *Die Börse,* ein Finanzblatt; *Die Sphinx,* die Traumdeutungen und Kreuzworträtsel anbot. 1924 war Békessy der ungekrönte Zeitungskönig Wiens und die Hauptfigur im Nachkriegstanz um das Goldene Kalb.

Kraus begann seinen Kampf gegen Békessy, den er die »Buda-Pest« nannte, Anfang 1925. Békessy war für Kraus gleichsam das Synonym für alle Fäulnis der Nachkriegsperiode. Die Artikel von Kraus, von denen mehrere öffentlich vorgetragen wurden, hatten zur Folge, daß *Die Stunde,* die sich als »moderne«, die moralischen Werte erneuernde Zeitung darstellte, Anton Kuh und Felix Salten, zwei Békessy-Günstlinge, veranlaßte, Kraus anzugreifen. Anton Kuh hielt am 25. Oktober 1925 im Wiener Konzerthaus eine verleumderische Stegreifrede auf Kraus, unter dem Titel »Der Affe Zarathustras«. Drei Jahre dauerte die Békessiade. Während dieser Zeit strengte Békessy einen Prozeß an gegen die Herausgeber des Wirtschaftsblattes *Der österreichische Volkswirt,* Gustav Stolper und Karl Federn, die ihn bloßgestellt hatten; auch nutzte er jede Gelegenheit, Kraus eins auszuwischen (beispielsweise druckte er retuschierte Fotos von Kraus ab, auf denen Kraus wie ein Schwachsinniger aussah). Am 25. Juni 1925 rief Kraus im Mittleren Konzerthaussaal vor neunhundert Zuhörern: »Hinaus aus Wien mit dem Schuft!« Dieser schallende Ruf, das Leitmotiv aller folgenden Polemiken[71] von Kraus, wurde bald in ganz Wien gehört, wenngleich, ob aus Trägheit oder Angst, niemand selbst etwas gegen Békessy unternahm. Schließlich konnte mit Hilfe eines mutigen öffentlichen Anklägers, der zwei von Békessys Mitarbeitern hatte stellen können, ein Haftbefehl gegen Békessy erlassen werden. Békessy floh vor seiner Festnahme im Sommer 1926 aus Wien – zunächst nach Paris und später nach Budapest.

Am 30. Januar 1927 hatte in Schattendorf, einem kleinen Grenzort im Burgenland, ein Kampf zwischen zwei paramilitärischen Organisationen stattgefunden. Die rechtsstehende Heimwehr hatte den republikanischen Schutzbund angegriffen und dabei zwei Menschen getötet. Am 14. Juli wurden die Mörder von einem Wiener Gericht freigesprochen, was bei der Bevölkerung große Empörung hervorrief. Am darauffolgenden Tag fand eine Demonstration auf der Ringstraße statt; unbekannte Brandstifter drangen in den Justizpalast ein und steckten Akten in Brand; die Menge versperrte der Feuerwehr den Zutritt in das Gebäude, ungeachtet des Bürgermeisters Karl Seitz an der Spitze der Feuerwehrleute. Die Polizei unter ihrem Präsidenten Johann(es) Schober sah ihre Kontrolle schwinden und schoß in die Menschenmenge – Folge: neunzig Tote und nahezu dreihundert Verletzte. Die Polizei erklärte ihr Vorgehen offiziell damit, daß sie wegen organisierter Demonstranten zu einem solchen Vorgehen gezwungen gewesen sei, doch wurde sie von ausländischen Berichterstattern Lügen gestraft. Jetzt stellte sich auch heraus, daß Schober, der bereits 1926 Kraus gegen Békessy beizustehen versprochen hatte, Békessy geschützt hatte, indem er die vorhandenen, gegen Békessy sprechenden Beweismaterialien hatte verschwinden lassen. Kraus griff nun Schober an, in dem er einen Menschentyp wiedererkannte, der ihm aus der Kriegszeit bekannt war: den jovialen Scharfrichter. Im September 1927 ließ Kraus Plakate mit folgendem Text in Wien anbringen:

> An Johann Schober, Polizeipräsident von Wien.
> Ich fordere Sie auf, abzutreten.
> Karl Kraus
> Herausgeber der »Fackel«

Die Wirkung dieses Plakates wurde allerdings dadurch abgeschwächt, daß von einem Original namens Ernst Winkler, auch als »Goldfüllfederkönig« bekannt, ein Gegenplakat angebracht wurde:

> An Johann Schober, Polizeipräsident von Wien.
> Ich fordere Sie auf, nicht abzutreten.
> Goldfüllfederkönig
> E. W.

Wieder hatte Kraus es mit einer »Realität« zu tun, »die stündlich die Satire einholt«.[72] Die Oktober-Ausgabe der *Fackel* 1927 galt einzig dem Kampf gegen Schober.

Die Unüberwindlichen, ein »Nachkriegsdrama in vier Akten«, hat Kraus von Dezember 1927 bis Februar 1928 geschrieben. Er hat ihm den Kierkegaardschen Aphorismus, der diesem Kapitel vorangestellt ist, als Motto beigegeben und es seinem Freund, dem Rechtsanwalt Oskar Samek, gewidmet, dessen Hilfe in der Békessy-Schober-Affäre besonders wertvoll war.[73] Das Stück verbindet eine Békessiade mit einer Schoberiade. »Wieder, wie in den ›Letzten Tagen‹ einer Menschheit, deren rätselhaftes Fortleben nun doch diese Bilder gewährt hat«, schreibt Kraus im Vorwort, »ist das Dokument Figur geworden, erstanden Berichte als Gestalten, steht die Phrase auf zwei Beinen.«[74]

Der erste Akt ist überschrieben mit »Die von der Pfeife«. Barkassy (Bar-Kasse) heißt der Verleger und Fallotai (»Fallot« mit einer ungarischen Endung) der Verlagssekretär des Skandalblättchens *Die Pfeife*, das – wie Theodor Herzl in anderem Zusammenhang sagte – auf der »Erpresse« gedruckt wird. Barkassy ist über das starke Echo beunruhigt, das der Ausruf »Hinaus aus Wien mit dem Schuft« nach sich zieht, doch Fallotai beruhigt ihn: »Ein Fanatiker wird die Welt nicht ändern, und die Welt hat uns angenommen. Wir sind da! Mehr als das – die Welt gleicht sich uns an! ... Unsere Stärke ist jede Schwäche, die es gibt ... Unser Programm ist, keines zu haben ... Leben und leben lassen, das war der Gedanke, den Sie den Wienern wieder beigebracht haben.«[75] Sie gehen die Liste der »Brote und Zirkusse« durch, die sie den Wienern gegeben haben. Fallotai erinnert Barkassy daran, daß dieser einst einen Redakteur hinausgeworfen habe, weil der die Wahrheit geschrieben hatte, »wiewohl nur in einer unscheinbaren Notiz, kein Mensch hätt es gemerkt«.[76] »Man sagt nicht unnötig die Wahrheit und man lügt nicht ins Blaue«, sagt Barkassy. »Es muß alles hübsch verteilt sein, der Leser soll nicht unterscheiden können – es hat ihm vor den Augen zu flimmern! ... Ich kitzle Achillesfersen.«[77]

Der zweite Akt, »Die Diesbezüglichen«, stellt den Polizeipräsidenten Wacker vor und seine zwei Lakaien namens Hinsichtl und Rücksichtl. Eine Figur heißt Veilchen und hat »negroide Züge«; sie stellt den wirklichen Hofrat Bernhard Pollak dar, den Chef der politischen Polizei. Hofrat Veilchen drischt französische und lateinische Phrasen, immer dieselben und auch bei den banalsten Anlässen.

Kraus teilt die Bühne für zwei Szenen ein, die zum Ort der Handlung werden; so weilt der Herausgeber von *Der Pfeil* namens Arkus (ein Anagramm von Kraus) bei Wakker zu Besuch, während sich nebenan Hofrat Veilchen und Barkassy unterhalten. »Ihre Erfolge als Aufmischer des Wiener Lebens sind unbestritten«[78], sagt der Hofrat, nachdem Barkassy ihn gebeten hat, ihm aus einer Patsche zu helfen. »Die Wiener Polizei ist die letzte, von der ich mir das Geschäft verderben lasse«, erklärt Barkassy. »Ich bin die Wahrheit. Machts die Zeit nicht besser wie sie is. Ich bin der Ausdruck!«[79] Mittlerweile erhält Wacker von Arkus einige aus Budapest stammende und 1923 datierte Schriftstücke, aus denen ersichtlich wird, daß dort sechzehn Verfahren wegen Schwindelei gegen Barkassy anhängig sind. Alle haben jedoch Angst, gegen diesen Erpresser, der schon in der Kriegszeit anrüchige Handlungen begangen hat, vorzugehen. Da ruft Wackers Vorgesetzter Vollmann (gemeint ist Kollmann, der christlich-soziale Finanzminister) an: Alles sei in Ordnung, Barkassys Leumundsnote sei reingewaschen.

Der dritte Akt, »Pariser Leben«, spielt im Boudoir des Baron Camillioni (gemeint ist Camillo Castiglioni, der zweifelhafte und erfolgreiche Finanzier aus der Inflationszeit), der gerade erfahren hat, daß Barkassy unterwegs nach Paris ist. »Echt österreichisch, Faschismus gemildert durch Schlamperei.«[80] Er weiß, daß *Pfeil*-Arkus überall ein Plakat anbringen ließ, »um für sich Reklame zu machen ... Ihn hat er draußen, aber mich kriegt er nicht herein!«[81] Barkassy besucht Camillioni und erzählt ihm von seinem Selbstmordversuch. (Békessy hatte seit 1926 mehrere Selbstmordversuche unternommen; er starb 1951 durch eigene Hand.)[82] Die Unterhaltung zwischen diesen beiden »Renaissanceverbrechern« erschöpft sich im gegenseitigen Bedauern. Camillioni: »Gestern mit Machthabern per du ...« Barkassy: »Heute *perdu*.«[83] Aber Barkassy ist entschlossen, seine Stellung in Wien zurückzuerobern. Als er meint, er werde wie ein Phönix aus der Asche wiedererstehen, erinnert Camillioni ihn daran, daß Phönix der Name einer Wiener Einbruchsversicherungsgesellschaft sei. Doch nach allem, was er vom Privatleben der Wiener Verwaltungsbonzen wisse, müsse Barkassy Polizeipräsident werden. Während dieses Gesprächs unter vier Augen (der Bankier Sigmund Bosel tritt später unter dem Namen Lobes hinzu) bemerkt Camillioni, daß Barkassy ihn bereits acht Millionen gekostet habe; darauf Barkassy: »Ich komme, Sie um eine neunte zu bitten.«[84]

Der letzte Akt, »Stille Nacht, Heilige Nacht«, findet nach dem Justizpalast-Brand und dem Massaker der Polizei statt. (Im Vorwort sagt Kraus, daß die Ereignisse des letzten Aktes zum Zeitpunkt der Niederschrift noch nicht stattgefunden haben, daß die Wirklichkeit das aber sicherlich bald nachholen werde, »denn die bürgerliche Welt des Zerfalls und Zufalls bedarf des Erpressers als Zuchtrute, in einem Stadium der Entartung, wo die revolutionäre Drohung ihre Schrecken verloren hat«.)[85] Im Hauptquartier der Wiener Polizei ist eine Weihnachtsfeier zu Ehren Wackers im Gang. Wacker singt das »Schoberlied« mit dem endlosen Reim auf »Pflicht«. »Daß ich aufs Amt nicht verzicht', das gebietet die Pflicht ... Doch vor's Gericht geh' ich nicht, das ist nicht meine Pflicht.«[86] Die von Kraus stammende Vertonung verbindet den Radetzkymarsch mit dem alten Lied »Üb' immer Treu und Redlichkeit« (letzteres beruht auf Papagenos Arie »Ein Mädchen oder Weibchen« aus Mozarts *Zauberflöte*). Das Schoberlied wurde bald ein Glanzstück von Kraus' Repertoire.[87]

Als die marionettenhaften Hinsichtl und Rücksichtl einmal versehentlich die Wahrheit sprechen (»... daß tatsächlich fast ausschließlich auf wehrlose, fliehende Menschen geschossen wurde«)[88], glaubt Veilchen, irgend etwas sei mit ihnen nicht in Ordnung, und prüft ihren Mechanismus. Später tritt ein prominenter Holländer auf und äußert sich positiv über das Verhalten der Polizei am 14. und 15. Juli. Wacker hält daraufhin sich in Klischees ergehende Reden, in denen er feststellt, nur 90 Menschen seien erschossen worden, von denen 32 kriminell vorbelastet gewesen seien, das gleiche treffe auch auf 74 von den 281 Verletzten zu; die getöteten Kinder seien noch nicht nach ihrem Leumund überprüft worden. Hinsichtl und Rücksichtl treten nacheinander vor und berichten »wie es gewesen ist«: Sogar solche, die die Toten wegtragen wollten, seien von der Polizei erschossen worden; – man habe in ein Theater und ins Rathaus geschossen; – auf jede Ansammlung von Menschen sei geschossen worden; – schwangere Frauen seien zu Tode getrampelt worden; – sogar auf einen Wagen der Rettungsgesellschaft habe man geschossen; Ärzte seien geschlagen, Feuerwehrleute angegriffen, Kinder erschossen worden. Und nach so einem Blutbad sei der Polizei das Vertrauen ausgesprochen worden! »Die Wiener Tage haben bewiesen, daß die Polizei der österreichischen Hauptstadt zu den mittelalterlichsten Einrichtungen gehört.«[89]

Wie ein doppelter Dybbuk scheinen diese beiden zur Stimme vieler Menschen geworden zu sein, darunter auch Augenzeugen, die die Polizei in ihrer »Watschenmaschine« geschlagen und eingeschüchtert hat. Doch als Wacker die magischen Worte »Treue um Treue«[90] spricht, verwandeln sich beide zurück in gehorsame Untertanen. Wacker schiebt ihre Rückfälle auf Überarbeitung und auf den Einfluß von Schriftstücken des Feindes, die sein Personal zu lesen gezwungen war. Ein Mann namens Ramatamer (im Wiener Dialekt »Reinemacher«), der bisher in Polizeigewahrsam gewesen war, hält betrunken einen Monolog über seine »Heldentaten«. Dann liest Veilchen ein Telegramm über Barkassys Rückkehr vor, und dieser ist sofort zur Stelle, bereit zu vergeben, zu vergessen und eine *Neue Pfeife* zu gründen. Nun, da er wieder Wiener Boden unter den Füßen spürt, fühlt er sich stark wie Antäus. »Was, man verbannt den Mann, der wie kein anderer zum Herzen des Wienertums gesprochen hat? ... Ich habe die Nachbehandlung der sogenannten Revolution durchgeführt, aber man hat mich unterbrochen ... ich mußte zurückkommen, denn ihr brauchts mich. Eure Gesellschaft hält es ohne mich nicht aus. Ihr werdet's zu übermütig.«[91] Barkassy vergibt Wacker großmütig und fragt ihn, welche Maßnahmen er gegen Arkus einleiten wolle. Sie einigen sich darauf, ihn mit Schweigen zu bestrafen. »Ich komme heute darauf«, sagt Barkassy, »daß die vornehme Taktik der *Neuen Freien Presse* die einzig richtige war ... Wir können wohl beide behaupten, daß wir seine Eitelkeit tiefer verletzt haben, als uns jemals seine Satire verletzen könnte.«[92] Wacker hat gehört, daß Arkus ein neues Stück über die »scheinbar so entgegengesetzten« Welten der beiden schreibt, die jedoch, wie Barkassy meint, in Wirklichkeit eng miteinander verbunden sind. Zu einem tragikomischen Finale kommt es schließlich unterm Weihnachtsbaum, wo Barkassy überlegt, ob man zu »Stille Nacht, Heilige Nacht« den Charleston tanzen könnte.

Kraus las im Mai 1928 dieses Stück in Wien, Prag und Berlin, und nachdem es im Mai 1929 in einem Künstlerstudio in Dresden aufgeführt worden war, folgte die offizielle Premiere der *Unüberwindlichen* am 20. Oktober 1929 in Berlin mit folgender Starbesetzung: Peter Lorre als Barkassy, Ernst Ginsberg als Arkus, Hans Peppler als Wacker, Leonhard Steckel als Veilchen und Kurt Gerron als Camillioni. Der Karikaturist B. F. Dolbin entwarf das Bühnenbild und war verantwortlich für Kostüme und Maske. Das Naziblatt *Der Stürmer* schrieb über diese Aufführung, das Stück sei ein Lobgesang auf die jüdische Rasse im Gegensatz zur deutschen, da seine »Helden« Juden seien. Weitere Aufführungen wurden auf Anordnung der österreichischen Botschaft verboten; im November und Dezember 1931 wurde es in Leipzig aufgeführt. Das Stück *Die Unüberwindlichen* ist im Grunde genommen nur eine dramatisierte Sonderausgabe der *Fackel*. Beurteilt man es im Lichte der späteren Entwicklung des deutschsprachigen Theaters, könnte man es wegen der Einbeziehung zeitgenössischer geschichtlicher Ereignisse und Persönlichkeiten als einen Vorläufer des Dokumentarstückes ansehen. So wie das Drama *Die letzten Tage der Menschheit* Technik und Inhalt des Brechtschen Stückes *Furcht und Elend des Dritten Reiches* beeinflußt haben kann, könnte man *Die Unüberwindlichen* als Vorläufer von Brechts *Der aufhaltsame Aufstieg des Arturo Ui* sowie von Sartres *Nekrassov* verstehen.

Békessy kehrte nicht nach Wien zurück, was bedeutet, daß Kraus einer Clique und einer Claque hat Paroli bieten können und Békessy trotz der korrupten offiziellen Klüngelwirtschaft eigenhändig aus Wien hinausgeworfen hat. Damit hatte Kraus dieses eine Mal den »Großen Krummen« erfolgreich geschlagen. Doch grundlegend veränderte sich dadurch nichts: Kanzler Seipel pries Johannes Schober als einen »Hort der Republik«; Schober wurde im Jahre 1929 für ein Jahr Österreichs Bundeskanzler. Kraus mußte mit ansehen, wie seine Verehrer sich zu Verleumdern wandelten, und sich eingestehen, daß in der ersten österreichischen Republik die geballte Macht aus Presse, Finanzwelt und Polizei in der Tat unüberwindlich war.

SIEBENTES KAPITEL

Das Theater der Dichtung

Darsteller: Karl Kraus

Der öffentliche Vortrag von eigenen und fremden Werken diente Karl Kraus nicht nur zur Erweiterung seines Einflußbereichs – wie das bei Lesereisen erfolgreicher Autoren und Gelehrten im allgemeinen der Fall ist. Die öffentliche Lesung war Bestandteil seiner Produktivität und vielleicht der Höhepunkt seiner Wirksamkeit. Bei diesen Gelegenheiten diente er der Sprache, indem er dem gesprochenen Wort zu seinem Recht verhalf. Er nannte seine Leseabende »Theater der Dichtung« – Ausdruck seiner Liebe zum Theater und gleichzeitig des Protestes gegen die Oberflächlichkeit des wirtschaftlich abhängigen Theaters. Viele Jahre lang wurden seine literarischen Abende schlicht als »Vorlesung Karl Kraus« angezeigt; ab 1925 setzte Kraus dann den Untertitel »Theater der Dichtung« hinzu. In seinen letzten Lebensjahren zeigte er seine Leseabende als »Theater der Dichtung. Darsteller: Karl Kraus« an. Mit einem gewissen Recht können alle seine Lesungen als »Theater der Dichtung« verstanden werden, bedenkt man, daß mit »Dichtung« nicht nur Poesie, sondern allgemein Literatur gemeint sein kann. Kraus sagte über sich selbst, daß er wahrscheinlich der erste Schriftsteller sei, der das Schreiben wie ein Schauspieler erfahre: »Wenn ich vortrage, so ist es nicht gespielte Literatur. Aber was ich schreibe, ist geschriebene Schauspielkunst.«[1] Allgemeiner beschreibt er diesen Zusammenhang an anderer Stelle: »Literatur ist, wenn ein Gedachtes zugleich ein Gesehenes und ein Gehörtes ist.«[2]

Kraus' erste Lesung fand am 21. Oktober 1892 vor einem privaten Kreis in Wien unter dem Titel »Im Reiche der Kothpoeten oder Zwei Stunden modern« statt, bei der er aus den Werken von Liliencron, Bierbaum, Holz, Busse und anderen Naturalisten vortrug. Die nächste Lesung war im August in Ischl; Kraus las aus Gerhart Hauptmanns Drama *Die Weber* und hatte damit so großen Erfolg, daß er diese Lesung in München und Wien wiederholte. Eigenartigerweise fanden dann viele Jahre lang keine Lesungen statt; erst im Januar 1910 las er in Berlin wieder aus eigenen Werken. Die Lesung am 3. Mai 1910 in Wien, bei der er *Heine und die Folgen* las, fand solchen Andrang, daß er sie vier Wochen später wiederholte. Im Dezember 1910 ging Kraus auf seine erste Vortragsreise. Insgesamt hat er siebenhundert öffentliche Lesungen gehalten; die letzte fand am 2. April 1936 vor geladenen Gästen statt. Die Lesungen verteilen sich wie folgt: 414 in Wien, 105 in Berlin, 57 in Prag, 17 in München und 10 in Paris; die übrigen verteilen sich auf verschiedene deutsche, österreichische, schweizerische, tschechische, ungarische und italienische Orte. Die dreihundertste Lesung fiel zufällig mit dem fünfundzwanzigsten Jahrestag der *Fakkel* zusammen und die fünfhundertste mit dem dreißigsten. Kraus, der eine Vorliebe für Statistiken hatte, sagte, er habe 260 mal seine eigenen Arbeiten vorgetragen, 302 mal die anderer Autoren und 138 mal »Gemischtes«.

Mit dem »Theater der Dichtung« wollte Kraus dem Zuhörer einen Einblick in den kreativen Prozeß geben; er wollte ihn teilhaben lassen an der schöpferischen Spannung, der Leidenschaft und der für sein Werk charakteristischen Katharsis. Der Vortrag seiner Werke sollte daher nicht entspannen oder nur unterhalten. Zweifellos hatten solche Abende für ihn im gewissen Sinne eine therapeutische Funktion, da sie ihm eine große psychologische Befriedigung gaben. Die Haltung seinen Zuhörern gegenüber ist in dem Epigramm »Der Vorleser« wiedergegeben:

> Ich muß sie alle vereinen,
> die ich einzeln nicht gelten lasse.
> Aus tausend, die jeder was meinen,
> mach' ich eine fühlende Masse.
> Ob der oder jener mich lobe,
> ist für die Wirkung egal.
> Schimpft alle in der Garderobe,
> ihr wart mir doch wehrlos im Saal![3]

»Die Atmosphäre einer solchen Vorlesung«, schrieb Liegler, »ist voll angespannter Energie, weil immer der Eine gegen alle steht und weil dieser Eine in einem ungeheuren öffentlichen Gerichtsverfahren die Welt vor seinen Richterstuhl ruft. Die Hörer werden durch die Gewalt dieses Pathos ihrem kleinen Selbst entrückt und auf eine Höhe des Erlebens hinausgetragen, wohin sie kaum jemals aus eigener Kraft gelangt wären.«[4] Kraus versuchte, Wirkung durch wenig Mittel zu erzielen. Er war der Meinung, daß es die vorrangigste Aufgabe des Theaters sei, die Phantasie anzuregen und das dichterische Wort zur Geltung zu bringen und nicht durch unnötige Bühneneffekte in den Hintergrund zu drängen, wie dies bei Max Reinhardt durch die übermäßige Ausstattung und bei Erwin Piscator durch die technischen Vorgaben der Fall sei. Kraus verzichtete auf die bei Reden und Vorträgen übliche Dekoration, sogar auf das obligatorische Wasserglas. Nie rezitierte er auswendig: »Nicht Gedächtnis, sondern Geistesgegenwart ist das Element, aus dem auf dem Podium geschöpft wird.«[5] Seine Stimme, die den größten Saal füllen konnte, war zur Modulation lyrischer Töne ebenso fähig wie zu dramatischer Explosivität. Mit ihrem Wohlklang, ihrer Resonanz und Ausdruckskraft hatte sie eine gewisse Ähnlichkeit mit der des Schauspielers Alexander Moissi (der von Kraus nicht verehrt wurde). Wie unmittelbar er seine Gedanken auf die Zuhörer übertragen konnte, wird von Erich Heller anschaulich beschrieben:

Was den faszinierten Zuhörern geboten wurde, war keineswegs eine Darstellung verschiedenartiger Figuren, denn er lief weder auf der Bühne hin und her, noch veränderte er seine Stimme wie ein Bauchredner. Und doch war der Raum erfüllt von einer Vielfalt an Stimmen und vibrierte geradezu vor echter dramatischer Spannung. Es schien, als wäre die zwischen des Dichters dramatischer Vorstellungskraft und den unvermeidlichen Unzulänglichkeiten des wirklichen Lebens seiner Bühnenfiguren bestehende Kluft nicht mehr vorhanden. Karl Kraus führte seine Zuhörer geradewegs zum Kern poetischer Schöpferkraft ... Sein Theater verlieh der dramatischen Poesie das Privileg, das jedem erstklassig vorgetragenen Musikstück zugestanden wird: die Unmittelbarkeit der Mitteilung, die von keiner schwerfälligen Materie gestört wird.[6]

Die dänische Schriftstellerin Karin Michaelis hat eine Kraus-Lesung aus dem Jahre 1911 beschrieben:

Alle Lichter waren ausgeschaltet. Nur zwei Kerzen auf dem grün bezogenen Tisch verbreiteten ihren Schein. Ihr Flackern war unheimlich. Da kommt Kraus herein. Jung, mit fahrigen Bewegungen, scheu wie eine Fledermaus geht er hastig auf den Tisch zu, verbarrikadiert sich unruhig dahinter, schlägt die Beine übereinander, fährt sich über die Stirn, putzt sich die

Nase, konzentriert sich, wie ein Raubtier vor dem Sprung, hält inne, öffnet seinen Mund, als wollte er zubeißen, schließt ihn wieder, wartet.

Ein unendlich zartes, unendlich trauriges Lächeln überzieht sein Gesicht. Ein flüchtiger, würdevoller, schüchterner Ausdruck der Freude läßt alle Strenge dieses intelligenten, Verbitterung andeutenden Gesichtes dahinschmelzen. Seine nervösen Hände streichen über das Manuskript, das er mitgebracht hat. Er beginnt – fest, nachdenklich, energisch, zwingend, bezwingend durch Überzeugung. Hätte er chinesisch oder persisch gesprochen, die Menschen hätten ihm mit gleicher Spannung zugehört. Sein eigenes inneres Feuer hat die gleiche Wirkung wie die Funken einer Lokomotive, die durch eine sonnengedörrte Prärie rast: alles entflammt, wenn er spricht. Eineinviertel Stunden lang schwingt er die Klinge des Wortes. Einmal ist seine Stimme rauh vor unterdrücktem Zorn, dann wieder klingt sie melodiös, als wollte er ein Volkslied anstimmen. Jetzt erhebt sie sich zu einem brausenden Sturm, in dem man das Wort kaum vom Schrei unterscheiden kann, und im nächsten Moment durchfährt sie die Luft wie der Streich eines blitzenden Schwertes ... er hält inne und eilt hinaus. Er eilt, flieht – sein Schatten erhebt sich riesenhaft an der schwarzen Wand – und verschwindet hinter dem Vorhang.[7]

Nach einer Lesung in Innsbruck im Jahre 1911 charakterisierte Georg Trakl, der Kraus zum erstenmal hörte, ihn wie folgt:

Karl Kraus: Weißer Hohepriester der Wahrheit,
Kristallne Stimme, in der Gottes eisiger Odem wohnt,
Zürnender Magier,
Dem unter schwarzem Mantel der blaue Panzer des Krieges klirrt.[8]

Kraus' angstvollste Minuten an diesen Leseabenden spielten sich immer zwischen dem grünen Zimmer und dem grünen Tisch ab, denn da überfiel ihn plötzlich die Furcht, sich als Privatperson bloßzustellen. Doch mit den ersten Worten war er in seinem Element. Statt sich am Ende mit einer Verbeugung für den Applaus zu bedanken, erschien er gewöhnlich nur noch einmal, das Publikum fixierend.

Kraus bereitete einen Leseabend mit der gleichen Sorgfalt vor, die er auf die Zusammenstellung einer *Fackel*-Ausgabe oder die Herausgabe eines Buches verwandte. Die ausgedruckten Programme für einen solchen Abend – heute bereits Sammlerstücke – waren bis ins Detail konzipierte Arbeiten, die manchmal über die Umstände von Erstaufführungen und -drucken informierten oder die Vorgeschichte und die Bedeutung eines Werkes charakterisierten. Walter Benjamin wies darauf hin, daß der »Stacheldraht« der redaktionellen Ankündigungen, mit dem jede Ausgabe der *Fackel* umgeben schien, wie auch die scharfen Definitionen in den Programmen im Grunde genommen Abwehrmechanismen gewesen seien.[9] Es überrascht nicht, daß die Leseabende, die von vielen tausend begeisterten Zuhörern besucht waren, mit keinem Wort in der österreichischen Presse erwähnt wurden.

Anzeigen in der *Fackel* und Hinweise an Litfaßsäulen genügten, um die Säle zu füllen. Einige der Wiener Säle, wie etwa der akustisch ideale Bösendorfersaal und der große Saal der Urania, standen aus Furcht vor der Presse anfangs nicht zur Verfügung, doch öffnete der große Erfolg der Leseabende schließlich auch deren Türen.

Von Kriegsbeginn an bis zum Ende seines Lebens hat Kraus die Einnahmen aus diesen Lesungen wohltätigen Zwecken zugeführt. Er unterstützte beispielsweise kranke oder arme Dichter wie Peter Altenberg und Else Lasker-Schüler, die Kinderhilfe, Blinde und Hungernde, arbeitslose Jugendliche und die Fürsorgemission der Quäker. In einem Fall ging ein Teil der Einnahmen an »einen 15jährigen Jungen, der kürzlich den erfolglosen Versuch unternommen hatte, seinen arbeitslosen Vater vor dem Selbstmord zu bewahren«.[10] Auch das Geld, das Kraus aus gewonnenen Prozessen wegen Plagiats oder aus Nachdrucklizenzen erhielt, gab er für wohltätige Zwecke.

Kraus las regelmäßig aus den Werken von Gerhart Hauptmann (*Die Weber* und *Hanneles Himmelfahrt* zog er den späteren Dramen vor), Bertolt Brecht, Peter Altenberg, Frank Wedekind (*Die Büchse der Pandora*), Goethe (den dritten Akt aus *Faust* II), Liliencron, Gogol (*Der Revisor*), Strindberg und Raimund (*Der Verschwender*). Seine Lesungen aus dem Werk fast vergessener Dichter des siebzehnten und achtzehnten Jahrhunderts von Gryphius bis Matthias Claudius (wie Paul Fleming, Johann Klaj, J. C. Günther. J. E. Schlegel, Hölty, Göckingh) veranlaßten die Herausgabe verschiedener Anthologien.[11] Im Februar 1920 waren für Innsbruck zwei Kraus-Leseabende angesagt, von denen der eine jedoch von der Polizei verboten wurde, weil pangermanische Studenten, von der Presse angetrieben, den Abend zu stören drohten.

Zu Beginn der zwanziger Jahre kamen immer mehr Arbeiter in Kraus' Vorlesungen; die Kulturstelle der Sozialdemokratischen Partei allerdings nahm Kraus die Kritik an ihrer Parteipolitik übel und tat bald alles in ihrer Macht Stehende, um diesen Störenfried zu isolieren. In den Jahren 1925 bis 1927 veranstaltete Kraus Lesungen auch in Paris, wo er meist aus seinen pazifistischen Schriften las. (1925 schlugen neun französische Professoren, unter anderen Charles Andler, Ferdinand Brunot und Lucien Lévy-Bruhl, Karl Kraus für den 1926 zu vergebenden Nobelpreis für Literatur vor; ein solcher Vorschlag ist später noch zweimal wiederholt worden.)[12] Am 14. Dezember 1930 las Kraus vor dreihundert Wiener Gymnasiasten auf deren Wunsch Shakespeares *Das Wintermärchen.* Im Januar 1932 enthielt sein Programm Gedichte und Szenen von Bert Brecht, die Kurt Weill am Klavier begleitete.

Zu vielen seiner literarischen und theatralischen Abendprogramme gehörten auch Lieder und andere musikalische Einlagen. Die Klavierbegleitung übernahmen ab 1914 Georg Knepler, Viktor Junk, Egon Kornauth, Franz Mittler, Josef Bartosch, Karl Mayer, Otto Janowitz, Bruno Hartig, Jan Sliwinski, Friedrich Hollaender, Theo Mackeben, Karol Rathaus, Eugen Auerbach und Herbert Breth Mildner. Franz Mittler, Erst Křenek, Mechthilde Lichnowsky, Joseph Matthias Hauer, Dora Pejacsevich und Eugen Auerbach haben Texte von Kraus vertont, und nicht selten enthielt das ausgedruckte Programm den Vermerk »Musik nach Angabe des Vortragenden«.

Nestroy, Shakespeare, Offenbach

Kraus ist das Verdienst zuzuschreiben, das Interesse an dem österreichischen Bühnenautor und Schauspieler Johann Nestroy, dem philosophischen Spaßmacher und satirischen Genie Wiens im neunzehnten Jahrhundert, wieder geweckt zu haben. Schon im Dezember 1901 verteidigte er Nestroy in einem *Fackel*-Aufsatz gegen herabwürdigende Bemerkungen Theodor Herzls. Zu Nestroys fünfzigstem Todestag im Jahre 1912 hielt Kraus im Großen Musikvereinssaal die Ansprache »Nestroy und die Nachwelt«, die im Mai desselben Jahres in der *Fackel* abgedruckt wurde und einen Monat später in Buchform erschien.[13] Darin nennt er seine Zeitgenossen »Insassen einer Zeit, welche die Fähigkeit verloren hat, Nachwelt zu sein«[14], und preist den »Geist, der heute fünfzig Jahre tot ist und noch immer nicht lebt ... In den fünfzig Jahren nach seinem Tode hat der Geist Nestroys Dinge erlebt, die ihn zum Weiterleben ermutigen. Er steht eingekeilt zwischen den Dickwänsten aller Berufe, hält Monologe und lacht metaphysisch.«[15] Offensichtlich erblickte Kraus einen gleichgesinnten Geist in diesem Dramatiker, dem ersten deutschsprachigen Satiriker, der die Vieldeutigkeit der Sprache zum Ausgangspunkt seiner satirischen Streifzüge gemacht hatte. »Nestroy ist der erste deutsche Satiriker, in dem sich die Sprache Gedanken macht über die Dinge«, schreibt Kraus. »Er erlöst die Sprache vom Starrkrampf, und sie wirft ihm für jede Redensart einen Gedanken ab ... In Nestroy ist so viel Literatur, daß sich das Theater sträubt, und er muß für den Schauspieler einspringen. Er kann es, denn es ist geschriebene Schauspielkunst.«[16] Kraus war davon überzeugt, daß Nestroy den Wiener Dialekt, kontrastierend mit hochdeutschen Passagen, als Kunstmittel, nicht aber, wie Leopold Liegler meinte, als Hilfsmittel eingesetzt habe. Diese Meinungsverschiedenheit führte später sogar zur Entfremdung zwischen Kraus und Liegler, der vorgeschlagen hatte, die Dialektstellen in Nestroys Texten zu einem verfeinerten Wiener Dialekt hochzustilisieren.

Kraus initiierte mit seinen Essays, Bearbeitungen und Lesungen eine Nestroy-Renaissance. Im Januar 1923 las er, im Rahmen seines ersten Nestroy-Zyklus, seine Adaptionen von neun Nestroy-Stücken vor; es folgten drei weitere Zyklen. Insgesamt gab es fast hundert Nestroy-Abende, an denen Kraus nicht nur Meisterwerke wie *Der Talisman*, *Der Zerrissene*, *Der böse Geist Lumpazivagabundus* und *Die schlimmen Buben in der Schule* vorstellte, sondern auch weniger bekannte Werke wie *Eisenbahnheiraten oder Wien, Neustadt, Brünn*, *Das Notwendige und das Überflüssige* (1920 gedruckt), *Der konfuse Zauberer* (gedruckt 1925), *Eine Wohnung ist zu vermieten ...*, *Weder Lorbeerbaum noch Bettelstab*, *Judith und Holofernes*, *Tritschtratsch* und *Liebesgeschichten und Heiratssachen*. Wenngleich diese Stücke nur ein Siebentel des Gesamtwerkes von Nestroy umfassen, Kraus gelang es doch, den brillanten Gesellschaftssatiriker und das Sprachgenie Nestroy vorzustellen.

Shakespeare war für Kraus zeit seines Lebens eine Herausforderung. Hinweise auf Shakespeare und Zitate aus seinem Werk finden sich in Kraus' Schriften reichlich. Von 1916 (als er *Die lustigen Weiber von Windsor* vorstellte) bis 1936 las Kraus seine Bearbeitungen von dreizehn Shakespeare-Dramen. Kraus plante die Herausgabe dieser Bearbeitungen in einer vierbändigen Sammlung; zwei Bände sind erschienen: *Shakespeare's Dramen. Für Hörer und Leser bearbeitet, teilweise sprachlich erneuert.* Der erste Band (1934) enthält seine Bearbeitung von *König Lear, Der Widerspenstigen Zähmung, Das Wintermärchen.* Der zweite Band (1935) enthält seine Bearbeitung von *Macbeth, Die lustigen Weiber von Windsor, Troilus und Cressida.* Zwei weitere Bände sollten seine Bearbeitung von *Verlorene Liebesmüh, Maß für Maß, Coriolanus, Antonius und Cleopatra, Hamlet, Timon von Athen* (dieses Stück war schon 1930 separat veröffentlicht worden) enthalten. 1933 veröffentlichte Kraus seine Version der *Sonette.*[17]

Kraus stellte Shakespeare in den Mittelpunkt seines »Theaters der Dichtung«, weil er sich davon eine sprachliche und dramaturgische Wiederbelebung Shakespeares erhoffte. Damit stellte er sich gegen die damaligen Shakespeare-Inszenierungen, auch gegen die des Wiener Burgtheaters; Kraus glaubte, besser als alle bisherigen Übersetzer den Shakespeareschen Geist zu treffen. Seine Bearbeitungen der Shakespeare-Dramen sind eher Nachdichtungen als Übersetzungen. Kraus, der so gut wie keine Kenntnisse der englischen (oder irgendeiner anderen) Sprache besaß, benutzte vorhandene Übersetzungen, die Schlegel-Tieck-Übersetzung, die Übersetzungen von Bürger, Schiller, Bodenstedt, Mommsen, Gundolf und anderen.[18] Im übrigen ließ er sich von seinem poetischen Gespür und seinem Sprachinstinkt leiten. Seine Nachdichtung der *Sonette*, mit der er Shakespeare in die deutsche Dichtung einreihen wollte, standen in programmatischer Opposition zu den Übersetzungen von Stefan George, die seiner Meinung nach beide Sprachen vergewaltigten.[19]

Zweifellos hätte Kraus die Ansicht Walter Benjamins über die Aufgabe des Übersetzers geteilt: »Anstatt dem Sinn des Originals sich ähnlich zu machen, [muß] die

Übersetzung liebend vielmehr und bis ins einzelne hinein dessen Art des Meinens in der eigenen Sprache sich anbilden... Jene reine Sprache, die in fremde gebannt ist, in der eigenen zu erlösen, die im Werk gefangene in der Umdichtung zu befreien, ist die Aufgabe des Übersetzers.«[20] Da Kraus das Orignal nicht lesen konnte, war eine wortgetreue Übersetzung von vornherein ausgeschlossen und lag ihm der Gedanke nahe, daß der Übersetzer dem Geist stärker als dem Buchstaben des Originals verpflichtet sei.

Der Wiener Rechtsanwalt Richard Flatter, anerkannter Shakespeare-Übersetzer, war hier anderer Meinung. In einem 1934 veröffentlichten Pamphlet widerspricht er Kraus' Ansicht, nur einem Dichter könne eine Shakespeare-Übersetzung gelingen, da dieser das Original nicht gelesen haben muß, um aus einer Übersetzung eine »Dichtung«, also ein Kunstwerk zu machen. Flatter, der darauf hinweist, daß es Kraus' im April 1926 in der *Fackel*[21] abgedruckte neue Versionen der ersten beiden Hexenszenen aus *Macbeth* gewesen seien, die ihn zu seiner Shakespeare-Übersetzung herausgefordert hätten, nennt denjenigen einen »überheblichen Dilettanten«, der shakespearischer zu sein glaubt als Shakespeare.[22] Nach einer Durchsicht der Krausschen Shakespeare-Bearbeitungen betont Albert Bloch, der amerikanische Übersetzer von Kraus, diese seien zwar gekürzt und manchmal in ihrem Handlungsverlauf umgestellt, doch sei die Bearbeitung in Hinblick auf eine Bühnendarstellung gelungen. »Mit dieser Ausgabe ... als Leitfaden«, so schreibt Bloch, »könnte ein Dramaturg, der Kraus' Anweisungen genau befolgt, Szene für Szene die Originale für unsere Bühne wiederbeleben.«[23]

Über die von Kraus bearbeiteten *Sonette* bemerkt Bloch, daß diese weniger eindrucksvoll geworden wären, wenn Kraus Englischkenntnisse besessen hätte. »Diese Sonette sind vielleicht auf den ersten Blick nicht als die Shakespeareschen identifizierbar«, räumt Bloch ein, »sondern als ein Werk von Karl Kraus ... Herausgefordert durch die hoffnungslos affektierte Stümperarbeit Stefan Georges sowie durch die ebenso untauglichen eigenen Versuche, dem Original wortwörtlich zu folgen, nahm er sich diese Flickwerk-Versionen vor und arbeitete, unter zeitweiliger Zuhilfenahme einiger vorliegenden Übersetzungen, an den

Sonetten ... baute sie neu auf ... und gab ihnen eine in sich geschlossene Gestalt, damit sie endlich wieder des Namens Shakespeare würdig sein könnten.«[24]

Offenbach stand Kraus schon seit seiner Jugend, als er in Baden bei Wien einige seiner Operetten kennengelernt hatte, nahe. »Ich kann mir denken, daß ein junger Mensch von den Werken Offenbachs, die er in einem Sommertheater zu hören bekommt, entscheidendere Eindrücke empfängt als von jenen Klassikern, zu deren verständnisloser Empfängnis ihn die Pädagogik antreibt. Vielleicht wird seine Phantasie zur Bewältigung der Fleißaufgabe gespornt, sich aus der *Schönen Helena* das Bild jener Heroen zu formen, das ihm die *Ilias* noch vorenthält. Vielleicht könnte ihm das Zerrbild der Götter den wahren Olymp erschließen.«[25] Kraus nennt Offenbach den »größten Musikdramatiker aller Zeiten«, einen »Genius der Fröhlichkeit« und den »überhaupt größten satirischen Schöpfer aller Zeiten und Kulturen«.[26]

Kraus stellt die Operette vor die Oper. In *Sprüche und Widersprüche* erklärt er die Oper als unsinnige Veranstaltung, weil sie die vorausgesetzte reale Welt mit Menschen bevölkere, die bei einer Eifersuchtsszene, bei Kopfschmerz oder bei einer Kriegserklärung singen, ja sogar sterbend auf die Koloratur nicht verzichten. In der Operette sei die Absurdität a priori gegeben und der Gesang bloß ein Weg der Verständigung; Kausalität sei aufgehoben, und niemand erwarte Rationalität. In der Oper gerieten das Musikalische und das Theatralische miteinander in Widerstreit, und daraus resultiere notwendigerweise eine Parodie, die Wagners Konzept des »Gesamtkunstwerks« ins Lächerliche ziehe. Allein in der Operette können Handlung und Gesang eine Einheit bilden, da die Operette »die Narrheit zur Voraussetzung hat«,[27] wobei die Musik diese Narrheit verkläre. Der Operettenunsinn sei rauschhafte Romantik. Doch werde die Operette in den gegenwärtigen unromantischen Zeiten mehr und mehr nach der Vernunft ausgerichtet und »psychologisiert«, was zur Folge habe, daß der Operettenunsinn nicht mehr geistreich sei. »Erst jetzt, da das Genre Vernunft angenommen und den Frack angezogen hat, wird es sich die Verachtung verdienen, die ihm die Ästhetik seit jeher bezeigt hat.«[28]

Kraus bezog sich mit dieser Aussage auf die Operetten von Franz Lehár, Emmerich Kalman und anderen zeitgenössischen Komponisten, die er für unwahr und geistlos hielt. Im Gegensatz dazu seien Offenbachs Operetten nicht nur eine subtile Persiflage auf die Oper, sondern wirkungsvolle Gesellschaftssatire. Sie böten intellektuelle Entspannung und Erholung, lösten alle Ungerechtigkeiten, Gefahren und Schrecken der modernen Welt in törichte Märchen auf und verwandelten die Dissonanzen der Wirklichkeit in fröhliche Wohlklänge.

Offenbach gewann im »Theater der Dichtung« immer größere Bedeutung. In seinen schwierigen letzten Jahren beschäftigte Kraus sich mehr mit Offenbachs Märchen-Operetten (*Die Reise nach dem Mond, Die Insel Tulipatan, Die Prinzessin von Trapezunt, Fortunios Lied*) als mit dessen zeitbezogenen Satiren. Mit Zustimmung und unter Mitarbeit von Jacques Brindejont-Offenbach und anderen Familienmitgliedern des Komponisten stellte Kraus vierzehn Operetten Offenbachs vor. Drei davon wurden in Kraus' Übersetzung aufgeführt und erschienen im Druck (*Madame L'Archiduc* 1927, *Perichole* 1931, *Vert-Vert* 1932).[29] Bei den anderen Operetten (*Die Kreolin, Die Schwätzerin von Saragossa, Die Großherzogin von Gerolstein, Blaubart, Pariser Leben, Die Seufzerbrücke, Die Briganten* und die oben erwähnten) handelte es sich um Überarbeitungen bereits vorhandener deutscher Übersetzungen. Bezeichnenderweise fehlen in dieser Liste Offenbachs populärste Operetten *Die schöne Helena* und *Orpheus in der Unterwelt*.

Musikwissenschaftler und Kulturhistoriker sind der Pionierarbeit Karl Kraus verpflichtet, hat er doch die Originale oder zumindest die zuverlässigsten Fassungen der Operetten Offenbachs zusammengetragen und zeitgenössische Kritiken und Erstaufführungsdaten für Paris und Wien recherchiert. Bei dem Versuch, eine Offenbach-Renaissance einzuleiten, mußte Kraus nicht nur Offenbachs Bedeutung rechtfertigen, sondern sich auch mit unfähigen oder mißgünstigen Literaten, skrupellosen Theaterleuten und ignoranten Verlegern auseinandersetzen. In seinen letzten Jahren konnte Kraus mit einer gewissen Befriedigung registrieren, daß im Programm »Die Funkstunde« des Berliner Rundfunks seine Offenbach- und Shakespeare-Bearbeitungen gesendet wurden. Von 1930 bis 1932 leitete Kraus eine Sendereihe über Offenbach, bei der er Regie führte. Seine Übersetzung der Operette

La Perichole wurde 1931 an der Berliner Staasoper aufgeführt.

Von seinen siebenhundert Vorlesungen widmete Kraus einhundertdreiundzwanzig Offenbach, und zudem las Kraus an einigen Abenden Auszüge aus Offenbachs Werk. Die Programme enthielten manchmal die folgende Anmerkung: »Die Gestaltungen der geistigen Welt Offenbachs müssen und wollen den Anspruch auf eine musikalische Interpretation im streng technischen Sinne unerfüllt lassen. Die Wiedergabe erfolgt ohne Kenntnis der Notenschriften.« Kraus konnte nicht nur keine Noten lesen, er konnte auch nicht gut singen. Seine Stimme eignete sich eher zu einer Art Sprechgesang im Sinne Schönbergs und Bergs. Doch durch seine Intuition und sein Einfühlungsvermögen, seinen Sinn für Rhythmus, sein Talent als Imitator und seinen moralischen Fanatismus gewann sein Gesang an Ausdruckskraft. In einer kurzen Ansprache vor der Erstaufführung von *Vert-Vert* in Wien stellte Kraus die Dreiergruppe, bestehend aus seinem Begleiter am Flügel (ab 1930 regelmäßig Franz Mittler), einem Bühnendiener und seiner Person, den 927 Angestellten gegenüber, die Max Reinhardt in Berlin für die Aufführug von *Hoffmanns Erzählungen* benötigt hatte. Den Aufführungen dieser Operetten gingen keine Proben voraus, nur ein sorgfältiges Studium von Text und Musik. Paul Rilla bemerkte 1930, daß »der Nicht-Musiker Kraus Musik nicht mit der Kehle, sondern mit dem Verstand macht, der, wenn überhaupt, das einzige passende Instrument für Offenbach ist.«[30] Standen zwar manche Musikwissenschaftler, wie zum Beispiel Paul Amadeus Pisk, und Schriftsteller, beispielsweise Max Brod, den musikalischen Interpretationen Kraus' kritisch gegenüber, so teilten doch die meisten Musiker die Meinung des Komponisten Ernst Křenek, der Kraus' ungewöhnlichen Sinn für Bühnenwirksamkeit hervorhob und dankbar bemerkte, daß Kraus den musikalischen Text unverletzt ließ.[31] Křenek erwähnte auch Kraus' »sprühende Zusatzstrophen«, die Kraus in die Couplets und Lieder vieler Offenbach- und Nestroy-Werke eingefügt hatte und die 1931 als Buch mit dem Titel *Zeitstrophen* erschienen. Dieses Buch ist insofern eine »Krausiade«, als es ein Wachsfigurenkabinett darstellt, das zeitgenössische Figuren aus Politik und Kunst sowie Vorfälle aus der neuesten Geschichte der österreichischen Republik dem Spott preisgibt. Der erste Teil ist Nestroy gewidmet und enthält von Kraus im Nestroyschen Stil und Geist geschriebene Zusätze zu elf Dramen. Teils hat er die zeitbezogenen Strophen in die originalen eingefügt, teils den Couplets angefügt. Die Zusätze beziehen sich unter anderem auf Békessy und Schober, die Presse und die Psychoanalyse, Křeneks kontroverse Meinungen provozierende Jazz-Oper *Jonny spielt auf*, auf die Nackttänzerin Josephine Baker (»Das Nackerte is nix für Wean ... die schon ausgezog'nen Fremden ham'r in Wean nicht gern«)[32], die Bankenkrise, den Tourismus, die Politik und die Intrigen in der Musikerwelt. Der Offenbach-Teil enthält ebenfalls Zusätze zu elf Werken. »Keinen Strich mehr gibt's, 's ist schad, / am Ring für Mädchen ...«, schreibt Kraus in der *Seufzerbrücke*. »Doch eine ältere Chonte wich / nicht dem Verbot, sie geht am Strich / in der Fichtegasse ...«[33] (der Straße, in der sich das Geschäftsgebäude der *Neuen Freien Presse* befand). In einer Strophe zu *Pariser Leben* spielt Kraus mit dem Gedanken, Wien zu verlassen: »Diese Stadt mit ihren Reizen / werd' verlassen ich gar bald ... / das ist der Ausgang, der wohl allen, allen frommt: / er geht, der [Schober] bleibt und jener [Békessy] kommt!«[34] Vielleicht würde ihm, so Kraus, wenn er als Fremder zurückkehrte, Besseres geboten werden. Da die für Kulturfragen zuständigen Sozialdemokraten behaupten, Offenbach sei längst überholt, singt Kraus triumphierend: »Es tönt, was verklungen! Es wirkt, was vertan!«[35]

Die Traumstücke

»Ich öffne Ihnen das magische Reich der Traummusik von Offenbach«,[36] schrieb Kraus in den *Zeitstrophen*. Seine Ansicht über die Größe Offenbachs hängt mit seinen Vorstellungen über den Traum zusammen. Seiner Meinung nach ist der Traum dem Menschen und insbesondere dem Künstler ein wertvoller Besitz; der träumende ganze Mensch finde Antworten auf Fragen, die der wache Teilmensch nicht lösen könne. Der Traum ist ein grundlegendes Motiv im Werk von Kraus (das witzige Prosastück »Der Traum ein Wiener Leben«[37] über die Wiener öffentlichen Verkehrsmittel ist dafür ein typisches Beispiel). Auch in seinen Gedichten geht es oft um das Wachen und

Träumen.[38] Freunde werden in manchen Träumen zu Feinden, oder Feinde zeigen sich in einem Licht, in dem sie zu ehrenwert erscheinen, um Feinde zu bleiben.

Das mehrmals von Kraus vorgetragene einaktige Versdrama *Traumstück* wurde Weihnachten 1922 geschrieben und im darauffolgenden Jahr veröffentlicht. Kraus beschreibt diese surrealistische dramatisierte Phantasie mit lyrischen und grotesken Elementen als »eine Reihe Visionen des Halbschlafs und des Traums, aus den Erlebnissen des Krieges, des Grauens der Nachkriegswelt, des schlechten Lebens und des schlechten Wissens, der Zeitung, der Psychoanalyse, der Liebe, der Sprache und des Traumes selbst.«[39] Das Stück beginnt mit dem pessimistischen Monolog eines Dichters: All seine Kraft und Leidenschaft seien vergebens, seine Worte verhallten im Nichts; die unbezähmbare Gewalt bewältige die Natur, der Stoff den Geist, doch die Welt wisse davon nichts. Der schlaftrunkene Dichter hat Visionen: ein toter Soldat ist das »Modell dieser blutigen Zeiten«[40]; ein General, ein Techniker und ein Journalist sind »der Nichtswürdigkeit blutige Schergen«[41]; ein tuberkulöses Kind erscheint, dessen Eltern und Geschwister im Krieg getötet oder verwundet worden sind; Valuta und Zinsfuß tanzen Foxtrott.

Der Dichter sucht im Traum neue Anregungen und neue Kraft und möchte daher die Traumwelt nicht verlassen. Doch die Traumlandschaft löst sich langsam auf, und es erscheinen die »Psychoanalen«, die Traumtöter, Beschmutzer der Schönheit und Erfinder von Symbolen, die jeden Nieser deuten, vom Unterbewußtsein sich ernähren, Komplexe sammeln, mit Neurosen handeln und ihre eigenen Schwächen sorgsam verdecken. Auch Goethes Gedichte seien nur Verdrängungen. »Es bleibt unser Kodex: / der Mond ist ein Podex, / der Komet ist ein Glied. / ... Vom Bauch kommt das Lied.«[42] Nachdem die »Psychoanalen« wieder gegangen sind, verläßt ein Bild seinen Rahmen und tritt als Imago ins Zimmer des Dichters. (Im Imago hat Kraus Annie Kalmar ein Denkmal gesetzt.) Nachdem das Imago erloschen ist, taucht eine Zeitung auf. Da sagt der Traum zum Dichter, er möge nun aufwachen, die Wirklichkeit sei da, hier fände er Inspiration, hier könne er Siege erringen; denn die Wortmacht, die aus Mücken Elefanten mache, werde Elefanten zu Mücken zurückschrumpfen lassen; er lebe im Worte und werde im Wort überleben. Der Dichter erwacht, weil draußen ein Teppich ausgeklopft wird. Dieses den Bewohnern von Wiener Mietwohnungen allzu bekannte Geräusch ist das Signal für die Entrechteten zur Revolte. In einem Selbstgespräch am Ende des Stücks sagt der Dichter, der Traum habe seinen düsteren Tag aufgehellt und ihm seine Aufgabe vor Augen gerückt.

Die Erinnerung an Annie Kalmar hat den Einakter *Traumtheater* gestaltet, der ihr gewidmet ist und 1924 erschien. Darin läßt Kraus die geliebte Schauspielerin für ihn allein »die Liebe spielen«, damit seine Liebe frei von Eifersucht werde. Diese improvisiert anmutende Vignette besteht aus kurzen Szenen in Prosa und in Versen. Manfred Georg hat sie als eine »zärtliche Symphonie der Erkenntnis vom Wesen des Theaters ...«[43] beschrieben. Das Stück beginnt im Zimmer des Dichters, wo der Regisseur und der Dichter sich über die Schauspielerin unterhalten. »Mein Wort blüht in ihrem Mund«, sagt der Dichter und setzt hinzu: »Man kann eine Frau nicht hoch genug überschätzen.«[44] Als der Regisseur einwendet, eine Schauspielerin verlöre alles Weibliche, entgegnet der Dichter, er habe eine gekannt, in der Frau und Schauspielerin eins gewesen seien. »Sie hat vom Kind zur Königin nur einen Schritt und zwischen Dirne und Dame in jeglicher Gestalt.«[45] Der Regisseur räumt ein, eine solche Schauspielerin sei nach seinem Geschmack, doch sei er nun einmal selbst »Koch in der Hexenküche«[46], und es sei das Gehirn einer Schauspielerin wie Löschpapier: es sauge alles Geschriebene einfach auf.

Der Regisseur geht hinaus, und der Dichter schläft ein. Die Szene verändert sich; der Dichter befindet sich nun in der Garderobe der Schauspielerin. »Wie seltsam«, sagt sie, »daß der Zauber uns gelingt, sobald wir das Gerüst betreten. Nichts weiter ist dazu vonnöten, als daß man sich die Lippen schminkt.«[47] Darauf der Dichter: »Ich nähre dich als schönste von den Flammen, die mir aus dem Gedanken schlug ... Du hast die Elfenkönigin gespielt und morgen wirst du einen Esel herzen!«[48] Szenenwechsel: In ihrem Boudoir erhält die Schauspielerin den Besuch des alten Esels, der immer in der ersten Reihe sitzt und gerne eine Affäre mit ihr hätte, vorausgesetzt, seine Frau erführe nichts davon. Der Schauspielerin imponiert die Lebenserfahrung des alten Esels; er erscheint ihr wie ein zärtlicher Vater. In der Garderobe beschuldigt der Dichter sie, immer etwas Neues haben zu wollen; wenn sie von dem alten Esel genug habe, käme der Nachwuchs aus dem Stehparterre dran. Sie: »Nur du hast mich. Wenn scheinbar ich entwandre, bin ich nicht ich und stets nur eine andre ... Die Welt ist unten, unser ist die Bühne.«[49] Dichter: »Ja, wenn doch nur auch jeder, der dich küßte, davon, daß du es nicht gewesen, wüßte!«[50]

In der nächsten Szene betritt Gymnasiast Walter die Garderobe der Schauspielerin. Er möchte ein Autogramm und gewinnt ihre Liebe. Der Dichter sinniert über die langen Minuten vor ihrem Auftritt und daß das Publikum nachher laut applaudieren wird. Vom Klatschen erwacht der Dichter. In der Schlußszene erzählt er dem Regisseur seinen Traum, in dem sie die Glanzrolle und er die Nebenrolle gespielt habe. »Wir fanden uns, als wir beide verloren waren: sie in der Welt und ich in Gedanken.«[51] Darauf der Regisseur: »Daß Theater und Traum verwandt sind, ist bei weitem noch nicht damit bewiesen, daß du es in den Traum brachtest, sondern besser damit, daß du ihn aufs Theater bringst.«[52]

»Wolkenkuckucksheim«

Zur Feier der Republik Österreich las Kraus vor Arbeitern *Wolkenkuckucksheim*, ein »Phantastisches Versspiel nach Aristophanes«. *Wolkenkuckucksheim* ist dem Drama *Ornithes* (*Die Vögel*) von Aristophanes nachgebildet, genauer: der deutschen Übersetzung von Schinck. Kraus hat es ungewöhnlich schnell niedergeschrieben – von Ende Juni bis Mitte Juli 1923 – und es Berthold Viertel gewidmet. Die erste Lesung dieser »Apotheose der republikanischen Idee«[53] fand am 1. November 1923 in Wien statt; auf der Bühne ist es nie aufgeführt worden. Ganz im Sinne der Tradition des Wiener Volkstheaters, klassische Motive zu verwenden, übernahm Kraus einige Figuren und im ersten Teil die Handlungsstruktur von Aristophanes.

Pisthetairos und Euelpides, zwei Athener, die auswandern wollen, weil die Zustände in ihrer Heimatstadt unerträglich geworden sind, heißen bei Kraus Ratefreund und Hoffegut. Epops, ein Vogel der Alten Welt und einst ein Mensch, wird zum Wiedehopf, Herrscher über das

Vogelreich; und Epos' Türhüter Troglodytes wird zum Zaunschlüpfer, zum Zaunkönig. Prokne, die in eine Nachtigall verwandelte Frau des Epops, wurde als Figur von Kraus auch beibehalten. Wiederhopfs Worte über Athen, über das die Besucher sich beklagen: »Selbst Trübsal blasen sie dort fesch und munter / und der Athener, sagt man, geht nicht unter«[54] sind eine Adaption eines Wiener Gassenhauers, das heißt: hier wird Wien verspottet.

Als die Vögel erscheinen, glaubt Hoffegut, daß der Eisvogel direkt vom Prater hergekommen sei (Eisvogel war der Name eines Restaurants im Prater). Die Besucher regen die Errichtung eines mächtigen Vogelstaats an, mit dem Namen Wolkenkuckucksheim (bei Aristophanes heißt dieser Staat Nephelococcygia), gelegen zwischen der Erde und dem Götterhimmel, um die zu den Göttern aufsteigenden Opferdämpfe aufzufangen. Die Athener müssen sich zunächst mit Küchengeräten gegen die hackfreudigen Vögel verteidigen. Dann versuchen die Besucher aus Athen die Vögel zu beschwichtigen, indem sie ihnen versichern, wie uralt und wichtig sie seien, daß sie lange vor den Olympiern die Herren der Welt gewesen wären und nun die Gelegenheit hätten, ihre Vorherrschaft wiederherzustellen. Auffällig viele idiomatische Redewendungen mit Bildern oder Metaphern aus der Vogelwelt werden eingesetzt, wie beispielsweise: ein Hühnchen rupfen, Vogel-Strauß-Politik, Schwanengesang, stolz wie ein Pfau. Doch wenn die Vögel die Stelle der Götter einnehmen, dann müßten sie mit der Samenkörnerfresserei aufhören und als Vogelscheuchen auftreten. Bei Aristophanes bringt der Vogelchor alle Gründe vor, warum die Menschen die Vögel anbeten sollten; bei Kraus übernehmen die Athener diesen Part.

Im zweiten Akt haben sich die Athener in der Vogelstadt in Vögel verwandelt und verulken sich nun gegenseitig wegen ihres Aussehens. Der Dompfaff gibt sich als Priester zu erkennen und betet zu den olympischen Vögeln; die Vögel haben alle Opfergaben aufgefressen. Ein Journalist will unbedingt noch vor den offiziellen Amtseinsetzungsfeierlichkeiten Interviews führen und bietet als Gegenleistung seine Hilfe bei der Herausgabe einer neuen Zeitung, *Der freie Vogel*, an. Die bei Aristophanes neu auftretenden Typen aus Athen, die beflissen ihre Dienste antragen und ihr Gewerbe ausüben wollen, hat Kraus durch Exemplare der österreichischen Kaffeehauskultur ersetzt. Der Neutöner (einer der neuen Dichter des Expressionismus, vom Kellner des Café Central zur Auswanderung gezwungen, weil dieser keinen Kredit mehr geben wollte) bietet sich an: den Vögeln sei doch sicherlich an einer neuen Weltanschauung für ihre neue Stadt gelegen, auch könne er den Prolog bei der Einweihung sprechen.

Der Weltfreund tritt hinzu und trägt eine Parodie auf Werfels dichterische Gefühle vor.[55] Er möchte die ätherische Welt der Vögel erforschen, um seine kosmischen Visionen zu erweitern. Universale Liebe ausstrahlend, möchte er von Ratefreund unter die Fittiche genommen werden. Ein Hellseher warnt die Vögel davor, die Stadt auf Luft zu bauen. Der Falke hat zwei Architekten erspäht, die darüber debattieren, ob die Entenschnäbel verziert werden müßten, der Pfau ein neues Tapetenmuster brauche und schwarzweiße Kästen als Vogelnester dienen sollten: Kann ein Vogel von Kultur ohne Ornamente leben? Ein Ornitosoph will seine Zuhörer davon überzeugen, daß die Theosophie und die Anthroposophie passé seien und die Zeit für die dritte »Sophie«, nämlich die »Ornitosophie«, gekommen sei.

Ratefreund gibt einem Psychoanalytiker, der vom Ödipuskomplex redet, den Rat: »Sie haben sich in der Adresse geirrt. Da gehört er zu Sophokles geführt.«[56] Der Analytiker hat einen ungeratenen Sohn mitgebracht, der nach Vogelart seinen Vater umbringen möchte, was der Analytiker als »typischen Fall von Vogelneurose«[57] kommentiert. Ein Kommissar des Völkerbundes rät der Stadt, sparsam zu sein und auf ein Leben in Saus und Braus zu verzichten; der Bau der Mauer sei eine Verschwendung gewesen. Die Taube berichtet von den Begebenheiten auf der Erde: die Menschen glichen den Vögeln, sie lebten in einer Welt von Blättern (Zeitungen) und benutzten Millionen von Federn (Schreibfedern). Ihr Hauptinteresse richte sich auf Blut und Geld, für Friedenstauben hätten sie keine Verwendung. Sie vollführten einen Tanz auf dem Vulkan, plapperten alles nach, was sie in den Zeitungen gelesen, und lebten wie die Parasiten. Ihre Vogelmentalität sei an Namen wie Adler, Hahn, Rab, Falk, Specht, Storch, Strauß, Fink, Wachtel und Sperber leicht zu erkennen.

Auf Grund dieser Nachricht ist Ratefreund bereit, einen Verteidigungskrieg zu erklären. Die Götterbotin Iris schwebt nieder. Sie hat sich verirrt. Sie kommt von Zeus und will zu den Menschen, die sie überreden soll, den Göttern wieder Opfer zu bringen. Ratefreund jagt sie davon und verkündet darauf: »Zur Götterschlacht werden sämtliche Vögel einrückend gemacht! ... Nur immer feste druff! ... Die Kron' ist mein. Wir sind von Gottes Gnaden!«[58] Damit können die letzten Tage der Vogelheit beginnen.

Im dritten Akt löst sich Kraus vom klassischen Vorbild und geht eigene Wege. Es ist Krieg. Der Truthahn beschimpft den Sperling, der nicht kriegerisch gesinnt ist: »Du Hochverräter, schweig in dieser großen Zeit!«[59] Er sei ein Nörgler, ein Pazifist und Defaitist; der Krieg sei ein »Stahlbad«, sagt der Truthahn und wirft mit Wörtern wie »Heldenruhm« und »durchhalten«[60] um sich. Die Vögel adaptieren immer mehr die Sitten der Menschen. Vier Hähne führen sich wie die blasierten Offiziere an der Sirk-Ecke auf; der Auerhahn und das Perlhuhn flirten miteinander wie in einer Gesellschaft von Snobs. Extraausgaben des *Freien Vogels* erscheinen; der Abonnent und der Patriot debattieren; Flamingo von Fahnenfeld, der militärische Anführer, spricht von Dolchstoßlegende, von strategischen Rückzugsbewegungen und dergleichen. Ratefreund versichert den Vögeln, daß sie »einen Platz an der Sonne« verdienten, und hält sich an Franz-Josephsche Redensarten, wie »Es war sehr schön, es hat mich sehr gefreut« und »Ich habe alles reiflich erwogen«, und an Wilhelmsche, wie »Ich habe es nicht gewollt.«[61]

Da verbreitet der Falke die schlechte Nachricht, daß die feindliche Offensive zu gelingen scheint und man sich zur Übergabe der Stadt vorbereiten müsse. Auch meldet er die Ankunft zweier Helfer von der Erde, die sich als »Legitimisten« ausweisen und ihre Hilfe anbieten, die Monarchie zu reformieren und damit vor dem Niedergang zu bewahren. Nun wird über die Loyalität der verschiedenen Vögel, beispielsweise die des Kaiseradlers, gesprochen und eingeräumt, daß es in einigen Fällen vielleicht völlig genüge, sie mit anderen Farben anzumalen. Einer der Helfer plädiert dafür, Nationalismus und Rassismus einzuführen und alle Fremdelemente zu vertreiben; den äußeren Feind werde man mit Hakenkreuz und giftigen Gasen schlagen. Ratefreund meint, daß man mit Chemie und

Romantik den Sieg erringen könne, und überhaupt: Wotan werde spielend mit Zeus fertig. In diesem Moment erhält Wiedehopf ein von Perikles unterzeichnetes Telegramm aus dem Athener Auswärtigen Amt, in dem um die Auslieferung von Ratefreund und Hoffegut wegen Steuerflucht und monarchistischer Agitation gebeten wird. Athen verlangt zudem freien Durchlaß zu den Göttern für die Opferdämpfe und Einstellung aller Kriegshandlungen gegen die Götter. Nachdem Wiedehopf das gelesen hat, nimmt er Rategut die Krone vom Haupt und sagt: »Doch seid ihr Menschen. Denn ihr lehret uns zu hassen.«[62] Darauf Ratefreund: »Mir bleibt doch nichts erspart.«[63] Nach einem kurzen Dankgesang im Chor endet das Stück mit einem Lerche-Solo über die Vögel, die von den Menschen nicht als Götter verehrt werden und frei von allem Bösen sein wollen: »Wir träumten Macht. Wir leben Republik! ... Nie wieder Krieg!«[64]

ACHTES KAPITEL

»Das Wort entschlief ...«

Revolutionär und Reaktionär

Die Satiren von Karl Kraus gelten im großen und ganzen mehr kulturellen Mißständen als spezifisch politischen. Kraus war kein »homo politicus«, aber auch nicht unpolitisch. Auf der allerersten Seite der *Fackel* erklärte er, daß er kein »parteimäßig Verschnittener« sei. Er war zu sehr Einzelgänger, um irgendwo Mitglied zu werden oder sich einer politischen Richtung zu verpflichten. Er war ein verhältnismäßig unpolitischer Mensch, der nur dann das Gebiet der Politik betrat, wenn einzelne Politiker in sein Schußfeld gerieten.

Seine in frühen Jahren offenkundige Sympathie für den Sozialismus kommt in verschiedenen seiner Arbeiten um die Jahrhundertwende, besonders in *Eine Krone für Zion*, deutlich zum Ausdruck. Später war Kraus von der Politik zunehmend desillusioniert. 1906 richtete Robert Scheu einen offenen Brief an Kraus, in dem er dessen Ablehnung der Wahlreform kritisierte (die Sozialdemokraten strebten das allgemeine Wahlrecht an, das im folgenden Jahr in Kraft trat); statt zu praktizieren, was er gefordert habe, schien Kraus sich in den Elfenbeinturm der Ästhetik zurückgezogen zu haben. In seiner Antwort verwies Kraus darauf, daß seine unpolitische Haltung auf der Einsicht beruhe, die bewegenden Kräfte seiner Zeit seien nicht in den Parlamenten, sondern in den Redaktionen zu finden; sein bewußt aufrechterhaltener Habitus eines Unpolitischen gebiete ihm zu schweigen. Den Arbeitern beispielsweise beizubringen, die Kunst besser zu würdigen, diene nur der weiteren Verbreitung der bürgerlichen Ideale. Auf Scheus Behauptung, Kraus träume von einer längst vergangenen aristokratischen Führerschaft, erwiderte Kraus, daß er ebensoviel Recht darauf habe, utopischen Träumen nachzuhängen, wie jeder andere, und im übrigen: »Wenn ich von zwei Übeln das geringere wählen soll, wähle ich keines.«[1]

Nach dem Weltkrieg wuchs sein Interesse für Politik wieder. Er unterstützte die republikanische Revolution, und seine kurzlebige Hoffnung, daß ein demokratisches Zeitalter anbrechen werde, ließ ihn im Februar 1919 »an alle, die die Wahl haben«, den Appell richten, für die Sozialdemokraten zu stimmen; er wiederholte diesen Appell im darauffolgenden Jahr. Kraus hielt Lesungen vor einem größeren Arbeiterpublikum, die von der Kulturabteilung der Sozialdemokratischen Partei unter der Leitung von David Bach organisiert wurden. Allerdings meinten die Verantwortlichen bald, daß diese Lesungen zu kompliziert und auch in anderer Hinsicht für ein proletarisches Publikum unpassend seien.

Nach seinem spektakulären Austritt aus der katholischen Kirche im Jahre 1922 sah die Mehrheitspartei in Kraus ein »enfant terrible«. Seine als nörglerisch eingestufte Kritik an der sozialdemokratischen Politik – eine Kritik, die der Ungeduld eines Idealisten entsprang – hatte Polemiken von jüngeren Politikern wie Oskar Pollak, dem späteren Chefredakteur der *Arbeiterzeitung*, die vornehmlich in der Monatsschrift *Der Kampf* erschienen, zur Folge. Schließlich stimmte auch die *Arbeiterzeitung* in das Schweigen um Kraus ein. Man hielt Kraus mangelnde Einsicht in das moderne Wirtschaftsleben und in die Wissenschaften vor und Unvermögen, die technologischen Errungenschaften und Möglichkeiten richtig einzuschätzen.[2] Kraus dagegen vertrat die Ansicht, daß die Sozialdemokraten über dem Kampf für materielle Verbesserungen die geistig-sittlichen Werte vernachlässigten. Nach dem Tode von Friedrich Austerlitz im Jahre 1931 gewannen Kraus' Feinde in der Sozialdemokratie allmählich die Oberhand. Die Tatsache, daß die Sozialdemokraten Kraus' Kampf gegen Békessy erst dann unterstützten, als der Kampf so gut wie gewonnen war[3], und die Tatsache, daß sie am dritten Jahrestag des Juli-Massakers vor Schober einen Diener machten, trugen zweifellos zu Kraus' Isolierung bei, von der ein direkter Weg in die Einsamkeit seiner letzten Jahre führte.

Ich bin bekanntlich keiner Partei Genosse, sondern stehe allen mit gleichmäßig abgewogener Mißachtung gegenüber ... und mache, ohne nach links oder rechts zu blicken, zugleich revolutionäre und reaktionäre Politik, kurzum, ich bin das, was die Idioten sämtlicher Parteien einen Eigenbrötler nennen.[4]

1931 schrieb Walter Benjamin, Kraus' anfänglich bürgerliche Tugenden hätten erst in den allgemeinen Auseinandersetzungen der Zeit militante Formen angenommen. »Aber schon ist ... niemand imstande, die Notwendigkeit zu fassen, aus welcher dieser große bürgerliche Charakter zum Komödianten, dieser Wahrer Goethischen Sprachgutes zum Polemiker, dieser unbescholtene Ehrenmann zum Berserker geworden ist. Das mußte aber geschehen, da er die Änderung der Welt bei seiner Klasse bei sich zu Hause, in Wien zu beginnen dachte.«[5] Kraus' Alternieren zwischen reaktionären Theorien und revolutionären Praktiken und seine Ansicht, das Widersprüchliche seiner Haltung – von Dreyfus bis Dollfuß – sei lediglich das Spiegelbild einer widersprüchlichen Welt, faßt das folgende epigrammatische Gedicht in treffende Worte:

Mein Widerspruch

Wo Leben sie der Lüge unterjochten,
war ich Revolutionär.
Wo gegen Natur sie auf Normen pochten,
war ich Revolutionär.
Mit lebendig Leidenden hab ich gelitten.

Wo Freiheit sie für die Phrase nutzten,
war ich Reaktionär.
Wo Kunst sie mit ihrem Können beschmutzten,
war ich Reaktionär.
Und bin bis zum Ursprung zurückgeschritten.[6]

»Die Dritte Walpurgisnacht«

»Mir fällt zu Hitler nichts ein«[7]: so lautet der erste Satz des Buches *Die dritte Walpurgisnacht*, das nicht mehr zu Kraus' Lebzeiten erschienen ist. Er wurde zur Keimzelle von Mißverständnissen und Kontroversen, die Kraus' letzte Lebensjahre beschwerten. Man kann ihn als Ausdruck von Resignation verstehen; doch ist er eher ein hyperbolischer, heuristischer Hinweis auf die Unmöglichkeit bzw. Möglichkeit, den Hexensabbat jener Zeit zu beschreiben.

Eine überzeugende Interpretation stammt von Kurt Wolff: »In der Hölle spricht man nicht vom Teufel«.[8] *Die Dritte Walpurgisnacht*, ein Titel, der auf Goethes *Faust* und auf das Dritte Reich anspielt, wurde im Frühjahr und Sommer des Jahres 1933 geschrieben und war für die *Fackel*-Ausgabe Nr. 888-907 bereits gesetzt und korrigiert, als Kraus aus Furcht vor Repressalien gegen Unschuldige sich entschied, die Schrift nicht erscheinen zu lassen. In diesem Jahr war zehn Monate lang keine *Fackel* erschienen; die Nr. 888 vom Oktober 1933 umfaßte nur vier Seiten, auf denen der Nachruf für Adolf Loos und das letzte Gedicht von Kraus abgedruckt waren:

Man frage nicht, was all die Zeit ich machte.
Ich bleibe stumm;
und sage nicht, warum.
Und Stille gibt es, da die Erde krachte.
Kein Wort, das traf;
Man spricht nur aus dem Schlaf.
Und träumt von einer Sonne, welche lachte.
Es geht vorbei;
nachher war's einerlei.
Das Wort entschlief, als jene Welt erwachte.[9]

Einer der wenigen, die Kraus' Haltung verstanden, war Bertolt Brecht. In einem Gedicht mit dem Titel »Über die Bedeutung des zehnzeiligen Gedichts in der 888. Nummer der Fackel (Oktober 1933)« schreibt er:

Als das dritte Reich gegründet war
kam von dem Beredten nur eine kleine Botschaft.
In einem zehnzeiligen Gedicht
erhob sich seine Stimme, einzig um zu klagen
daß sie nicht ausreiche.

...

Als der Beredte sich entschuldigte
daß seine Stimme versage
trat das Schweigen vor den Richtertisch
nahm das Tuch vom Antlitz und
gab sich zu erkennen als Zeuge.[10]

Aber bereits zu dem Zeitpunkt, da dieses Gedicht in einer Festschrift zu Kraus' sechzigstem Geburtstag erschien, hatte Brecht auf Kraus' zustimmende Haltung zu den repressiven Maßnahmen der österreichischen Regierung bei den Februar-Unruhen 1934 und zu ihrem Verbot der Sozialdemokratischen Partei mit dem Gedicht »Über den schnellen Fall des Guten Unschuldigen« geantwortet:

Als wir den Beredten seines Schweigens wegen entschuldigt
hatten
Verging zwischen der Niederschrift des Lobs und seiner
Ankunft
Eine kleine Zeit. In der sprach er.

Er zeugte aber gegen die, deren Mund verbunden war
Und brach den Stab über die, welche getötet waren . . .

Welch eine Zeit, sagten wir schaudernd,
Wo der Gutwillige, aber Unwissende
Noch nicht die kleine Zeit warten kann mit der Untat
Bis das Lob seiner guten Taten ihn erreicht! . . .[11]

Die *Fackel*-Nummer 889 erschien im Juli 1934 und enthielt »Nachrufe auf Karl Kraus« – zum Teil bittere kritische Stimmen aus der Emigrantenpresse, die Kraus der politischen Komplizenschaft mit der Reaktion bezichtigten und ihm mangelnde Solidarität mit den antifaschistischen Schriftstellern vorwarfen. Große Teile der Schrift *Die Dritte Walpurgisnacht*, vor allem solche, die sich auf die Situation in Österreich beziehen, sind in der 315-seitigen *Fackel*-Nr. 890-905 abgedruckt, die wenige Tage vor der Ermordung des Kanzlers Engelbert Dollfuß am 25. Juli 1934 erschien. Dieses *Fackel*-Heft besteht aus drei Teilen: einem Brief des Herausgebers an einen fingierten Briefschreiber, in dem er die Gründe auseinandersetzt, weshalb Kraus nicht gegen Hitler polemisiert; einem Brief von Kraus an seinen Herausgeber; und dem nach der Ermordung des SA-Führers Ernst Röhm geschriebenen Gedicht »Ad Spectatores«, in dem Kraus seiner Hoffnung Ausdruck gibt, die Ungeheuer könnten sich gegenseitig umbringen.

»Dieses Buch sollte man als ein Dokument des Jahres 1933, nicht aber als ein literarisches Werk lesen«[12], schrieb Wilhelm Alff in einem zeitgeschichtlichen Essay, der einer Sonderausgabe der *Dritten Walpurgisnacht* beigegeben war. Heinrich Fischer, ganz im Krausschen Sinne, ist mit dieser Aussage prinzipiell nicht einverstanden[13], denn wenn man das Werk von Kraus im Kontext seiner Zeit kommentieren würde (wie durch Frank Field für das Gesamtwerk geschehen), dann würden seine apokalyptischen Visionen auf den aktuellen Inhalt konkreter Themen reduziert – ein Vorgang, den Kraus immer zu vermeiden gesucht habe. Kraus war der Ansicht, daß die symbolischen, zeitlosen und paradigmatischen Gehalte seines Werkes in dem Maße um so deutlicher hervortreten würden, je weiter die entsprechenden Vorgänge und politischen, geschichtlichen, literarischen oder persönlichen Einzelheiten in den Hintergrund treten würden, die einst Anlaß gewesen waren. Er war nicht daran interessiert, nur zu informieren, da er davon überzeugt war, daß die Sprache alle Hindernisse, die sich einem mit den Umständen und Einzelheiten nicht vertrauten Leser entgegenstellten, überwinden könne.

Im September 1933 erhielt Kraus von einem Leser der *Fackel* einExemplar der Lessingschen Parabel *Der Schäfer und die Nachtigall*: »›Singe doch, liebe Nachtigall!‹, rief ein Schäfer der schweigenden Sängerin an einem lieblichen Frühlingsabend zu. ›Ach!‹ sagte die Nachtigall, ›die Frösche machen sich so laut, daß ich alle Lust zum Singen verliere. Hörst du sie nicht?‹ ›Ich höre sie freilich‹, versetzte der Schäfer, ›aber nur dein Schweigen ist Schuld, daß ich sie höre.‹« Kraus schrieb dem Einsender, diese Parabel sei nicht auf die *Fackel* anwendbar; im Lied der Nachtigall würde man das Quaken der Frösche heraushören, und man könne davon ausgehen, daß viele Schäfer diesem Quaken einen Reiz abgewönnen und glaubten, Singen und Quaken könnten miteinander vereint werden. Im übrigen: der Lärm der Frösche sei etwas Natürliches, während das, was die österreichische Sozialdemokratie aufführe, das Naturwidrigste sei, was man sich vorstellen könne. Er glaube nicht, daß der Gesang der Nachtigall die Kraft hätte, diese Mißklänge unhörbar zu machen.[14]

In diesem Sinne muß Kraus' Werk dieser letzten Jahre gelesen werden. Ist sprachliche und literarische Kunst überhaupt noch möglich, wenn eine brutale, geistfeindliche Macht absolute Kontrolle besitzt? Das war die Frage, die sich Kraus Anfang bis Mitte der dreißiger Jahre stellte. »Ist denn, was hier geschah, noch Sache des Geistes?«[15] schreibt er in *Die Dritte Walpurgisnacht*. Wie Kurt Tucholsky, der ebenfalls 1933 in Schweigen fiel[16], vertrat Kraus die Ansicht, daß »Gewalt kein Objekt der Polemik, Irrsinn kein Gegenstand der Satire sei«.[17] Kraus wußte, daß er sein letztes Wort mit seiner Vision der letzten Tage der Menschheit gesprochen hatte. Dem potenzierten Unfaßbaren war Kraus um so stärker ausgeliefert, als er in dieser Zeit mehr rezeptiv als produktiv war. Offensichtlich waren diese Täter nicht in den Charakteren der Operetten vorgeformt. Vergeblich suchte er Halt in den Shakespeareschen Versen:

> Gott, wer darf sagen: schlimmer kann's nicht werden?
> S' ist schlimmer nun, als je.
> Und kann noch schlimmer gehn; 's ist nicht das Schlimmste,
> Solang man sagen kann: dies ist das Schlimmste.«
>
> *König Lear*, IV, 1

Die Dritte Walpurgisnacht gleicht einem verzweifelten Rückzugsgefecht, dem weitschweifigen Monolog eines sorgenvollen Menschen, der unaufhörlich redet, um die bösen Geister in Schach zu halten; dem Um-sich-Schlagen eines Mannes, der mit dem Mute der Verzweiflung versucht, sich in dem brodelnden Getöse eines verseuchten Flusses über Wasser zu halten.[18] Er versucht, die dämonischen Tiefen des Dritten Reiches mit Hilfe der Sprache auszuloten und über eine Diktatur zu schreiben, »die heute alles beherrscht außer der Sprache«.[19] Kraus berichtet über die frühen Boykotte, Auswüchse und sadistischen Praktiken des Nazi-Regimes und unterwirft dessen Parolen und Hymnen einer minutiösen Analyse. Wem außer ihm wäre es eingefallen, die Parolen »Deutschland erwache!« und »Juda verrecke!«[20] einer grammatikalischen Kritik zu unterziehen? Wortneubildungen oder unsinnige Wörter wie Willensbildung, Kultureinheit, Einstellung, Auftrieb, Auswertung, Auflockerung sind deutliche Beweise der Inkommensurabilität der Krausschen Sprachwelt mit der Welt jenseits der Grenze. Er kritisierte Intellektuelle, die Verrat am Geist begingen, indem sie sich dieser neuen Macht fügten: Martin Heidegger, Oswald Spengler, Rudolf Binding, Gottfried Benn, Richard Strauss und Wilhelm Furtwängler.[21]

Kraus, der seine Meinung über die Juden in Presse, Industrie, Hochfinanz, und im allgemeinen öffentlichen Leben nicht geändert hatte, wußte um die zwiespältige Haltung der Nationalsozialisten gegenüber seiner Person und seinem Werk. Seine Bücher wurden im Mai 1933 nicht verbrannt. Im Frühjahr 1933 mußte Kraus feststellen, daß die *Neue Freie Presse* ihren Lesern versicherte, es würde keinem Juden in Deutschland ein Haar gekrümmt. Kraus wußte um die Notlage der Juden, deren Deutschtümelei ihnen jetzt nicht helfen würde. Die Juden begriffen nicht, daß sie hätten Mut zeigen sollen, da Unterwerfung ihnen jetzt nicht mehr helfen konnte. »National-deutsche Juden« haben, so Kraus, sich nicht gescheut, ein Buch mit dem Titel *Die Greuelpropaganda ist eine Lügenpropaganda!* herauszugeben, in dem der Geschäftsführer bemerkt, man dürfe sich durch die Tatsache, daß heute Juden von ihren deutschen Volksgenossen nichtjüdischen Stammes in ungerechter Weise behandelt würden, nicht von dem geraden Weg abdrängen lassen, der zur Integration ins Deutschtum führe.

Den Hinweis, daß Juden zudem das Mikrophon erfunden und die Kathodenstrahlen, Gonokokken und dergleichen mehr entdeckt haben, hielt Kraus für absurd. »Aber Juden, die den Drang haben, nationaldeutsch zu sein«, schreibt er, »stellen die Verbindung zweier Komplexe von Minderwertigkeit dar, die zu verdrängen wären.«[22] Als in den Oberammergauer Passionsspielen Christus von einem arisch-germanisch aussehenden blonden Mann mit blauen Augen dargestellt werden sollte, Judas aber von einem deutlich jüdisch wirkenden Typ, kommentierte Kraus, vielleicht würde das Spiel demnächst Hitler, den »Nazirener«[23], darstellen.

Im zweiten Teil der *Walpurgisnacht* setzt Kraus sich besorgt damit auseinander, daß Österreich, das er nun als sein Land bezeichnet, von Deutschland unter Druck gesetzt und bedroht wird. In einem früheren Epigramm mit dem Titel »Anschluß« hatte er auf das politische Ziel der Sozialdemokraten, mit Deutschland vereint zu werden, angespielt: »Wenn's zum Anschließen kommt, bleib' ich verdrossen / und laß meine Hände im Schoße ruhn. / Was hätte ich denn in Deutschland zu tun? / Ich bin an Österreich noch nicht angeschlossen!«[24] Nun läßt er keinen Zweifel daran aufkommen, daß er auf Österreichs Seite steht. Es ist ihm zum erstenmal möglich, »eine Kongruenz des Einzelinteresses, welches auf Bewahrung der Daseins- und Wirkensmöglichkeit abzielt, mit dem Staatswillen zu erkennen«.[25] Die Führung dieses Staats lag in den Händen des christlichsozialen Kanzlers Dollfuß, über den Kraus einmal gesagt hatte, über diesen Mann könne er nicht satirisch schreiben. Die Sozialdemokraten debattierten und waren unschlüssig, während die Nationalsozialisten handelten: »Dümmeres als das Benehmen der österreichischen Sozialdemokratie hat es, seit Politik zum Tort der Menschheit erfunden ist, nicht gegeben.«[26] Heinrich Fischer erinnert sich daran, daß Kraus ihm 1933 gesagt hat: »Solange es Hitler gibt: Stehsärge, Konzentrationslager, Pranger, Judenmord, ist alles andere daneben unwichtig, ist alles Gerede von einem ›Klerikofaschismus‹ nur ein Beweis, wie selbst viele meiner besten Anhänger der Gewalt der Zeitungsphrase und jener der politischen erlegen sind. Man verlangt von mir, daß ich auch den Dollfußmann Major Fey angreifen solle, weil dieser ein ›Bluthund‹ sei. Aber wenn ein Bluthund gegen Hitler dressiert ist, dann ist auch der Bluthund mein Freund.«[27] Wilhelm Alff weist darauf hin, daß *Die Dritte Walpurgisnacht* – oder die Ende Juli 1934 erschienene Ausgabe der *Fackel* – das beschreibt, wovor die Dollfuß-Regierung Österreich habe retten wollen.[28]

Ein Bewohner des »sicheren Satzbaus«

»Beim Weltuntergang will ich privatisieren«[29] – das war Kraus' eigentliche Reaktion auf die dritte Walpurgisnacht. Die Ermordung des Kanzlers Dollfuß war ein ungeheurer Schock für ihn. Hinzu kam die Erkenntnis, daß sein »Aktivismus« ihn zum Zulieferer von jener Art nützlicher »Meinungen« gemacht hatte, die er immer gehaßt hatte. Viele seiner ehemaligen linksorientierten Anhänger, von denen einige Kommunisten geworden waren, lehnten ihn jetzt ab; die *Fackel* verlor Leser und Einnahmen; zum »Theater der Dichtung« kamen immer weniger Zuhörer. Doch Kraus war nicht bereit, intellektuelle Kompromisse einzugehen, um seine Anhänger zu behalten. Er wollte den Leserkreis der *Fackel* sogar auf solche Leser eingeschränkt wissen, die außer an Tagesproblemen auch an Shakespeare interessiert waren: »Was darüber ist, das ist vom Übel«[30] (Matthäus 5,37).

Ein Epigramm mit dem Titel »Bitte an Verehrer« ist in diesem Zusammenhang bezeichnend: »Nicht Ruhm, nur Ruh! / Müßt ich alle, die über mich schreiben, / auch hören, / so würde nichts bleiben, / was sie verehren. / Und meine Tür blieb' von selber zu.«[31] Er bereitete sich in diesen »sprachverfallenen Zeiten« darauf vor, »im sicheren Satzbau [zu] wohnen«.[32] Nachdem er neunzehn Monate lang geschwiegen hatte, eröffnete er im November 1934 wieder sein »Theater der Dichtung« mit einer Lesung hauptsächlich aus den Werken Shakespeares, Nestroys und Offenbachs. Ein Buch, das den Titel *Die Sprache* tragen sollte, war von ihm schon im Frühjahr 1933 angekündigt worden, erschien aber erst nach seinem Tode, im Jahre 1937. Es enthält Essays und Glossen über Aspekte der Sprache und aus dem »unermeßlichen und immer wieder unerschlossenen Gebiet der Sprachlehre«.[33] Sprachlehre bedeutete Kraus mehr als Grammatik oder Stilistik; Kraus hat hier die Macht des Wortes der Macht des Schwertes entgegenzusetzen versucht. Bezeichnend für diese Einstellung ist eine Antwort, die Kraus Ernst Křenek gab: »Als man sich gerade über die Beschießung von Shanghai durch die Japaner erregte und ich Karl Kraus bei einem der berühmten ›Beistrich‹-Probleme antraf, sagte er ungefähr: ›Ich weiß, daß das alles sinnlos ist, wenn das Haus in Brand steht. Aber solange es irgend möglich ist, muß ich das machen, denn hätten die Leute, die dazu verpflichtet sind, immer darauf geachtet, daß alle Beistriche am richtigen Platz stehen, so würde Shanghai nicht brennen.‹«[34]

In *Pro domo et mundo* hatte Kraus geschrieben: »Denn mir liegt auch dreißig Jahre nach meinem Tode mehr an einem Komma, das an seinem Platz steht, als an der Verbreitung des ganzen übrigen Textes.«[35] *Die Sprache* umfaßt vor allem Arbeiten aus den Jahren nach 1921 und belegt Kraus' Überzeugung, daß man dem Satzbau, der Ausdrucksweise, der Interpunktion und den Feinheiten des Sprachgebrauchs – sogar den Druckfehlern – die größte Aufmerksamkeit schenken muß. Die Glossen über den Unterschied zwischen »verbieten« und »verbitten«, »wieso kommt es« und »wie kommt es«, »nur noch« und »nur mehr«, »als« und »wie«, »der« und »welcher«, »zumuten« und »zutrauen« usw. sind nicht nur eigenwillige Abhandlungen über den Sprachgebrauch, die man in deutschen Wörterbüchern nicht finden wird. Es sind profunde, aggressive, geistreiche, oft vernichtende Aufsätze, geprägt von einem konsequent moralischen Denken. Doch Kraus weiß: »Stil kann man getrost als das definieren, was der Leser nicht versteht«[36], und: »Nichts ist schwerer, als sich über die Sprache mit Leuten zu verständigen, die sie sprechen oder gar schreiben.«[37] Er schreibe »für ein Volk, das bald keine Sprache mehr haben wird, um der Welt zu beteuern, daß es nicht untergehen kann.«[38] Er gibt seinen noch verbliebenen Anhängern den Rat, mutig zu sein und Sprachlehre zu betreiben. Gegen Ende seines Lebens dachte er öfters daran, ein Sprachseminar einzurichten. »Je barbarischer und gefühlloser die Welt um ihn herum wurde«, schreibt J. P. Stern, »desto nachdrücklicher wurde sein Ton und desto beharrlicher bestand er auf seiner Ansicht, die ganze Welt könne in einer Redewendung eingefangen werden. Und je hartnäckiger er diesen Anspruch vertrat, desto erdrückender war die Erkenntnis, daß es für dieses Zeitalter, dem nicht einmal Beten helfen konnte, keine Hoffnung mehr gab, und daß seine durchdringenden und mannigfaltigen Visionen umsonst waren.«[39]

Karl Kraus' sechzigster Geburtstag wurde mit einem musikalisch-literarischem Festakt gefeiert, wo der neue Film »Karl Kraus liest aus eigenen Schriften« gezeigt wurde; zudem erschienen verschiedene Aufsätze sowie – etwas verspätet – das Buch *Stimmen über Karl Kraus zum 60. Geburtstag* mit Beiträgen von Knut Hamsun, Henri Barbusse, Karel Čapek, Marcel Ray, Jan Münzer (seine Übersetzer ins Französische und Tschechische), Alban Berg, Oskar Jellinek (mit dem Gedicht »Dank der deutschen Sprache an Karl Kraus«) und anderen. Der elegische Aufsatz von Berthold Viertel bringt die Gefühle derer, die Kraus noch treu geblieben waren, besonders treffend zum Ausdruck:

Karl Kraus ist sechzig Jahre alt geworden. Als wir Knaben von vierzehn waren und dem humanistischen Gymnasium ausgeliefert, lasen wir seine *Fackel* unter der Bank. Wir haben nie aufgehört, sie zu lesen – aber jetzt hat er aufgehört, sie zu schreiben. Nach einem Menschenalter gewaltiger Rede schweigt jetzt dieser Warner. Denn es gibt nichts mehr zu warnen. Es ist alles so gekommen, wie er es vorausgesehen, vorausgewußt und vorausgesagt hat. Alle Schrecken sind eingetroffen, dieser Krieg und dieser Frieden! Er hat das schwerste Schicksal gehabt: in so entsetzlicher Weise Recht zu behalten! Da schwieg er schließlich, wie der Prophet Samuel, der auf den Berg ging und nicht mehr hinuntersah auf die verlorene Stadt! – Das schwerste Schicksal, das Schicksal des Propheten, den das Unglück bestätigt. Sie schrieben alle Feuilletons, als Karl Kraus anfing, seine Menetekel zu schreiben. Heute schreiben sie ihre Feuilletons weiter. Karl Kraus aber schweigt. – Wie? Er ist sechzig Jahre alt geworden? Umso schlimmer für uns alle Er ist vergeblich sechzig Jahre alt geworden. Was nützt es, ihn jetzt zu feiern? Die Zukunft wird ihn feiern. Denn unser Untergang tut wenigstens eines für ihn, er beglaubigt sein Denken und Schreiben. Die Zukunft wird Gebrauch davon machen.[40]

Kraus' Tod am 12. Juni 1936 beendete nicht nur die lange Zeit der physischen und geistigen Erschöpfung seiner letzten Jahre, sondern bewahrte ihn auch gnädig davor, mitansehen zu müssen, wie Österreich von den Nazis vergewaltigt wurde, seine Wohnung und das »Fackel«-Verlagshaus geschändet, seine Bibliothek und die Kraus-Sammlung von Lanyi vernichtet wurden, und daß er nicht mehr erfahren mußte, wie seine Freunde Richard Lanyi und Philipp Berger in Konzentrationslagern umgebracht wurden und was alles sonst noch an unsagbaren Greueln geschah. Das letzte Wort der letzten Seite der letzten Ausgabe der *Fackel* – in der er immer noch die Sozialdemokraten angriff – lautet »Trottel«. J. P. Stern meint dazu, dies deute »auf bewegende und überwältigende Weise ... auf die Hoffnungslosigkeit gegenüber einer Vision hin, die so erhaben und zugleich gnadenlos war, und die von der Niedrigkeit der Realität eines Zeitalters überrollt wurde. Keine andere Zeit hätte solche Visionen hervorbringen können, wie auch keine andere Zeit diese so grausam vernichtet hätte.«[41] Kraus sah sich selbst als Endprodukt eines Zeitalters, als er schrieb: »Der satirische Künstler steht am Ende einer Entwicklung, die sich der Kunst versagt. Er ist ihr Produkt und ihr hoffnungsloses Gegenteil. Er organisiert die Flucht des Geistes vor der Menschheit ... Nach ihm die Sintflut.«[42]

»In den zwölf Jahren nach Hitlers Machtergreifung in Deutschland«, so schreibt Frank Field, »sind Dinge geschehen, die die pessimistischsten Vorhersagen des Satirikers überstiegen: die Errichtung des Konzentrationslagers Buchenwald um die Goethesche Buche, die Elendszüge in die Vernichtungskammern des Lagers Auschwitz, während in einem anderen Teil des Lagers ein Orchester leichte Wiener Musik spielte – all dies wird erst nach dem Lesen der Werke von Karl Kraus ein klein wenig erklärbar.«[43] Aber Bert Brecht hat die Bedeutung von Kraus wahrscheinlich am prägnantesten ausgedrückt, indem er sagte: »Als das Zeitalter Hand an sich legte, war er diese Hand.«[44] In seinem Versuch, seine Zeit zu retten, indem er seine Mitmenschen zu den Quellen der geistigen Kräfte ihres kulturellen Erbes führte, in seinem Rückzugsgefecht um das Geistige in einer untergehenden Zeit, mit seiner nimmermüden, schonungslosen Kritik so vieler Aspekte der menschlichen Natur, mag Karl Kraus erfolglos gewesen sein, doch war er sicherlich der großartigste Erfolglose in der Weltliteratur.

ANHANG

Anmerkungen

ERSTES KAPITEL

1 In einem Essay über Imré Békessy, *Die Fackel* Nr. 697-705, S. 167

2 Ein Hinweis auf sie ist in dem Gedicht »Jugend« in *Worte in Versen* (III), S. 180, enthalten:

> Heuer gehts früh aufs Land,
> auf blasser Wange
> fühle ich deine Hand.
> Fort bist du lange.

(In diesem und allen weiteren Zitaten aus Karl Kraus' Gedichten wird auf *Worte in Versen* [München: Kösel, 1959] verwiesen, in dem alle neun Originalbände enthalten sind. Die ursprüngliche Bandnummer ist in Klammern angegeben.)

3 Dazu gehören die folgenden Gedichte aus *Worte in Versen*: »Alle Vögel sind schon da« (II), S. 70; »Memoiren« (II), S. 71: »Jugend« (III), S. 178; »Wiedersehen mit Schmetterlingen« (III), S. 118; »Frauenlob« (IX), S. 496

4 Dieser Schwester, Marie Turnovsky, die 1933 starb, widmete er den Band VII seiner *Worte in Versen*

5 *Worte in Versen* (II), S. 68

6 Ludwig Eisenberg, *Das geistige Wien* (Wien: C. Daberkow, 1893), S. 286

7 *Fackel* Nr. 5, S. 11

8 *Fackel* Nr. 1, S. 1

9 »Pro domo et mundo« in *Beim Wort genommen*, (München: Kösel, 1955), S. 293

10 »Wenn mich einer ansprechen will, hoffe ich noch bis zum letzten Augenblick, daß die Furcht, kompromittiert zu werden, ihn davon abhalten wird. Sie sind aber unerschrocken.« »Sprüche und Widersprüche« in *Beim Wort genommen*, S. 61. »Viele haben den Wunsch, mich zu erschlagen. Viele den Wunsch, mit mir ein Plauderstündchen zu verbringen. Gegen jene schützt mich das Gesetz.« Ebda. S. 63

11 In einer Prosaarbeit mit dem Titel »Lob der verkehrten Lebensweise« erklärt Kraus, daß ihm die Objektivität der Sonne, die auf die Gerechten und die Ungerechten gleichermaßen scheine, unerträglich geworden sei. »Die Dummheit schläft – da gehe ich an die Arbeit. Von fern klingt es wie das Geräusch der Druckpressen: Die Dummheit schnarcht ... Wenn am östlichen Horizont der Kultur das erste Morgenblatt erscheint, gehe ich schlafen ... Und wenn ich erwache, breite ich die ganze papierne Schande der Menschheit vor mir aus, um zu wissen, was ich versäumt habe, und bin glücklich.« *Die chinesische Mauer* (München: Langen-Müller, 1964), S. 168 ff.

12 Kraus suchte am liebsten die Cafés Pucher, Parsifal, Imperial, Lebmann, Attaché, Löwenbräu, Fichtenhof und Schellinghof auf

13 »Karl Kraus« in Benjamin *Schriften* (Frankfurt: Suhrkamp, 1955), II, S. 175

14 »Der Irrgarten« in *Worte in Versen* (II), S. 83

15 Ein alter Schriftsetzer hatte es einem jüngeren beigebracht, und so gab es nur diese beiden, die (mit Stolz) die Manuskripte von Karl Kraus in der Druckerei Jahoda & Siegel bearbeiten konnten. Beide starben innerhalb von sechs Monaten nach Kraus' Tod

16 »Nachts« in *Beim Wort genommen,* S. 327

17 Frank Field, *The Last Days of Mankind: Karl Kraus and His Vienna* (New York: St. Martin's Press, 1967), S. 242

18 *Worte in Versen* (VII), S. 381. 1929 hat Eugen Auerbach dieses Gedicht vertont

19 *Beim Wort genommen,* S. 33

20 Ilse Blumenthal-Weiss schreibt in ihrem Aufsatz »Rainer Maria Rilke und das Judentum« (*Deutsche Rundschau* LXXXIV, 3. März 1958, S. 277): »In einem äußerst geschickt formulierten Brief (unv., Februar 1914) versucht Rilke schließlich, die Frau, die eine Ehe mit Karl Kraus erwägt, von einem ›sehr kontinuierlichen Umgang‹ mit dem ›Sie nahe angehenden, ausgezeichneten Schriftsteller‹ zu warnen. Das Wort ›Jude‹ fällt in diesem viele Seiten füllenden, vieldeutigen Brief nicht ein einziges Mal. Aber zwischen den Zeilen schleicht es überall herum, träufelt der Vertrauenden Mißtrauen ein, umgarnt mit wohltönenden Ermahnungen, feingeschliffenen Argumenten und Beunruhigungen die ferne Sidie und läßt Bedenken aufkommen. Dieser K. K. *kann* (das Wort ist im Original-Brief zweimal unterstrichen) ihr im Grunde genommen nur fremd sein. Sein Leben und das ihre sind völlig verschieden ... Was Rilke mit diesem Brief bezweckte, erreicht er. Sidie Nádherný läßt sich umstimmen. Unter dem Einfluß von Rilke gibt sie den Gedanken an eine Heirat mit dem geliebten Freund auf.«

21 *Worte in Versen* I ist »Sidonie Nádherný zu eigen« überschrieben; II »Dem Park von Janowitz« gewidmet; IV »Dem Tag von Vallorbe«

22 Vgl. W. Kraft, *Karl Kraus* (Salzburg: Otto Müller, 1956) S. 337 ff. Sidonie Nádherný floh überstürzt vor der Übernahme der Kommunisten im Jahre 1948 aus der Tschechoslowakei nach England, wo sie 1950 im Alter von 65 Jahren starb

23 Leopold Liegler, *Karl Kraus und sein Werk* (Wien: R. Lanyi, 1920), S. 239

24 Paul Schick, *Karl Kraus* (Hamburg: Rowohlt, 1965), S. 92-93

25 Kraus, *Die letzten Tage der Menschheit* (München: Kösel, 1975), S. 10

26 *Weltgericht* ist ihrem Andenken gewidmet In seinem Nachruf auf Franz Janowitz schrieb Karl Kraus: »... und das schmale Feld meines menschlichen Umgangs, so furchtbar in das weite Feld der Unmenschlichkeit einbezogen, ist nun recht verödet, seit mir auch dieser Lichtpunkt erloschen ist ...« *Weltgericht* (München: Langen-Müller, 1965), S. 161

27 *Fackel* Nr. 501-507, S. 17

28 *Mit vorzüglicher Hochachtung* (München: Kösel, 1962), S. 84

29 Vgl. »Vom großen Welttheaterschwindel« in *Unsterblicher Witz* (München: Kösel, 1961), S. 219, und das Gedicht »Bunte Begeben-

heiten« in *Worte in Versen* (VII), S. 409. »... daß ich einst die jüdische Glaubensgenossenschaft, in die ich durch den leidigen Zufall der Geburt geraten war, verlassen habe, um mich nach einer Zeit der bequemen und nie genug gewürdigten Konfessionslosigkeit von einem Teufel in den Schoß der alleinseligmachenden Kirche verführen zu lassen.« An anderer Stelle schreibt Kraus: »ich bin nicht Jud genug, um Christ zu sein!« – in dem Gedicht »Nach zwanzig Jahren« in *Worte in Versen* (V), S. 257

30 *Fackel* Nr. 657-667, S. 3

31 *Worte in Versen* (IX), S. 516

32 *Fackel* Nr. 876-884 (1932), S. 1

33 Zitiert bei Schick, a. a. O., S. 129-130

34 *Fackel* Nr. 890-905 (1934), S. 141

35 Ebda. S. 168

36 Zitiert von Schick, a. a. O., S. 136

37 Helene Kann, »Erinnerungen an Karl Kraus« in *National-Zeitung* (Basel), 22. April 1944

38 Zitiert bei Heinrich Fischer in »Some Personal Memories of Kraus, Lasker-Schüler und Brecht«, eine Rede im Balliol College (unveröffentlichtes Manuskript)

39 Erich Heller, »Karl Kraus. Satiriker, Dichter, Erzieher seiner Zeit« in *Hamburger Akademische Rundschau*, Dezember 1947

40 *Beim Wort genommen*, S. 270

41 Ebda. S. 167

42 *Worte in Versen* (VIII), S. 455

ZWEITES KAPITEL

1 Robert Scheu, *Karl Kraus* (Wien: Jahoda & Siegel, 1909), S. 4

2 *Widerschein der Fackel* (München: Kösel, 1956), S. 332-333

3 Die neue Ausgabe der vollständigen *Fackel*, die vom Kösel-Verlag im Herbst 1968 herausgegeben wurde, besteht aus 39 Bänden mit insgesamt dreiundzwanzigtausend Seiten

4 *Fackel* Nr. 1, S. 3

5 Zu Lebzeiten von Karl Kraus, wie auch zuvor und danach, gab es mehrere Zeitschriften, die den Namen *Fackel* trugen. Unter anderem im neunzehnten Jahrhundert eine von Hans von Bülow, ein Frankfurter Boulevardblatt, die Wochenzeitung der Berliner Sozialisten und eine Zeitschrift im Wien der fünfziger Jahre

6 *Beim Wort genommen*, S. 284

7 *Widerschein der Fackel*, S. 39

8 *Fackel* Nr. 557-560, S. 45

9 *Die chinesische Mauer*, S. 192

10 Ebda. S. 195

11 Ebda.

12 *Die Sprache* (München: Kösel, 1954), S. 370

13 Zuerst waren die Überschriften »Abfälle«, »Tagebuch«, »Persönliches«, »Kehraus«, »Vorurteile« und »Illusionen«. Später wurde »Sprüche und Widersprüche« verwendet, was dann auch der Titel für die erste Aphorismensammlung von Karl Kraus wurde

14 *Mit vorzüglicher Hochachtung* (München: Kösel, 1962), S. 252

15 *Untergang der Welt durch schwarze Magie* (München: Kösel, 1960), S. 114

16 H. Wickham Steed, *The Hapsburg Monarchy* (London, 1914), S. 192

DRITTES KAPITEL

1 *Beim Wort genommen*, S. 280

2 Carl E. Schorske, *Wien. Geist und Gesellschaft im Fin de siècle* (Frankfurt: S. Fischer, 1984)

3 »Den Brüdern«, Leopold Andrian gewidmet, aus Stefan Georges *Der Teppich des Lebens* (1900)

4 Robert Musil, *Der Mann ohne Eigenschaften* (Hamburg: Rowohlt), S.33/34

5 »Franz Ferdinand und die Talente« (1914), in *Untergang der Welt durch schwarze Magie*, S. 418

6 *Worte in Versen* (V), S. 258

7 *Die demolirte Literatur* (Wien: A. Bauer, 1899), S. 3

8 Ebda. S. 15

9 Ebda. S. 17

10 1901 verlor Kraus einen Rechtsstreit, der dadurch entstanden war, daß Kraus von Hermann Bahr verklagt worden war, weil Kraus ihn der Bestechlichkeit bezichtigt hatte, und von Emmerich Bukowics, dem Direktor des Deutschen Volkstheaters, weil Kraus behauptet hatte, Bukowics hätte sein Versprechen dem jungen Autor Rudolf Holzer gegenüber nicht gehalten. Ein von Bahr an Hugo von Hofmannsthal gerichteter, recht dummer »patriotischer« Brief vom August 1914 regte Kraus 1916 zu dem Aufsatz »Gruß an Bahr und Hofmannsthal« an (*Weltgericht* S. 47 f.) sowie Akt 1, Szene 19 von *Die letzten Tage der Menschheit* (S. 146 f.). Siehe auch »Ich warne das neue Österreich« in *Weltgericht* (S. 94 f.) und »Kriegssegen« in *Unsterblicher Witz* (S. 317)

11 *Die demolirte Literatur*, S. 6

12 Ebda. S. 13

13 *Beim Wort genommen*, S. 253

14 *Literatur und Lüge* (München: Kösel, 1958), S. 69

15 *Die demolirte Literatur*, S. 36

16 Zitiert nach Berthold Viertel, »Karl Kraus. Ein Charakter und die Zeit« in B. Viertel, *Dichtungen und Dokumente*, hg. von Ernst Ginsberg (München: Kösel, 1956), S. 212

17 »Vom großen Welttheaterschwindel« in *Fackel* Nr. 601-607, November 1922, S. 3

18 Berlin: Jüdischer Verlag, 1930, S. 43-44

19 Berthold Viertel, a. a. O., S. 258-259

20 Ebda. S. 261

21 Ebda. S. 262

22 Leopold Liegler, *Karl Kraus* (Wien: R. Lanyi, 1920), S. 399

23 *Fackel* Nr. 644-656, Juni 1924, S. 141

24 Willy Haas, *Die literarische Welt* (München: Paul List Verlag, 1957), S. 24

25 Hans Tietze, *Die Juden Wiens. Geschichte, Wirtschaft, Kultur* (Wien–Leipzig: E. P. Tal, 1933), S. 269-270

26 Sol Liptzin erklärt Kraus' »Versagen als Mensch« als das Resultat seiner »Entfremdung von seinen jüdischen Wurzeln und seiner Unfähigkeit, in nicht-jüdischer Erde neue Wurzeln zu bilden«. »... sein masochistischer Antisemitismus brachte ihn dazu, Heine herabzusetzen, Otto Weiniger zuzustimmen, die Verteidiger Dreyfus' anzugreifen, sich 1933 nicht gegen Hitler auszusprechen.« (*Jewish Spectator*, Oktober 1972, S. 15, 14) Paul Neumarkt schreibt: »Kraus blieb der prophetischen Tradition des Alten Testamentes ganz und gar verpflichtet ... Der Moralist maßt sich die Stellung Jeremiahs und Jesajas an. Sein Ruf nach sozialer Gerechtigkeit und Mitgefühl mit unseren Mitmenschen hat einen alttestamentarischen Klang.« (»Kraus, Tucholsky, F. Mendelssohn: A Trio of Apostates« in *Jewish Currents* XXVII, 11. Dezember 1973, S. 39, 41)

27 Antwort auf einen Brief Walter Kaufmanns, *New York Review of Book* XX, 13, 9. August 1973, S. 37

28 Stuttgart: Seewald Verlag, 1964, S. 32, 33

29 A. Kuh, *Juden und Deutsche* (Berlin: Erich Reiss Verlag, o. J.), S. 38-39

30 München: R. Piper & Co., 1973, S. 25

31 *Max Brod Bibliographie* hg. von Werner Kayser und Horst Gronemeyer (Hamburg: Hans Christians Verlag, 1972), S. 29

32 Berlin: Morgenland Verlag, 1932, S. 16

33 Wien: Moriz Frisch, 1899 (3. Auflage), S. 3

34 Ebda. S. 4

35 Ebda. S. 20

36 Ebda. S. 29

37 Ebda.

38 »Ich bekenne« in *Fackel* Nr. 657-667, August 1924, S. 167

39 *Fackel* 649-656, Juni 1924, S. 137

40 Ebda. S. 138

41 *Beim Wort genommen*, S. 215

42 *Fackel* Nr. 71, März 1901, S. 1

43 *Fackel* Nr. 657-667, S. 179

44 *Fackel* Nr. 577-582, November 1921, S. 28

45 *Fackel* Nr. 423-425, 5. Mai 1916, S. 58 ff. Im folgenden Jahr abgedruckt in *Worte in Versen* (II)

46 Kraus, *Die Dritte Walpurgisnacht* (München: Kösel, 1952), S. 139

47 Wien: Verlag J. Deibler, o. J., S. 48

48 *Rundfrage über Karl Kraus* hg. von Ludwig v. Ficker (Innsbruck: Brenner-Verlag, o. J. [1917]), S. 28. In der *Fackel* vom 19. September 1913 druckte Kraus das Urteil Lanz von Liebenfels' als Antwort auf »Pro domo et loco«, eine Reihe skurriler Aphorismen im jüdisch-deutschen Jargon, angeblich von Kraus und »erlauscht von de Gal«. Auf einen gewiß unbeabsichtigten Aspekt des Krausschen Wirkens weist Paul Neumarkt hin, indem er schreibt: »Seine Werke waren in dem ›auto da fe‹ von 1933 nicht aufgeführt. Er wurde durch eine ironische Fügung des Schicksals Hitlers ›anständiger‹ Jude, dessen Arbeiten deshalb ausgespart waren, weil er die internationale Verschwörung der jüdischen Finanzwelt angegriffen hatte.« (a. a. O., S. 39)

49 »Er ist doch ä Jud«, *Fackel* Nr. 386, 24. Oktober 1913, S. 3

50 Ebda. S. 6
51 *Weltgericht*, S. 150
52 *Beim Wort genommen*, S. 298
53 *Fackel* Nr. 378-379, 1915, S. 58
54 *Beim Wort genommen*, S. 361
55 Ebda.
56 Ebda. S. 223
57 *Untergang der Welt durch schwarze Magie*, S. 283
58 *Fackel* Nr. 613-621, April 1923, S. 43
59 *Fackel* Nr. 370-375, 5. März 1913, S. 22
60 *Fackel* Nr. 649-656, Juni 1924, S. 104
61 Ebda. S. 141-142. Daß gerade jiddische Schriftsteller Kraus öfters günstig beurteilt haben, beweist unter anderen Elia Falkow in seinen »Choidischliche Kuranten« in der in New York erscheinenden Zeitschrift *Der Wecker*, LII, 1151, November 1973, S. 10-11
62 M. Brod, *Franz Kafkas Glauben und Lehre* (Winterthur 1948). Zitiert nach Brod, *Über Franz Kafka* (Frankfurt: Fischer, 1966), S. 275
63 Ebda.
64 *Die Dritte Walpurgisnacht*, S. 139
65 A. a. O., S. 43
66 *Die Dritte Walpurgisnacht*, S. 63-64
67 Ebda. S. 86, 88
68 Ebda. S. 260
69 Ebda. S. 151
70 Ebda. S. 112
71 *Fackel* Nr. 890-905, Juli 1934, S. 36
72 Ebda.
73 Ebda. S. 38
74 *Fackel* Nr. 557-560, Januar 1921, S. 63
75 *Sittlichkeit und Kriminalität*, S. 71
76 *Beim Wort genommen*, S. 187
77 Ebda. S. 51
78 Kraus spielte die Rolle des Prinzen Kungu Poti; Mathilde (Tilly) Newes, die später Wedekinds Frau wurde, stellte Lulu dar; Egon Friedell debütierte mit der einzeiligen Rolle des Polizeikommissars. In seiner am 29. Mai 1905 gehaltenen einführenden Ansprache lobte Kraus Wedekind als »den ersten deutschen Dramatiker, der wieder dem Gedanken den langentbehrten Zutritt auf die Bühne verschafft hat«, und sprach über seine »gewaltige Doppeltragödie ... von der gehetzten, ewig mißverstandenen Frauenanmut, der eine armselige Welt bloß in das Prokrustesbett ihrer Moralbegriffe zu steigen erlaubt ... in der Gestaltung der Frau, die die Männer zu ›haben‹ glauben, während sie von ihr gehabt werden ... sehe ich eine vollendete Ehrenrettung der Unmoral.« (*Literatur und Lüge*, S. 14, 11, 19-20)
79 Frank Wedekind, aus der Vorrede zur dritten Auflage der *Büchse der Pandora* (1906) zitiert nach Wedekind, *Prosa*, hg. von Manfred Hahn (Berlin–Weimar: Aufbau Verlag, 1969), S. 342
80 *Sittlichkeit und Kriminalität*, S. 19
81 Ebda. S. 11

82 Ebda. S. 27
83 Ebda. S. 25
84 Ebda. S. 27
85 Ebda. S. 35
86 Ebda. S. 33
87 Ebda. S. 150
88 Ebda. S. 45
89 Ebda. S. 75
90 Ebda. S. 105
91 Ebda. S. 146
92 Ebda. S. 278
93 Ebda. S. 165
94 Ebda. S. 129
95 Ebda. S. 208
96 Ebda. S. 226
97 Ebda. S. 231
98 Ebda. S. 245
99 Ebda. S. 134
100 Ebda. S. 262
101 Ebda. S. 308
102 Theodor W. Adorno, *Noten zur Literatur* III (Frankfurt: Suhrkamp, 1965), S. 62
103 *Sittlichkeit und Kriminalität*, S. 303
104 *Die chinesische Mauer*, S. 32
105 Ebda. S. 21
106 Ebda. S. 22
107 Ebda. S. 35
108 Ebda. S. 52
109 Ebda. S. 103
110 Ebda. S. 104
111 Ebda. S. 105
112 Ebda. S. 112
113 Ebda. S. 248
114 Ebda. S. 128
115 »Grubenhund und Hakenkreuz« in *Unsterblicher Witz*, S. 305
116 A. Schütz, *Der Grubenhund* (Wien: Jahoda & Siegel, 1931)
117 *Die chinesische Mauer*, S. 157
118 Ebda. S. 162
119 Ebda. S. 175
120 Ebda. S. 185
121 Ebda. S. 187
122 Ebda. S. 236
123 Ebda. S. 237
124 Ebda. S. 262
125 Ebda. S. 272
126 Ebda.
127 Ebda. S. 211
128 Ebda. S. 275
129 *Fackel* Nr. 86, 1901, S. 10
130 Stefan Zweig, *Die Welt von Gestern* (Frankfurt: S. Fischer, 1970), S. 81

131 Kraus las Kierkegaards »Kritik der Gegenwart« und andere Werke in der Übersetzung von Theodor Haecker
132 Hermann Hesse, *Das Glasperlenspiel* in *Gesammelte Dichtungen* (Frankfurt: Suhrkamp, 1957) III, S. 87
133 *Fackel* Nr. 199, S. 1
134 *Untergang der Welt durch schwarze Magie*, S. 189
135 Ebda. S. 193
136 Ebda. S. 195
137 Ebda. S. 190
138 Ebda.
139 Ebda. S. 191
140 Ebda. Arthur Koestler schrieb über das Feuilleton: »Es war eine widernatürliche Mischung aus Reisebeschreibung, Essay und Kurzgeschichte, die jeweils deren schlechteste Seite hervorbrachte« (*Arrow in the Blue*, London: 1952, S. 171). Kraus nahm Ludwig Speidel, Ferdinand Kürnberger und Alfred Polgar von seinen strengen Maßstäben aus, da sie seiner Meinung nach diese literarische Form in stärkerem Maße künstlerisch beherrschten
141 Kraus stimmte mit seinem Freund, dem Architekten Adolf Loos (»einer der wenigen Anti-Wiener«, *Untergang*, S. 425) überein, daß kulturelle Evolution gleichbedeutend mit einer Entfernung aller Verzierungen von Gegenständen des täglichen Gebrauchs sei
142 *Untergang der Welt durch schwarze Magie*, S. 197
143 Ebda. S. 202
144 Ebda. S. 204
145 Ebda. S. 205
146 Ebda. S. 209
147 Ebda. S. 210
148 Ebda. S. 205
149 Ebda. S. 212
150 Ebda. S. 213
151 Ebda. S. 425
152 Ebda. S. 11
153 Ebda. S. 16
154 »Die Zeitung« in *Worte in Versen* (IV), S. 360
155 *Untergang der Welt durch schwarze Magie*, S. 100
156 Ebda. S. 93
157 Ebda. S. 93-94
158 *Fackel* Nr. 287, S. 11
159 Hans Weigel, *Karl Kraus oder Die Macht der Ohnmacht* (Wien: Fritz Molden, 1968), S. 11

VIERTES KAPITEL

1 »Die Sprache« in *Epigramme* (Wien–Leipzig: Verlag »Die Fackel«, 1927), S. 96
2 *Beim Wort genommen*, S. 293
3 Nachwort zu *Die Sprache*, S. 441
4 J. P. Stern, »Karl Kraus's Vision of Language« in *Modern Language Review*, LXI (1966), S. 75
5 *Beim Wort genommen*, S. 431

6 Ebda. S. 294

7 *Worte in Versen*, S. 79

8 *Beim Wort genommen*, S. 434

9 Zitiert in J. P. Stern, *Lichtenberg: A Doctrine of Scattered Occasions* (Bloomington: Indiana University Press, 1959), S. 164

10 *Die Sprache*, S. 437

11 L. Liegler, a. a. O., S. 313

12 L. Liegler, *Karl Kraus und die Sprache* (Wien: R. Lanyi, 1918), S. 6-7

13 J. P. Stern, a. a. O., S. 80

14 *Weltgericht*, S. 10. Die von Kraus nach dem Krieg vorgebrachten wenig überzeugenden Erklärungen zu diesem Thema (in denen er auf den Doppelsinn des Wortes »Anschlag« hinweist) finden sich in der *Fackel* Nr. 501-507, 1919 und Nr. 531-543, 1920, S. 127 f.

15 J. P. Stern, a. a. O., S. 83

16 *Die Sprache*, S. 438

17 *Beim Wort genommen*, S. 235

18 Ebda. S. 238

19 Ebda. S. 236

20 Ebda.

21 Ebda.

22 *Die Sprache*, S. 341

23 Ebda. S. 96

24 Ebda. S. 274

25 *Beim Wort genommen*, S. 413

26 P. Engelmann, *Letters from Ludwig Wittgenstein* (Oxford: Blackwell, 1967), S. 125

27 L. Wittgenstein, *Notebooks 1914-1916* hg. von G. H. von Wright und G. E. M. Anscombe (Oxford: Blackwell, 1961), S. 49c

28 J. P. Stern, *Lichtenberg: A Doctrine of Scattered Occasions*, S. 163-164

29 *Weltgericht*, S. 9

30 J. P. Stern, »Karl Kraus's Vision of Language«, S. 76-77

31 *Worte in Versen* (II), S. 63

32 *Beim Wort genommen*, S. 114-115

33 Was Goethe über Lichtenberg sagte, kann auch auf Kraus angewandt werden: seine Arbeiten seien wie »die erstaunlichste Wünschelrute; wo immer er einen Witz macht, verbirgt sich ein Problem« (zitiert in *The Lichtenberg Reader* hg. von D. H. Mautner und H. Hatfield, Boston: Beacon Press, S. 3)

34 *Fackel* Nr. 437, S. 53

35 *Beim Wort genommen*, S. 324

36 Ebda. S. 325

37 Ebda. S. 155

38 Nach 1919 nahmen Epigramme in verstärktem Maße die Stelle von Aphorismen ein, wobei es sich oft um erweiterte Versionen des gleichen Materials handelte. Diese erschienen im allgemeinen in der *Fackel* als »Inschriften« (schon 1916) und sind 1927 in Buchform herausgegeben worden

39 *Beim Wort genommen*, S. 116

40 Ebda. S. 238

41 Ebda. S. 117

42 Ebda. S. 161
43 *Literatur und Lüge*, S. 205-206
44 *Fackel* Nr. 349-350, S. 10
45 *Beim Wort genommen*, S. 332
46 *Worte in Versen* (II), S. 80
47 *Worte in Versen* (I), S. 12
48 *Beim Wort genommen*, S. 291
49 Ebda. S. 338

FÜNFTES KAPITEL

1 Walter Benjamin, a. a. O., S. 163
2 *Weltgericht*, S. 26
3 Ebda. S. 9
4 »Nur der Verzweifler entdeckte Kraft in Zitaten – nicht die Kraft, um zu erhalten, sondern zu säubern, aus dem Kontext herauszureißen, zu zerstören«, Walter Benjamin, a. a. O., S. 192
5 *Die letzten Tage der Menschheit*, S. 255
6 1923 und 1924 in Wien, 1930 in Berlin
7 Aufführungen fanden unter anderem 1945 in Zürich und während der Wiener Festwochen 1964 und 1980 statt. Eine für das deutsche Fernsehen hergestellte Fassung wurde als Film gezeigt. Die von dem Wiener Schauspieler Helmut Qualtinger veranstalteten Lesungen des Stücks sind auf drei Langspielplatten festgehalten
8 *Die letzten Tage der Menschheit*, S. 9-10
9 Leopold Liegler, *Karl Kraus*, S. 262
10 *Die letzten Tage der Menschheit*, S. 9
11 M. Spalter, *Brecht's Tradition* (Baltimore: Johns Hopkins Press, 1967), S. 155, 149
12 F. Mautner, »Kraus's *Die letzten Tage der Menschheit*« in *Das deutsche Drama* II, hg. von Benno von Wiese (Düsseldorf: Bagel, 1958), S. 376
13 *Die letzten Tage der Menschheit*, S. 66
14 Ebda. S. 71 ff.
15 Ebda. S. 75 ff.
16 Ebda. S. 79-81
17 Ebda. S. 86
18 Ebda. S. 224
19 Ebda. S. 178
20 Ebda. S. 197
21 Ebda. S. 200. Dieses Wortspiel erschien bereits früher in »Sprüche und Widersprüche« (*Beim Wort genommen*, S. 159)
22 Ebda.
23 Ebda. S. 225
24 Siehe *Die letzten Tage der Menschheit*, 1. Akt, Szenen 21 und 26; 2. Akt, Szenen 7, 19, 30, 31; 3. Akt, Szenen 2 und 33; 4. Akt, Szene 10; wie auch *Weltgericht*, S. 164; *Widerschein der Fackel*, S. 155; *Fackel* Nr. 413-417, S. 36; und Nr. 462-471, S. 134.
25 *Die letzten Tage der Menschheit*, S. 750
26 Ebda. S. 257/58
27 Ebda. S. 266

28 Ebda. S. 331, vgl. »Goethes Volk« in *Unsterblicher Witz*, S. 330 f.
29 Ebda. S. 494
30 Ebda. S. 237
31 Kraus' Vorkriegsarbeiten enthalten eine Reihe von anerkennenden Bemerkungen über den Kaiser
32 *Die letzten Tage der Menschheit*, S. 303
33 M. Snell, »Karl Kraus's *Die letzten Tage der Menschheit*: An Analysis« in *Forum for Modern Language Studies*, IV (1968), S. 237
34 *Die letzten Tage der Menschheit*, S. 328-329
35 Ebda. S. 372
36 Ebda, S. 353
37 Ebda. S. 459
38 Ebda. S. 496-497
39 Ebda. S. 497-498
40 Ebda. S. 498, 500
41 Ebda. S. 503
42 Ebda, S. 519 ff.
43 Ebda. S. 553
44 Ebda.
45 Ebda. S. 562
46 Ebda. S. 614
47 Ebda. S. 615
48 Ebda. S. 671, 681
49 Ebda. S. 670
50 Ebda. S. 659
51 Ebda. S. 710
52 Ebda. S. 766
53 Ebda. S. 770
54 M. Spalter, a. a. O., S. 148
55 *Beim Wort genommen*, S. 224
56 *Weltgericht*, S. 266
57 Ebda. S. 21
58 Ebda. S. 272
59 Ebda. S. 273, 152
60 Ebda. S. 275-276
61 Ebda. S. 346

SECHSTES KAPITEL

1 Ich, der Heimat treuer Hasser,
will aus dieser Gegend weg –
blau war nie das Donauwasser,
doch die Spree hat noch mehr Dreck!
Letzte (16.) Strophe des Gedichtes »Berliner Theater«, 1926 in *Worte in Versen* (IX), S. 488
2 *Worte in Versen* (V), S. 259. Kraus zitiert darin aus *Hamlet*
3 *Mit vorzüglicher Hochachtung*, S. 90-91, 142.
4 *Fackel* Nr. 577-578, S. 96
5 Henrik Ibsen, *Peer Gynt*, 2. Akt, 7. Szene
6 *Worte in Versen* (IX), S. 517
7 *Fackel* Nr. 514-518, S. 43

8 »Auf einen Polemiker« in *Epigramme*, S. 77
9 *Literatur und Lüge*, S. 77
10 *Beim Wort genommen*, S. 322
11 *Worte in Versen* (III), S. 133
12 »In diesem Land« in *Worte in Versen* (VII) S. 382
13 *Beim Wort genommen*, S. 341
14 E. Lasker-Schüler, *Briefe an Karl Kraus* (Köln–Berlin: Kiepenheuer & Witsch, o. J.), S. 100
15 Kraus' *Epigramme* (1927) sind Else Lasker-Schüler gewidmet. 1934 ließ sie das Manuskript von »Ein alter Tibetteppich«, einem der Lieblingsgedichte des Satirikers, in die Schrift *Stimmen über Karl Kraus zum 60. Geburtstag* aufnehmen
16 *Literatur und Lüge*, S. 148
17 *Die chinesische Mauer*, S. 53
18 *Literatur und Lüge*, S. 79 ff., 99 ff., 107 ff.
19 Ebda. S. 137
20 *Prager Presse*, November 27, 1927
21 H. Nunberg und E. Federn hg., *Minutes of the Viena Psychoanalytic Society*, 1908-1910 (New York: International Universities Press, 1967), S. 383
22 Ebda.
23 Ebda.
24 Ebda. S. 385-386
25 Ebda. S. 386
26 Ebda. S. 388
27 Ebda. S. 387
28 Ebda. S. 389
29 Ebda. S. 391
30 Ebda. S. 392
31 Ebda.
32 Ebda.
33 Ebda.
34 S. Freud, *Briefe 1873-1939* (Frankfurt: S. Fischer, 1960), S. 248
35 *Literatur und Lüge*, S. 186 ff.
36 Ebda. S. 200, 204-205
37 Ebda. S. 208
38 Ebda. S. 211
39 Ebda. S. 213
40 Ebda. S. 214
41 Ebda.
42 *Fackel* Nr. 787-794, September 1928
43 *Widerschein der Fackel*, S. 404
44 *Rundfrage über Karl Kraus*, S. 35
45 W. Haas, *Die literarische Welt* (München: List, 1957), S. 22
46 *Literatur und Lüge*, S. 238
47 H. Müller-Einigen, *Jugend in Wien* (Bern: Francke, 1945), S. 167-168
48 Kraus, *Poems* hg. von A. Bloch (Boston: Four Seas, 1930), S. 9, 11
49 *Rundfrage über Karl Kraus*, S. 37-38
50 *Worte in Versen* (II), S. 77
51 *Die Sprache*, S. 31 ff.
52 *Fackel* Nr. 484-498

53 *Fackel* Nr. 561-567
54 Franz Werfel, *Spiegelmensch* (München: Kurt Wolff, 1920), S. 188-189
55 *Dramen* (München: Langen-Müller, 1967), S. 23
56 Ebda. S. 59
57 A. Ehrenstein, *Karl Kraus* (Wien–Leipzig: Genossenschaftsverlag, 1920), S. 3
58 *Worte in Versen* (II), S. 77
59 *Dramen*, S. 32
60 H. H. Hahnl, »Harald Brüller und Brahmanuel Leiser« in *Literatur und Kritik* Nr. 26-27, 1968, S. 425-428
61 *Dramen*, S. 51
62 Ebda. S. 52
63 Ebda. S. 55-56
64 *Dramen*, S. 56 ff. Die erste Zeile »Im Anfang war die Presse« inspirierte Max Vandrey zu seiner humorvollen journalistischen Anthologie *Am Anfang war die Presse* (München: Lama-Verlag, 1961)
65 *Dramen*, S. 67
66 Ebda. S. 71
67 Ebda. S. 72
68 Ebda. S. 55-56
69 M. Brod, *Streitbares Leben* (München: Kindler, 1960), S. 68
70 K. Wolff, *Autoren, Bücher, Abenteuer* (Berlin: Klaus Wagenbach, o. J.), S. 97
71 Vgl. *Fackel* Nr. 697-705, Oktober 1925, S. 176
72 *Dramen*, S. 115
73 Kraus' eigenhändiges Manuskript ist jetzt Teil der Samek-Sammlung in der Bibliothek der Brandeis University
74 *Dramen*, S. 115
75 Ebda. S. 125, 128
76 Ebda. S. 134
77 Ebda. S. 134, 138
78 Ebda. S. 159
79 Ebda. S. 172, 180
80 Ebda. S. 192
81 Ebda. S. 197-198
82 Siehe die Biographie von Hans Habe, Békessys Sohn, *Ich stelle mich* (Wien–München–Basel: Desch, 1954)
83 *Dramen*, S. 201
84 Ebda. S. 214
85 Ebda. S. 115
86 Ebda. S. 218 f.
87 Das Schober-Lied ist 1930 von Kraus aufgenommen worden, und auf der später von Preiserrecords (Wien) hergestellten Langspielplatte sind auch das »Lied von der Presse« sowie mehrere Prosasatiren zu hören
88 *Dramen*, S. 221
89 Ebda. S. 233
90 Ebda.
91 Ebda. S. 258, 262
92 Ebda. S. 265

1 *Beim Wort genommen*, S. 284
2 Ebda. S. 240
3 *Worte in Versen* (III), S. 126
4 L. Liegler, a. a. O., S. 403
5 *Fackel* Nr. 917-922, S. 38
6 E. Heller, »Karl Kraus: The Last Days of Mankind« in *The Disinherited Mind* (New York: Farrar, Straus, 1957), S. 243
7 Aus einem Artikel der Zeitung *Köbenhavn* vom 14. November 1911
8 *Rundfrage über Karl Kraus*, S. 17
9 Walter Benjamin, a. a. O., S. 162
10 Aus dem Programm für die Lesung von *Wolkenkuckucksheim* in Wien am 11. November 1923
11 Heinrich Fischer hg., *Die Vergessenen* (1926), Ernst Ginsberg hg., *Ihr Saiten tönet fort* (1946), Werner Kraft hg. *Wiederfinden* (1954)
12 Vgl. »Der Nobelpreis« in *Fackel* Nr. 800-805 (1929)
13 *Fackel* Nr. 349-350; die Buchausgabe erschien bei Jahoda & Siegel
14 *Untergang der Welt durch schwarze Magie*, S. 223
15 Ebda. S. 224 und 243
16 Ebda. S. 233 und 230
17 Wie auch schon seine Nestroy-Adaptionen wurden die Krausschen Versionen der Theaterstücke von Shakespeare von Richard Lanyi, Wien, herausgegeben. Die *Sonette* tragen das Impressum des Verlags »Die Fackel«
18 Kraus nannte die Versionen von Friedrich Gundolf, dem Literaturhistoriker des George-Kreises, ein »Standardwerk gewissenhaftester Shakespeare-Verschandelung« (*Die Sprache*, S. 164)
19 Cf. »Sakrileg an George oder Sühne an Shakespeare«, *Fackel* Nr. 885-887, Dezember 1932
20 Walter Benjamin, »Die Aufgabe des Übersetzers«, in *Schriften* (Frankfurt: Suhrkamp, 1955) I, S. 50, 52
21 »Vor Macbeth« in *Die Fackel*, Nr. 724-725, enthält eine Kritik an früheren Shakespeareübersetzungen
22 R. Flatter, *Karl Kraus als Nachdichter Shakespeares* (Wien: Berger & Fischer, 1934), S. 86
23 A. Bloch, »Karl Kraus's Shakespeare« in *Books Abroad*, XI, (1937) S. 22
24 Ebda. S. 23-24
25 *Beim Wort genommen*, S. 98
26 *Fackel* Nr. 827-833, S. 77
27 *Beim Wort genommen*, S. 99
28 Ebda. S. 98
29 Von R. Lanyi, Universaledition, und dem Verlag »Die Fackel« herausgegeben
30 *Breslauer Neueste Nachrichten*, 4. Dezember 1930
31 *Anbruch*, 3. März 1929
32 *Zeitstrophen* (Wien: Verlag »Die Fackel«, 1931), S. 84
33 Ebda. S. 161
34 Ebda. S. 194

35 Ebda. S. 204
36 Ebda. S. 174
37 *Unsterblicher Mutterwitz*, S. 85 ff.
38 Vergleiche »Vor dem Einschlafen« (*Worte in Versen* [II], S. 73); »Der Ratgeber« (II), S. 75; »Traum vom Fliegen« (IV), S. 241; »Versäumnis« (V), S. 260; »Traum« (V), S. 263; »Hypnagogische Gestalten« (V), S. 316; »Erlebnis« (IV), S. 343; »Versuch der Erinnerung« (IX), S. 495; »Geheimnis« (IX), S. 498
39 *Fackel* Nr. 686-690, S. 37
40 *Dramen*, S. 81
41 Ebda. S. 82
42 Ebda. S. 89
43 Ebda. S. 491
44 Ebda. S. 99
45 Ebda. S. 101
46 Ebda.
47 Ebda. S. 102
48 Ebda. S. 103
49 Ebda. S. 106
50 Ebda.
51 Ebda. S. 109
52 Ebda. S. 110. Berthold Viertel leitete seine »Truppe« in beiden Traumspielen – im März 1925 in Berlin und einen Monat später in Wien. In beiden spielte Lothar Müthel den Dichter und Cäcilie Lvovsky Imago und die Schauspielerin. In Berlin gehörten Leonhard Steckel und Heinz Hilpert zum Ensemble, in Wien Carl Goetz und Oskar Homolka. *Traumstück* wurde im März 1928 auch in München aufgeführt
53 Caroline Kohn, *Karl Kraus* (Stuttgart: Metzler, 1966), S. 145
54 *Dramen*, S. 281
55 *Der Weltfreund* ist der Titel von Franz Werfels erster Gedichtsammlung (1911)
56 *Dramen*, S. 321
57 Ebda. S. 322
58 Ebda. S. 336
59 Ebda. S. 337
60 Ebda. S. 338
61 Ebda. S. 348-350
62 Ebda. S. 363
63 Ebda. S. 364
64 Ebda. S. 366

ACHTES KAPITEL

1 *Fackel* Nr. 194, S. 11
2 Kraus hielt sich in der Tat von den meisten wissenschaftlichen und technologischen Neuerungen fern, aber auch von den Bereichen Musik, Bildhauerei und abstrakte Philosophie. Seine Bemerkung über das Radio verrät seine Einstellung: »Der Wiener Hausmeister an den Kosmos angeschlossen!« *Worte in Versen* (VIII), S. 459

3 Mitte der zwanziger Jahre versuchte eine Gruppe junger Sozialisten unter der Führung des Schriftstellers Leo Schmidl, der der »Vereinigung Karl Kraus« vorstand und Gründer und Redakteur von *Das Wort* (1924-1927) war, die Partei dazu zu überreden, Karl Kraus in seinem Kampf gegen Békessy beizustehen

4 *Fackel* Nr. 864-867, S. 2

5 Walter Benjamin, *Schriften* (Frankfurt: Suhrkamp, 1955) II, S. 192-193

6 *Worte in Versen* (IX), S. 488

7 *Die Dritte Walpurgisnacht* (München: Kösel, 1952), S. 9

8 K. Wolff, a. a. O., S. 75

9 *Fackel* Nr. 888, S. 4

10 *Stimmen über Karl Kraus zum 60. Geburtstag*, S. 11-12

11 B. Brecht, *Gesammelte Werke* (Frankfurt: Suhrkamp, 1967), S. 505. In ihrem Artikel »Bert Brecht, Karl Kraus et le Kraus Archiv« (*Etudes Germaniques* XI [1956], 342-348) berichtet Caroline Kohn, daß Brecht Kraus später vergeben und sogar vorgehabt habe, dessen zwanzigsten Todestag in feierlicher Erinnerung zu begehen

12 W. Alff, »Karl Kraus und die Zeitgeschichte« in *Die Dritte Walpurgisnacht* (Ausgabe: *Die Bücher der Neunzehn*, München: Kösel, 1967), S. 319

13 H. Fischer, »Bemerkungen des Herausgebers«, ebda. S. 313

14 *Mit vorzüglicher Hochachtung*, S. 413-415

15 *Die Dritte Walpurgisnacht*, S. 10

16 Kraus verwahrte sich dagegen, mit Tucholsky in Verbindung gebracht zu werden. Außer der Tatsache, daß er keinen anderen Satiriker neben sich gelten ließ, verurteilte er auch Tucholskys Kriegsschriften, seine ablehnende Haltung Karl Liebknecht und Rosa Luxemburg gegenüber und seine Mitarbeit an Veröffentlichungen des Ullstein Verlages. Tucholsky nahm sich im Dezember 1935 in Schweden das Leben

17 *Fackel* Nr. 890-905, S. 25

18 Der Kritiker Fritz Raddatz nannte *Die Dritte Walpurgisnacht* »eine intellektuelle Bankrotterklärung« (»Der blinde Seher« in *Merkur* XXII, 1968, S. 531)

19 *Die Dritte Walpurgisnacht*, S. 9

20 Ebda. S. 112

21 »Doch wenn er [Strauß] oder Herr Furtwängler den rechten Arm emporhebt, so merkt man nicht gleich, daß sie dirigieren wollen.« Ebda. S. 143-144
Wilfried Daim, *Der Mann, der Hitler die Ideen gab* (München: Isar Verlag, 1958)

22 *Die Dritte Walpurgisnacht*, S. 88

23 Ebda. S. 254

24 *Worte in Versen* (VIII), S. 435

25 *Die Dritte Walpurgisnacht*, 218

26 Ebda. S. 225

27 Ebda. (Ausgabe 1967) S. 314

28 Ebda. S. 365

29 Ebda. S. 20

30 *Fackel* Nr. 890-905, S. 312

31 *Worte in Versen* (III), S. 123
32 »Abenteuer der Arbeit«, ebda. (II) S. 64
33 *Die Sprache*, S. 219
34 E. Křenek, »Erinnerungen an Karl Kraus« in *Zur Sprache gebracht* (München: Langen-Müller, 1958), S. 237
35 *Beim Wort genommen*, S. 284
36 *Die Sprache*, S. 342
37 Ebda. S. 222
38 Ebda. S. 339
39 J. P. Stern, a. a. O., S. 81-82
40 *Stimmen über Karl Kraus zum 60. Geburtstag*, S. 40
41 J. P. Stern, a. a. O., S. 84
42 *Untergang der Welt durch schwarze Magie*, S. 243
43 F. Field, a. a. O., S. 212
44 Zitiert in W. Kraft, a. a. O., S. 13

Bibliographie

Die Schriften von Karl Kraus

Zu seinen Lebzeiten erschienene Bücher

Die demolirte Literatur, Wien: A. Bauer, 1897
Eine Krone für Zion, Wien: Moriz Frisch, 1898
Sittlichkeit und Kriminalität, Wien: Leopold Rosner, 1908
Sprüche und Widersprüche, München: Albert Langen, 1909
Heine und die Folgen, München: Albert Langen, 1910
Die chinesische Mauer, München: Albert Langen, 1910
Pro domo et mundo, München: Albert Langen, 1912
Worte in Versen, Leipzig: Verlag der Schriften von Karl Kraus (I, 1916; II, 1917; III, 1918; IV, 1919; V, 1920)
Worte in Versen, Wien–Leipzig: Verlag »Die Fackel« (VI, 1922; VII, 1923; VIII, 1925; IX, 1930)
Weltgericht I, II, Leipzig: Verlag der Schriften von Karl Kraus, 1919
Ausgewählte Gedichte, Leipzig: Verlag der Schriften von Karl Kraus, 1920
Literatur oder Man wird doch da sehn, Wien–Leipzig: Verlag »Die Fackel«, 1921
Die letzten Tage der Menschheit, Wien–Leipzig: Verlag »Die Fackel«, 1922
Untergang der Welt durch schwarze Magie, Wien–Leipzig: Verlag »Die Fackel«, 1922
Traumstück, Wien–Leipzig: Verlag »Die Fackel«, 1923
Wolkenkuckucksheim, Wien–Leipzig: Verlag »Die Fackel«, 1923
Traumtheater, Wien–Leipzig: Verlag »Die Fackel«, 1924
Epigramme, Wien–Leipzig: Verlag »Die Fackel«, 1927
Die Unüberwindlichen, Wien–Leipzig: Verlag »Die Fackel«, 1928
Literatur und Lüge, Wien–Leipzig: Verlag »Die Fackel«, 1929
Zeitstrophen, Wien–Leipzig: Verlag »Die Fackel«, 1931
Die Sprache (aus dem Nachlaß herausgegeben von Philipp Berger), Wien–Leipzig: Verlag »Die Fackel«, 1937

Nachkriegsausgaben der Werke von Karl Kraus

Von der von Heinrich Fischer besorgten Werkausgabe erschienen Band I bis X bei Kösel (München) und Band IX bis XIV bei Langen Müller (München), wie folgt:

I. *Die Dritte Walpurgisnacht,* 1952
II. *Die Sprache,* 1954
III. *Beim Wort genommen,* 1955
IV. *Widerschein der Fackel,* 1956
V. *Die letzten Tage der Menschheit,* 1957
VI. *Literatur und Lüge,* 1958
VII. *Worte in Versen,* 1959
VIII. *Untergang der Welt durch schwarze Magie,* 1960

IX. *Unsterblicher Witz*, 1961
X. *Mit vorzüglicher Hochachtung*, 1962
XI. *Sittlichkeit und Kriminalität*, 1963
XII. *Die chinesische Mauer*, 1964
XIII, *Weltgericht*, 1965
XIV. *Dramen*, 1967

Die von Christian Wagenknecht in den achtziger Jahren besorgte Taschenbuchausgabe des Suhrkamp Verlags gliedert sich wie folgt:
I. *Sittlichkeit und Kriminalität*
II. *Die chinesische Mauer*
III. *Literatur und Lüge*
IV. *Untergang der Welt durch schwarze Magie*
V. *Weltgericht I*
VI. *Weltgericht II*
VII. *Die Sprache*
VIII. *Aphorismen*
IX. *Gedichte*
X. *Die letzten Tage der Menschheit*
XI. *Dramen*
XII. *Dritte Walpurgisnacht*

Briefe an Sidonie Nádherný von Borutin, 1913-1936, 2 Bände, hrsg. von Heinrich Fischer und Michael Lazarus, München: Kösel, 1974
Frühe Schriften 1892-1900, 2 Bände, hrsg. von Johannes J. Braakenburg, München: Kösel, 1979
Die Fackel, photomechanischer Neudruck in 39 Bänden, hrsg. von Heinrich Fischer, München: Kösel, 1968-1973
Die Fackel, Reprint in 12 Bänden mit einem Personenregister von Franz Ögg, Frankfurt/Main: Zweitausendeins, 1977

Literatur zu Karl Kraus
(Auswahl)

Die Standard-Bibliographie ist Otto Kerry, *Karl-Kraus-Bibliographie, Mit einem Register der Aphorismen, Gedichte, Glossen und Satiren*, München: Kösel, 1970. Kerry veröffentlichte Nachträge zu dieser Bibliographie in *Die Pestsäule* 6, April-Mai 1973 (Primärliteratur) und *Modern Austrian Literature* VIII, 1/2, 1975 (Sekundärliteratur). Der unten angeführte Karl-Kraus-Sonderband von *text + kritik* enthält eine *Kommentierte Auswahlbibliographie von Karl Kraus* von Sigurd Paul Scheichl, die der Verfasser seit 1977 in den von ihm und Christian Wagenknecht herausgegebenen *Kraus-Heften* (edition text + kritik) laufend weiterführt.

Arnold, Heinz Ludwig, (Hrsg.), *Sonderband Karl Kraus, Literatur und Kritik*, München: edition text + kritik, 1975
Arntzen, Helmut, *Karl Kraus und die Presse*, München: Wilhelm Fink, 1975
Benjamin, Walter, »Karl Kraus«. In Walter Benjamin, *Schriften* II, Frankfurt/Main: Suhrkamp, 1955

Bilke, Martina, *Zeitgenossen der Fackel,* Wien–München: Löcker, 1981
Bohn, Volker, *Satire und Kritik: Über Karl Kraus,* Frankfurt/Main: Athenaion 1974
Borries, Mechthild, *Ein Angriff auf Heinrich Heine: Kritische Betrachtungen zu Karl Kraus,* Stuttgart: Kohlhammer, 1971
Canetti, Elias, »Warum ich nicht wie Karl Kraus schreibe«, in *Fünfzehn Autoren suchen sich selbst,* hrsg. von Uwe Schultz, München: List, 1967
Daviau, Donald, Hrsg., Special Karl Kraus issue, *Modern Austrian Literature* VIII, 1/2, 1975
Disch, Andreas, *Das gestaltete Wort: Die Idee der Dichtung im Werk von Karl Kraus,* Zürich: Juris, 1969
Field, Frank, *The Last Days of Mankind: Karl Kraus and His Vienna,* New York: St. Martin's Press, 1967
Fischer, Heinrich, *Karl Kraus und die Jugend,* Wien: Richard Lanyi, 1934
Fischer, Jens Malte, *Karl Kraus,* Stuttgart: Metzler, 1974
Flatter, Richard, *Karl Kraus als Nachdichter Shakespeares,* Wien: Berger und Fischer, 1934
Grimstad, Kari, *Masks of the Prophet: The Theatrical World of Karl Kraus,* Toronto: University of Toronto Press, 1982
Hatvani, Paul, »Versuch über Karl Kraus«, *Literatur und Kritik* 15, 1967
Horowitz, Michael, Hrsg., *Karl Kraus und seine Nachwelt: Ein Buch des Gedenkens,* Wien–München: Christian Brandstätter, 1986
Heller, Erich, »Karl Kraus«. In EH, *Enterbter Geist,* Frankfurt/Main: Suhrkamp, 1954
Iggers, Wilma Abeles, *Karl Kraus: A Viennese Critic of the Twentieth Century,* Den Haag: Martinus Nijhoff, 1967
Jenaczek, Friedrich, *Zeittafeln zur Fackel: Themen, Ziele Probleme,* München: Edmund Gans, 1965
Kaufholz, Eliane, Hrsg., Karl-Kraus-Sondernummer von *L'Henne,* Paris, 1974
Knepler, Georg, *Karl Kraus liest Offenbach: Erinnerungen, Kommentare, Dokumentationen,* Wien: Löcker, 1984
Kohn, Caroline, *Karl Kraus,* Stuttgart: Metzler, 1966
– *Karl Kraus als Lyriker,* Paris: Didier, 1969
Kohn, Hans, *Karl Kraus, Arthur Schnitzler, Otto Weininger: Aus dem jüdischen Wien der Jahrhundertwende,* Tübingen: J. C. B. Mohr, 1962
Kraft, Werner, *Karl Kraus,* Salzburg: Otto Müller, 1956
– *Das Ja des Neinsagers: Karl Kraus und seine geistige Welt,* München: edition text + kritik, 1974
Křenek, Ernst, »Erinnerungen an Karl Kraus«. In EK, *Zur Sprache gebracht,* München: Langen Müller, 1958
Liegler, Leopold, *Karl Kraus und sein Werk,* Wien: Richard Lanyi, 1920
Naumann, Michael, *Der Abbau einer verkehrten Welt: Satire und politische Wirklichkeit im Werk von Karl Kraus* München: Paul List, 1969
Pfabigan, Alfred, *Karl Kraus und der Sozialismus: Eine politische Biographie,* Wien: Europaverlag, 1976

Scheichl, Sigurd Paul und Timms, Edward, Hrsg., *Karl Kraus in neuer Sicht: Londoner Kraus-Symposium*, München: edition text + kritik, 1986
Schaukal, Richard, *Karl Kraus: Versuch eines geistigen Bildnisses*, Wien: Reinhold, 1933
Scheu, Robert, *Karl Kraus*, Wien: Jahoda & Siegel, 1909
Schick, Paul, *Karl Kraus in Selbstzeugnissen und Bilddokumenten*, Hamburg: Rowohlt, 1965
Schuh, Franz und Vogel, Juliane, Hrsg., *Die Belagerung der Urteilsmauer: Karl Kraus im Zerrspiegel seiner Feinde*, Wien Edition S, 1986
Stephan, Joachim, *Satire und Sprache: Zu dem Werk von Karl Kraus*, München: Anton Pustet, 1964
Stern, J(oseph) P(eter), »Karl Kraus's Vision of Language«, *Modern Language Review* LXI, 1966
Stieg, Gerald, *Der Brenner und Die Fackel: Ein Beitrag zur Wirkungsgeschichte von Karl Kraus*, Salzburg: Otto Müller, 1976
Timms, Edward, *Karl Kraus, Apocalyptic Satirist: Culture and Catastrophe in Habsburg Vienna*, New Haven–London: Yale University Press, 1986
Torberg, Friedrich, »Zwischen Schmunzeln und Höllengelächter«. In FT, *PPP: Pamphlete, Parodien, Postscripta*, München: Langen Müller, 1964
Wagner, Nike, *Geist und Geschlecht: Karl Kraus und die Erotik der Wiener Moderne*, Frankfurt/Main: Suhrkamp, 1982
Viertel, Berthold, *Karl Kraus: Ein Charakter und die Zeit*, Dresden: Kämmerer, 1921
Wagenknecht, Christian Johannes, *Das Wortspiel bei Karl Kraus*, Göttingen: Vandenhoeck und Ruprecht, 1965
Weigel, Hans *Karl Kraus oder Die Macht der Ohnmacht*, Wien: Fritz Molden, 1968
Zohn, Harry, *Karl Kraus*, New York: Twayne, 1971; Ungar, 1979.
– »Karl Kraus im englischen Sprachraum: Erfahrungen eines Übersetzers«, *Literatur und Kritik* 213/214, April/Mai 1987

Zeittafel

1874	Karl Kraus wird am 28. April in Jičin (Böhmen) als neuntes Kind (und fünfter Sohn) von Jakob Kraus und Ernestine Kantor Kraus geboren
1877	Die Familie übersiedelt nach Wien
1884-1892	Kraus besucht das Franz-Josephs-Gymnasium
1891	Tod der Mutter am 24. Oktober
1892-1898	Kraus studiert Philosophie, Rechtswissenschaft und Germanistik auf der Universität Wien, ohne aber einen Abschluß zu erreichen
1892-1899	Kraus schreibt Rezensionen, Theaterkritiken und satirische Skizzen für *Die Gesellschaft* (Leipzig), *Magazin für Literatur* (Berlin), *Neue literarische Blätter* (Bremen), *Wiener Literatur-Zeitung, Wiener Rundschau, Liebelei, Die Wage* und *Neue Freie Presse* (alle Wien)
1893	Im Januar hat Kraus einen Mißerfolg mit seinem schauspielerischen Debüt an einem Wiener Vorstadttheater
1896	Die erste größere Arbeit des Satirikers, *Die demolirte Literatur,* erscheint in der *Wiener Rundschau* und ein Jahr später als Buch
1898	Das zweite Pamphlet, *Eine Krone für Zion,* wendet sich gegen den politischen Zionismus
1899	Kraus schlägt ein Stellenangebot der *Neuen Freien Presse* aus und gründet *Die Fackel,* deren erstes Heft am 1. April erscheint. Am 12. Oktober verläßt Kraus die jüdische Gemeinschaft und wird konfessionslos
1900	Tod des Vaters am 5. April. Kraus erhält eine Subvention von der Familie und bezieht eine Junggesellenwohnung
1901	Kraus beklagt den frühen Tod (2. Mai) der von ihm verehrten Schauspielerin Annie Kalmar
1902	Der richtungweisende Essay *Sittlichkeit und Kriminalität* erscheint im September in der *Fackel*
1903-1907	Polemik mit dem deutsch-jüdischen Publizisten Maximilian Harden
1908	Buchausgabe von *Sittlichkeit und Kriminalität* (insgesamt 41 Aufsätze zu diesem Thema)
1909	Die erste Aphorismensammlung erscheint unter dem Titel *Sprüche und Widersprüche*

1910 Erste größere öffentliche Lesung aus eigenen und anderen Werken. In seinem Pamphlet *Heine und die Folgen* macht Kraus den deutsch-jüdischen Dichter für die seines Erachtens schädliche Tradition des feuilletonistischen Journalismus verantwortlich

1911 Polemik mit dem Berliner Kritiker Alfred Kerr. Am 8. April läßt Kraus sich taufen und gehört elf Jahre lang der katholischen Kirche an. Ab Dezember schreibt Kraus die *Fackel* alleine

1912 Mit seiner Ansprache *Nestroy und die Nachwelt,* die alsbald im Druck erscheint, weist Kraus auf den bislang verkannten und vernachlässigten Stückeschreiber und Satiriker hin. Die zweite Aphorismensammlung erscheint unter dem Titel *Pro domo et mundo*

1913 Begegnung mit Sidonie Nádherný, der im Laufe der nächsten Jahre mehrere Heiratsanträge macht. Kraus ist von da an häufiger Gast auf ihrem Familiengut Janowitz (südlich von Prag)

1914 Kraus bricht sein längeres Schweigen nach Ausbruch des Weltkriegs mit seiner Ansprache *In dieser großen Zeit,* die er am 19. November hält

1915 Kraus beginnt die Arbeit an seinem großen pazifistischen Drama *Die letzten Tage der Menschheit* und liest Auszüge daraus an zahlreichen Rezitationsabenden. Der Verleger Kurt Wolff gründet den Verlag der Schriften von Karl Kraus

1916 Die erste Sammlung von Gedichten des Satirikers erscheint unter dem Sammeltitel *Worte in Versen*

1918 Die dritte (und letzte) Aphorismensammlung erscheint unter dem Titel *Nachts*

1918-1919 *Die letzten Tage der Menschheit* erscheint in Sondernummern der *Fackel*

1919 Eine zweibändige Sammlung von Aufsätzen erscheint unter dem Titel *Weltgericht*

1921 Die »magische Operette« *Literatur oder Man wird doch da sehn* erscheint als Abrechnung mit den expressionistischen »Neutönern« im allgemeinen und Franz Werfel im besonderen. Kraus bricht mit Kurt Wolff, und seine Werke erscheinen fortan im Verlag »Die Fackel«, Wien

1922 *Untergang der Welt durch schwarze Magie* enthält Arbeiten über die Presse, eine der großen Zielscheiben des Satirikers. Zu Weihnachten schreibt Kraus sein *Traumstück,* einen leicht surrealistischen Einakter in Versen

1923 Am 7. März tritt Kraus offiziell aus der katholischen

Kirche aus. *Wolkenkuckucksheim,* ein Aristophanes nachempfundenes Versdrama, erscheint

1924 Kraus widmet seine philosophisch-dramatische Vignette *Traumtheater* dem Andenken Annie Kalmars

1925 In seinem *Theater der Dichtung* liest und singt Kraus Operetten von Offenbach sowie Stücke von Nestroy, Shakespeare und anderen. Seine erbitterte Polemik gegen Imre Békessy, die »Buda-Pest«, führt im kommenden Jahr zur Flucht des korrupten Pressezaren. Professoren der Sorbonne in Paris nominieren Kraus für den Literatur-Nobelpreis

1927 Das von der Wiener Polizei veranstaltete Massaker beim Brand des Justizpalastes im Juli macht einen tiefen Eindruck auf den Satiriker

1927-1928 Das Drama *Die Unüberwindlichen* prangert den mit Imre Békessy unter einer Decke steckenden Polizeipräsidenten Johannes Schober an

1927-1930 Polemik und Prozeß gegen Alfred Kerr

1929 *Literatur und Lüge* erscheint

1930-1932 Kraus' Fassungen von Offenbach und Shakespeare werden von Sendern in Berlin und Wien ausgestrahlt

1931 *Zeitstrophen,* eine Sammlung von Weiterführungen satirischer und sozialkritischer Gedanken aus Offenbachs Operetten und Stücken Nestroys erscheint

1932 Kraus nimmt an einem internationalen pazifistischen Kongreß in Amsterdam teil

1933 Arbeit an der *Dritten Walpurgisnacht.* Kraus hält die Grabrede für den mit ihm befreundeten Architekten Adolf Loos

1933-1935 Shakespeares Sonette und ausgewählte Dramen erscheinen in Kraus' Bearbeitung

1936 Die letzte *Fackel* (No. 922) erscheint im Februar. Kraus veranstaltet am 2. April seine 700. Lesung. Am 12. Juni stirbt er an Herzversagen